W0191779

Das Buch

Was für eine Karriere! Der in Hildesheim aufgewachsene Tan Caglar ist nacheinander Werber, Profibasketballer, Motivationscoach, Model, Schauspieler und Comedian. Und dann schlägt das Schicksal grausam zu: Er muss auf Dauer in den Rollstuhl.

Würde man Tan Caglars Leben so erzählen, wäre das sicher ergreifend. Aber auch total falsch. Denn der Rollstuhl gehört an den Anfang dieser Karriere. Die Highlights kamen alle nach dem *Tag R*. Da war Tan 26 – und der seit Langem bekannten Prognose *Rollstuhl* erstaunlich lange davongelaufen.

Nach einer bewegend geschilderten Phase der Depression hat er sich entschlossen, der für ihn vorgesehenen Rolle *Behinderter* einfach davonzufahren. Wie er das gemacht hat und macht – davon erzählt Tan Caglar in seinem humorvollen und zugleich anrührenden Lebensbericht. Mit dabei unter anderem: wieso die Kombination *behindert* und *Türke* die meisten Deutschen überfordert. Wie man als Raufbold im Kindergarten eine Psychologin reinlegt. Was einen deutschen Türken im Heimaturlaub so alles stört. Und welcher Segen die bedingungslose Liebe von Eltern sein kann.

Der Autor

Tan Caglar, *1980, ist Comedian. Er gewann den Publikumspreis *Stuttgarter Besen* und war Finalist beim *Prix Pantheon* sowie Gast im TV bei Dieter Nuhr und Bill Mockridge. Der ausgebildete Werbekaufmann lebt in seiner Heimatstadt Hildesheim und überall dort, wohin ihn seine Bühnenshows führen.

Tan Caglar

ROLLT BEI MIR!

Wenn Träume laufen lernen

Ullstein

Besuchen Sie uns im Internet:
www.ullstein-buchverlage.de

Originalausgabe im Ullstein Taschenbuch
1. Auflage August 2019
© Ullstein Buchverlage GmbH, Berlin 2019
Umschlaggestaltung: zero-media.net, München
Titelabbildung: © Angela Wulf
Gesetzt aus der Quadraat Pro powered by pepyrus.com
Druck und Bindearbeiten: CPI books GmbH, Leck
ISBN 978-3-548-06066-8

Inhalt

Epilog

Prolog

Bitte nehmen Sie Platz!
Der Tag, an dem ich in den Rollstuhl kam

Eine Sekunde.

Zeit für zwei Silben.

Mehr braucht es nicht, um dir das Leben zu versauen.

»Roll-stuhl«. Das waren meine zwei Silben. Mein Moment der Wahrheit, nach dem nichts mehr so sein sollte wie zuvor. Dabei hatte mich dieses Wort mein Leben lang verfolgt, mir aufgelauert. Seit meiner Geburt und dem festgestellten Rückenmarksleiden *Spina bifida* umkreiste mich der Begriff wie ein Satellit. Ab und an sah ich ihn in weiter Ferne aufblitzen, wenn das Wort – dieses Ungetüm – in Behandlungsgesprächen fiel, auf Nachfrage von Freunden oder im Small Talk mit barschen Fremden. Aber immer konnte ich verneinen, wie unbeteiligt abwinken. Es ging ohne. Ich hatte eine Gehbehinderung, aber ich konnte laufen!

Und jetzt sitzt mir der Arzt gegenüber, und das zweisilbige Wort ist von seiner zu meiner Seite herübergeschwebt wie ein durch die Luft übertragbarer Virus. Und jetzt soll ich damit umgehen? (Oder heißt das ab jetzt »umsitzen«? Oder »umfahren«?)

Aber mir ist nicht nach Blödeln zumute. Ich fühle mich nur noch elend. Die Kehle zugeschnürt, starre ich vor mich hin, regungslos. So als könnte ich das Unausweichliche noch einmal abwenden, solange ich nur keinen Mucks von mir gebe. Aber die Ergebnisse sind so eindeutig wie der Blick des Arztes mild. Ich muss in absehbarer Zeit in den Rollstuhl. Für immer. Diese drei Silben sind noch schlimmer als die ersten beiden: Für im-mer. Puh!

In meinem Schädel zucken die Gedanken. Was wird aus dem Sport? Da bin ich sehr ambitioniert dabei. Ich war sogar einmal zum Probetraining bei der Jugend eines Fußball-Erstligisten eingeladen. Auf dem Papier stachen meine Werte als Torhüter heraus; und meine Gehbehinderung wurde daraus irgendwie nicht ersichtlich. Was haben die Scouts Augen gemacht, als ich um die Ecke gehumpelt kam! Solche Auftritte liebe ich. Die Komik aus meiner Situation ziehen und mich daran aufrichten.

Ich habe dann doch lieber Basketball gespielt – und es bis in die Bezirksliga geschafft. Das kann ich mir ab jetzt schenken.

Ein Leben lang im Rollstuhl also? Wie Stephen Hawkins, nur ohne Genialität? Wer will das denn? Niemand natürlich. Kein Rollstuhlfahrer auf diesem Planeten – ganz egal, wie selbstverständlich er seinen Alltag zu meistern scheint – hat sich dieses Schicksal ausgesucht; jeder musste sich damit arrangieren. Rollstuhl statt Gehen ist niemals etwas, um das man gebeten hätte. Klingt trivial, wird aber trotzdem oft übersehen.

Ganz anders ist das ja beim Liegefahrrad. Auf die Kameraden dürfen Sie getrost mit dem Finger zeigen, wenn Sie einen erblicken. Diese erwachsenen Menschen, die krampfig über ihre Plauze blicken und viel zu dicht an uns vorbeisausen, diese wandelnden Nackenschmerzen haben ihren traurigen Seinszustand im Vollbesitz ihrer geistigen Kräfte und freiwillig gewählt! Die sind selbst schuld. Was läuft im Kopf dieser Leute ab? Ich möchte mich körperlich betätigen, aber dabei bitte liegen bleiben! Ein Liegefahrrad? Ganz ehrlich: Dann lieber Rollstuhl. Ich kann im Sommer wenigstens problemlos weite Shorts tragen, ohne dass mir dabei alle paar Meter einfach *alles* unbemerkt aus der Hose rutscht!

Ich wünschte, der Humor wäre damals, beim Arzt, zur Stelle gewesen, um mich aufzufangen. Doch zum Scherzen war mir kaum zumute. Dazu kauerte ich viel zu benommen in meiner Ecke und fühlte mich wie erschlagen.

Ein Rolli? Das war doch nicht ich!

Das Niederschmetternde am Rollstuhl steckt ja schon im Begriff selbst. Es ist ein Stuhl, und es rollt – hä? Das ist nichts Halbes und nichts Ganzes. Kein richtiges Möbelstück und auch kein echtes Fahrzeug. Haben Sie mal versucht, mit Ihrem Fernsehsessel Bahn zu fahren? Nicht viel anders fühlt es sich mit Rollstuhl an. Du sollst den ganzen Tag drinsitzen, aber genauso damit deine Oma besuchen. Der Rolli ist wie der sprichwörtliche schwere Rucksack – aber diesen schleppst du den ganzen Tag unterm Hintern mit dir herum.

Warum ich? Die typische pathetische Frage vom Schicksal überrollter Menschen. Immer ohne Antwort.

So zerfloss ich in meiner Ecke. Ich registrierte rohe Furcht, gepaart mit Einsamkeit. Es gab kein Außen mehr. Ich vernahm nur noch bebendes Innen.

Ja – doch: Das war ich. Damals.

Ladies and gentlemen: Tan Caglar!

2.500 Menschen machen Krach. Das tun sie automatisch, wenn man ihnen ordentlich einheizt. Da muss nur jeder ein kurzes Jubeln in die Runde schicken, ein »Ja!« hier, ein lang gezogenes »Juhu!« da, dazu das frenetische Klatschen von 5.000 Händen, und schon summiert sich das Ganze urplötzlich zu einem akustischen Hexenkessel. So als hätte man sich zu Hause nachts um drei versehentlich auf die Fernbedienung gesetzt und den Volume-Balken auf 100 getrieben.

Der Grund für das Getöse: bin ich. Zwölf Jahre sind seit dem Arztgespräch vergangen. Und jetzt warte ich in der ausverkauften Berliner Tempodrom-Arena hinter der Bühne auf meinen Auftritt als Deutschlands erster Comedian im Rollstuhl – und vor der Bühne wartet nichts weniger als eine aufgepeitschte, monströse Masse! Einziger Schönheitsfehler: Sie warten nicht direkt auf mich. Sie warten auf denjenigen, den sie auf meiner Position hinter dem Vorhang vermuten, sie rasten aus wegen Bülent Ceylan, dem türkisch-mannheimerischen Comedy-Titan. Und ich fühle mich wie ein Schüler, dem im letzten Moment eröffnet wurde, er müsse das Referat für einen erkrankten Mitschüler übernehmen. Wie bin ich da bloß reingeraten?

Egal, was gleich kommt, es ist zweifelsfrei der Höhepunkt meiner jungen Karriere als Komiker. Der Termin in Berlin, der große Tag, stand seit geraumer Zeit im Kalender. Es fühlte sich an wie ein zusätzlicher Feiertag, etwas Besonderes. Als alle Formalitäten vertraglich fix gemacht waren, hatte ich mich gefreut wie ein kleiner Junge. Tempodrom, Hauptstadt – das war schon eine Hausnummer. Aber es war noch lange hin, bis ich die berühmte

Berliner Location am Anhalter Bahnhof betreten sollte. Mein Soloprogramm war für diesen Abend im Winter 2017 angesetzt – im kleinen Saal.

Doch dann kam alles ganz anders.

Da mein Gig mit dem von Bülent, der in der großen Halle performen würde, auf denselben Tag fiel, hat er spontan vorgeschlagen, dass wir für die ersten zehn Minuten die Bühne tauschen. Eine Idee, die vor allem der Spaßgigant selbst für eine willkommene und vollkommen naheliegende Aktion hält, um für noch mehr Wirbel im bereits tosenden Orkan zu sorgen. Mit leuchtenden Augen und federnden Schritts ist er von dannen gezogen, um mein wesentlich kleineres Publikum zu überraschen – wer hätte da gewagt, ihn aufzuhalten?

Ich warte also hinter dem Vorhang. Der nicht abreißende Strom des menschlichen Gebrodels auf der anderen Seite erfüllt allmählich meinen gesamten Körper. Ich spüre, wie mir die Radlager weich werden – meine Knie sind es ja ohnehin immer. Ich kriege ein Zeichen, noch wenige Sekunden. Mir zittern die Hände – und das, obwohl ich in einer Zwangsjacke stecke. Die ist zum einen nötig, damit ich mich auf die Bühne vor das fremde Publikum traue, anstatt einfach wegzufahren – zum anderen handelt es sich um das originale Bühnenoutfit, welches der Rock-n-Roll-Berserker Bülent zu Beginn seiner Liveshows zu tragen pflegt.

Der Vorhang hebt sich. Endlos lange dauert das. Schließlich verschwindet er aus meinem Blickfeld, ins Nichts. So wie mein Blutdruck auch gerade. Perfekt getimt schiebt mich ein Mitarbeiter auf die große, breite Fläche. Normalerweise befördert er in diesem Augenblick Bülent in einer rollbaren Hannibal-Lecter-Vorrichtung hinaus. In diesem Fall bleibt das Bülent-Vehikel im Backstagebereich, denn ich habe ja meine eigene Sackkarre mitgebracht. Ich kann gar nicht sehen, wo die Bühne endet. Eine Sekunde lang denke ich, ich werde ohnmächtig. Was bei mir ja etwas später auffiele als bei Bülent.

Was dann passiert, ist purer Rausch. Meine Stimme klingt fest und kiekst nicht. Ich höre mich Text sprechen, der erstaunlich nach den Sätzen klingt, die ich mir nur Minuten vorher eingetrichtert habe. Und die Leute lachen. Sie. Lachen. Da sind 2.500 Menschen, sie haben nicht mit mir gerechnet, viele wissen gar nicht, wer ich bin, aber ich kriege sie gepackt! Was für ein Gefühl! Die Energie ist wie mit Händen zu greifen. Fast überwältigt es mich, so nah fühle ich mich allen, obwohl ich die hinteren Sitzreihen nur erahnen kann. Ich spiele mein Set, als hätte ich nie etwas anderes getan, als wäre es das Normalste der Welt, vor so vielen Menschen »all in« zu gehen – gewinnen oder verlieren. Heute gewinne ich wohl. Der Hammer!

Die Bühne verlasse ich nicht als Rollstuhlfahrer – ich schwebe von ihr herab. Ich glaube, ich grinse wie damals, als ich ... obwohl, nein, so wie jetzt habe ich in meinem ganzen Leben noch nicht gegrinst. Mir tun die Wangen weh vom ganzen Gegrinse. »Ne gün!«, wie man auf Türkisch sagt – was für ein Tag! Es ist wie ein Trip. Ein drogenfreies High!

Ich sage 2.500 Mal Danke.

Später, nach jeweils 100 Minuten Auftritt vor dem ursprünglich vorgesehenen Publikum, treffe ich auf Bülent und seinen Veranstalter. Wir beglückwünschen uns gegenseitig wie kleine Jungs. Mit einem Schmunzeln berichte ich meinem berühmten Kollegen, mein Publikum habe den »Warm-Upper« ganz okay gefunden, den ich geschickt habe. Der Veranstalter erwähnt zwei Frauen in der ersten Reihe des großen Saals, die spontan ihre Hände vor dem Gesicht zusammengeschlagen hätten, als ich auf die Bühne geschoben wurde. Jetzt fällt mir die Szene wieder ein –

eine Momentaufnahme, für deren Verarbeitung im Adrenalinstrudel bisher keine Zeit war.

»Die sahen aus«, setze ich an, »als hätten sie gesagt: Oh nein, Bülent sitzt im Rollstuhl!« Doch ich werde korrigiert: »Nein, die haben gesagt: Oh nein, Bülent hat sich die Haare geschnitten!«

Bülent klopft mir auf die Schulter. Die imposante Mähne hat er jetzt zum Pferdeschwanz gebunden. Er habe sich ja ganz schön ins Zeug legen müssen, um sich sein Publikum nach meinen zehn Minuten zurückzuholen – wenn er das mal vorher geahnt hätte! Er zwinkert mir zu, und ich nehme das Kompliment hocherfreut an.

Tja, denke ich insgeheim und grinse immer noch: Wieder einer weniger, der gerne mal mit einem Rollifahrer tauschen würde.

Teil 1

Glückwunsch, es ist ein Türke!

Anfang der 8oer-Jahre bewohnte ich mein erstes eigenes kleines Reich – und wie die meisten habe ich nur gute bis keine Erinnerungen an diese blumige, watteweiche Zeit. Aus Erzählungen weiß ich, dass ich recht bald mein Training als »Boxer« aufnahm und überhaupt ein waches Kerlchen war, auch wenn ich vorerst für mich blieb. Alles in allem entwickelte sich das Leben prächtig, doch dann wurde ich aus meinem kleinen, abgeschirmten Reich hinausgeworfen – und auf die Welt gebracht.

Das Kreißsaallicht der Republik erblickte ich 1980 im erzkatholischen St.-Bernward-Krankenhaus in Hildesheim, was für einen türkischstämmigen Menschen zu dieser Zeit so ungewöhnlich war wie eine Medikamentenpackung, die man gleich beim ersten Versuch auf der richtigen, nicht vom Beipackzettel versperrten Seite öffnet. Doch sollte dies nur das erste in einer langen Kette von Ereignissen sein, welche meinem Leben um Haaresbreite das Etikett »normal« verpassten. Da war ich also mitten in Deutschland gelandet, in den 8oern. Sex, Drugs and Rock 'n' Roll waren gerade vorüber und die digitale Revolution noch in weiter Ferne. Die Welt drehte sich analog, und das Preisschild daran lautete auf D-Mark. Hätte man ein gemütlicheres Jahrzehnt erwischen können, um sein Leben zu beginnen?

Meine Mutter war überglücklich, mich zu sehen. Mein Vater

war Türke. Das bedeutet, er war auch glücklich, aber was ging das die Welt an? Vielleicht hallten auch noch die spitzen Schreie meiner Mutter nach, welche ihn reflexartig hatten versteinern lassen – auch wenn er dieses eine Mal gar nicht der Auslöser für die Kernschmelze im Inneren ihres anatolischen Temperamentreaktors gewesen war. Die Ankunft des Erstgeborenen war zweifelsfrei eine Sternstunde für unsere kleine Familie, und eigentlich ist es eine Schande, dass ich mir so wenig von diesem besonderen Tag habe einprägen können.

Wenigstens begriff ich vom ersten Moment an, auf welchem Territorium ich mich befand. Vom ersten Atemzug an setzte ich alles daran, mich vorbildlich zu integrieren. Die Ärzte bestätigten uns schwarz auf weiß, dass ich waschechte deutsche Symptome aufwies. Ich hatte Rücken. Nicht mit vierzig, sondern mit vier. Und zwar Tagen.

Allerdings handelte es sich dabei leider nicht um etwas, das man mit einem ABC-Wärmepflaster wieder hinbekommen hätte. Auch Wassergymnastik, Eincremen oder eine Streckbank hätten nichts gebracht. Da hinten, genau an der Stelle, die schon Probleme macht, wenn sie nur zu jucken beginnt, weil man sie mit den Händen kaum zum Kratzen erreicht, genau dort gab es ein Problem.

Dabei klingt die Bezeichnung *Spina bifida* im ersten Moment vielleicht lustiger, als es ist. Mit einem handlichen Salami-Snack hat dieses angeborene Rückenmarksleiden nichts zu tun, wohl aber mit einer physischen Konstitution, die sich gelegentlich anfühlt wie »durch den Fleischwolf gedreht«. Sie haben keine Ahnung, wovon die Rede ist? Keine Sorge – mir sagte das Ganze auch nicht viel bis gar nichts, als ich es zum ersten Mal hörte. Die Ultrakurzform dessen, was Herr Wikipedia an dieser Stelle zum Thema beisteuern würde, lautet: Es wird allgemein unterschieden zwischen einer »offenen« und einer »geschlossenen« Form des Leidens, wobei Letztere nicht sofort ins Auge springt. Ich gehöre zur zweiten Kategorie. Hatte also nicht mal was Vorzeigbares.

Das kleine Würmchen, das mein Vater damals aus dem Krankenhaus im Arm nach Hause trug, war also äußerlich unversehrt: ein kleines Würmchen, das wie jedes andere gesunde Kind irgendwann über den Boden robben und die herumstehende Nivea-Creme verspeisen würde, um Kraft zu sammeln für den großen Tag, an dem es seine ersten Schritte auf die strahlende Mama zutapsen würde. Allein, wie lange ich diese Fähigkeit – das Laufen auf zwei Beinen, nicht das genüssliche Hinunterschlingen eines Jahresvorrats an Körperpflegecreme – behalten sollte, blieb ganz und gar ungeklärt.

»Irgendwann mal«, ließen sich die Ärzte vernehmen, »wird Ihr Sohn auf den Rollstuhl angewiesen sein.« Aber irgendwann mal wird auch Sylt von der Nordsee überflutet, unsere Nachbargalaxie mit der Milchstraße kollidieren und die Tube Flotte-Biene-Waldhonig zu Ende gehen, die, seit ich denken kann, bei meinen Eltern in der hintersten Ecke des Küchenschranks geduldig auf ihren Gebrauch wartet. Irgendwann mal – was sollten sich meine Eltern konkret darunter vorstellen, wenn selbst die Ärzte sich nicht genauer festlegen konnten?

Kurzum: Wie sich mein physisches Wohlergehen entwickeln würde, war von Anfang an so ungewiss wie die Chancen eines EU-Beitritts der Türkei. Also blieb uns nur eins: abwarten und Ayran trinken.

Keine ganz normale Kindheit –
Aufwachsen im Raum Hannover

Meine ersten Lebensjahre bestanden aus einer wohlbehüteten Endlosschleife im Kreise meiner Familie, von Freunden der Familie, meiner Familie, von noch mehr Freunden und nicht zu vergessen: meiner Familie. Insgeheim träumt wohl jeder kleine türkische Junge davon, seine Mama für sich allein zu haben – und meine Eltern erfüllten mir diesen Wunsch. Weil nicht absehbar war, wie viel Aufmerksamkeit ich im Laufe der Zeit beanspruchen würde, folgte mir kein Geschwisterchen nach. Mein Rückenmarksleiden konnte sich jederzeit verschlimmern. Es war unklar, ob ich überhaupt richtig laufen lernen würde, oder ob meine Beine erst später schlappmachen würden, wenn ich ein Jugendlicher wäre. Und wie arg würden die Konsequenzen tatsächlich ausfallen? Schließlich verlassen die meisten pubertierenden Teenies ohnehin nur selten ihr Zimmer. Alles Fragen, die nicht beantwortet werden konnten. So wuchs ich gewissermaßen mit der angeborenen Eigenschaft »Einzelkind« heran.

Meine Eltern waren 15 Jahre vor meiner Geburt nach Deutschland gekommen und hatten sich in Hildesheim niedergelassen. Meine Geburts- und Heimatstadt lag in den 8oern noch unter der 100.000-Einwohner-Marke, meine Wenigkeit bereits eingerechnet.

Es gibt dort gleich zwei Kirchen aus der Vorromanik zu bestaunen, die in meinem fünften Lebensjahr zum Weltkulturerbe ernannt wurden – was keiner weiß. Besucher finden einen hübschen, von Fachwerkhäusern gesäumten Marktplatz vor – den keiner kennt. Und, äh ... das war's! Eine wohlbehütete Kindheit. Man kann wohl behaupten: In Hildesheim trafen meine Eltern ideale Bedingungen an.

Eine zentrale Anlaufstelle in meinen jungen Jahren war die Arztpraxis. Ich habe über die Jahre bestimmt mehr Urinproben abgegeben als alle Tour-de-France-Fahrer zusammen. Die Ärzte waren für mich keine Punkband, sie waren die kitteltragenden Begleiter durch mein ganz normales Leben. Mich belastete das nicht besonders – ich kannte ja nichts anderes, als in regelmäßigen Abständen der Hildesheimer Kinderärztin unseres Vertrauens meine Aufwartung zu machen. Manchmal imponierte mir die ganze Aufmerksamkeit sogar ein wenig: Ich hatte meinen eigenen Doc. Wer konnte das sonst von sich behaupten, außer vielleicht Marty McFly?

Erstaunlich ist aus heutiger Sicht, wie wenig ich bei all den Untersuchungen vom Inhalt der Gespräche aufnahm. Ich spürte nur die fast mütterliche Fürsorge, hörte die ruhige Stimme der Ärztin und beschloss, dass alles gut war. Bis heute habe ich mir diese kindliche Unbekümmertheit im Umgang mit neuen Medikamentendosierungen oder bedeutungsschweren Untersuchungsergebnissen zu bewahren versucht. Als ginge mich all das nichts an. Würde ich gefragt: »Welche Blutgruppe hast du?«, wäre meine spontane Antwort: »Rot!«

Darüber hinaus entfaltete sich das Leben in der »freien Wildbahn« jenseits von trautem Heim oder Praxis schneller, als man »Inklusion« sagen kann. Ich realisierte in kürzester Zeit, dass ich wegen meiner Gehbehinderung in den Augen zahlreicher anderer Kinder zum Abschuss freigegeben war. Nie wieder sollte in meinem Leben so viel Anarchie herrschen wie im Sandkasten des Kindergartens: die furchtlosen Gegner, bewaffnet mit scharfen Schäufelchen als Streitäxten und spitzen Seesternförmchen als

Ninja-Wurfgeschossen. Ja, Kinder können grausam sein. Müssen sie aber nicht. Manchmal sind sie auch einfach nur abgrundtief böse. Doch stand mir der Sinn nicht danach, klein beizugeben. Ich beschloss vielmehr, auf dem darwinistisch geprägten Terrain der ganztägigen Kinderbetreuung den Gorilla zu markieren, auch wenn ich rein physisch eher als Kapuzineräffchen daherkam. Rief etwa Rudi, der Störenfried in unserer Gruppe, morgens zur Begrüßung: »Da kommt das Tanpeltier!«, entgegnete ich ihm schlagfertig: »Uaahhhhh!«, und warf mich der Länge nach auf ihn drauf.

Denn eines hatte ich schnell gelernt: Blieb ich in solchen »Gesprächen« still, wirkte meine Behinderung wie eine Verstärkung der Schwäche. Markierte ich aber durch Lautstärke und bis zur Muskelzerrung heruntergezogene Augenbrauen den Dicken, konnte ich es sogar mit den größten Rabauken aufnehmen. Es würde mich nicht wundern, wenn man in der Bienengruppe meines alten Kindergartens hinter vorgehaltener Hand bis heute ehrfürchtig von mir redet, von Tan dem Tyrannen. Ich kannte nur ein Ziel: Ich wollte ganz nach oben! King of Kindergarten. Drunter würde ich es nicht machen. Und da war niemand, der sich mir in den Weg stellte. Nach einem Jahr war ich zum Anführer unserer kleinen Kindergartengang aufgestiegen, die rückblickend mit »Hells Bengels« ganz passend umschrieben sein dürfte. Ich kontrollierte den Fußballsammelbildchen-Tauschhandel, erpresste Pausenbrote und Kakaogetränke im ganz großen Stil, und schwups! – schon hatte ich den gesamten Laden übernommen.

Ich war soeben fünf Jahre alt geworden und auf dem Höhepunkt meiner Macht, als die Kindergärtnerin meinen verblüfften Eltern eröffnete, sie sei mit ihren Kolleginnen übereingekommen, dass ein Besuch bei einer Kinderpsychologin für mich ratsam sei, um der Ursache meiner unkontrollierten Aggressivität auf den Grund zu gehen.

»Der Junge macht Ärger, was sollen wir tun?«, fragte meine Mutter daheim.

»Der Junge leitet eine ganze Organisation, die er aus dem Nichts erschaffen hat, so was macht früher oder später eben Ärger«, kommentierte mein Vater.

»Aber was passiert, wenn die Kinderpsychologin ihn als schwer erziehbar einstuft und empfiehlt, ihn aus dem Kindergarten zu nehmen?«, setzte meine Mutter nach.

»Er wird nicht zulassen, dass man ihm sein Lebenswerk aus den Händen reißt«, beendete mein Vater die elterliche Diskussion.

So stelle ich mir zumindest im Nachhinein den Dialog meiner zur einen Hälfte besorgten und zur anderen Hälfte ob der Durchsetzungsfähigkeit des beeinträchtigten Nachwuchses insgeheim stolzen Eltern vor.

Ich wollte keinen von ihnen enttäuschen, weshalb ich in der Nacht vor dem Gespräch mit der Psychologin kaum ein Auge zutat. Ich erinnere mich noch vage an ein paar einzelne Details. Ich zählte wohl die fluoreszierenden Klebesterne an meiner Kinderzimmerdecke wieder und wieder, wie ich es immer tat, wenn ich nicht schlafen konnte, beobachtete ihren allmählich schwächer werdenden Schein und ließ es endlich geschehen, in unruhigen Schlaf abzudriften.

In einem entscheidenden Punkt lag die Kindergärtnerin mit ihrer Einschätzung daneben – und dies würde ich mir zunutze machen. Zwar legte ich zweifelsohne eine ruppige Gangart an den Tag, doch war diese keineswegs impulsiv, also unkontrolliert, sondern bewusst von mir kleinem Kerlchen gesteuert. Es war mein Überlebensmodus, den ich einschaltete, sobald die Größeren oder Stärkeren in der Überzahl waren und sich überlegen wähnten. Ebenso gut war es mir möglich, den liebenswerten Tan von nebenan zu geben, der dank der – von der fehlenden Stabilität der Wirbelsäule herrührenden – Skoliose mit den schmalen Hüften wackelte wie ein Lambadatänzer beim Turnierfinale. Wobei dieser Anblick meines Wissens und zu meiner Erleichterung nie auf Video gebannt wurde. Keine drei Likes für den verwackelten Türken. Keine Häme im Netz. Wie gesagt, die 8oer waren perfekt geeignet, um unbeobachtet und beschützt heranzuwachsen.

Am Tag der psychologischen Untersuchung jedenfalls ließ ich den Satansbraten zu Hause und präsentierte an seiner Stelle den unschuldigsten, sich bloß gegen seine übermächtigen Feinde zur Wehr setzenden Jungen, seit Balu und Baghira den kleinen Mogli im Dschungel gefunden hatten.

Und meine engelsgleiche Performance kitzelte bei der Kinderpsychologin auf Anhieb Mitleid hervor. Ich achtete sogar darauf, in der Stunde bei ihr so viel umherzulaufen wie sonst an einem ganzen Tag im Kindergarten nicht. Immer wieder erhob ich mich, um mir umständlich ein weiteres Spielzeug zu holen, während die Dame mich beäugte und mir freundlich Frage um Frage stellte.

Um den verlockend in der Mitte des Raums aufgehängten Boxsack machte ich einen großen Bogen. Wie die Gläubigen in Mekka um die Kaaba pilgerte ich in konzentrischen Kreisen um das Boxsportgerät, ohne die Zeremonie durch unangebrachtes Verhalten zu stören. Am Ende strich ich mit der rechten Hand einmal sanft über die raue Oberfläche des Boxsacks und hielt mich einen Augenblick lang mit beiden Armen daran fest. Als Kind der 8oer wusste ich schließlich, wie »den Baum umarmen« geht. Anschließend kehrte ich zum kleinen Kaufmannsladen in der Ecke zurück und wog brav Plastikgurken und -äpfel ab. Thilo Sarrazin wären die Tränen gekommen.

Am nächsten Tag erschien ich wie gewohnt im Kindergarten – entschlossen, meine Position zu verteidigen, aber mit dem guten Gefühl im Gepäck, nicht länger unter besonderer Beobachtung zu stehen. Vor mir lag die hart erarbeitete Krönung der Kindergartenzeit als stolzes Voschuki – als Vorschulkind.

Die Bewertung der Kinderpsychologin war eindeutig ausgefallen: »Ein lieber, aufmerksamer, intelligenter Junge, den Sie da haben, Frau Caglar«, hatte sie sich an meine Mutter gewandt, »und der Erste in meinen zwölf Jahren Berufserfahrung, der den Boxsack gedrückt hat!«

Der Besuch des (übrigens ebenfalls katholischen) St.-Vincent-Kindergartens in Hildesheim brachte mir die Erkenntnis, dass meine Startposition grundsätzlich zehn Meter hinter allen anderen war. Fünf Meter verdankte ich meiner anatomischen Besonderheit, also der Gehbehinderung, die anderen fünf meinem anatolischen Aussehen. Wenn du einen Migrationshintergrund hast, begegnen dir manche Menschen – nicht alle – mit einer werksseitig voreingestellten Skepsis, die sie dir beim ersten Aufeinandertreffen gratis angedeihen lassen, noch bevor überhaupt das erste Wort gewechselt ist. Ich lernte von Anfang an, im Umgang mit anderen eine Schippe mehr draufzulegen, um meinen Status auf »neutral« aufzuwerten, ehe ich von dort aus weiter an meiner positiven Bewertung arbeiten konnte.

Das Leben war ein Wettlauf, und der Startschuss war bereits erfolgt. Schmerzlich erinnere ich mich an mit Freunden und Freuden unternommene Wanderungen, zu denen ich hoch motiviert und mit großen Schritten antrat, den eigens ausgewählten Wanderstock – einen mit viel Geduld und geschultem Blick aufgespürten und dem Unterholz entrissenen Ast – fest im Griff. Die würzig-weiche Waldluft in der Nase, Sonnenstrahlen, die sich im

Zickzack ihren Weg durchs Geäst bahnten – die Ausflüge in die Natur boten eine willkommene Abwechslung vom Alltag in der Stadt. Umso überraschter war ich, wenn die anderen am Ende der Strecke mit rollenden Augen auf mich warteten. Ich war doch voll bei der Sache, in meinem Element, wieso sollte ich ausgerechnet hier jemandem zur Last fallen?

Meiner Kinderärztin habe ich die Chance zu verdanken, mich weiter in derselben Gruppe zu behaupten und gleichzeitig auf feste Strukturen zu stoßen, die ein Überhandnehmen meiner antrainierten Aggressivität verhinderten. Mit sieben Jahren landete ich, nicht zuletzt durch die vehemente Fürsprache der Ärztin, auf der – was sonst? – katholischen St.-Bernward-Grundschule in Hildesheim, die auch einige meiner Kindergartenfreunde besuchten. Ein gehbehinderter Türke auf einer katholischen Schule – hätte es Ende der 80er bereits Selfies gegeben, zig davon wären am Tag meiner Einschulung wohl mit mir zusammen gemacht worden.

Der Einschulung vorausgegangen war ein denkwürdiges »Vorstellungsgespräch« beim Rektor, den ich als lebendig gewordene Schwarz-Weiß-Fotografie in Erinnerung habe. Vielleicht lag es an der sparsamen Beleuchtung im Raum, vielleicht war er auch einfach schwarz-weiß auf die Welt gekommen? Ich spürte, dass es hier mal wieder um alles oder nichts ging, und scannte mein direktes Umfeld hastig nach einem Boxsack ab, mit dem ich auf die Schnelle ein bisschen kuscheln könnte.

Nichts. Noch nicht mal ein Kaufmannsladen.

Oberhalb des farblosen Rektors an einer ansonsten kahlen Wand hing ein imposantes hölzernes Kreuz. Daran befestigt war ein junger Mann in Badebekleidung, der den Eignungstest offensichtlich nicht bestanden hatte. Ich wusste nicht, was ich gruseliger fand: den Rektor oder die Situation des armen Mannes dort oben. Während die Fragen des Schwarz-Weißen auf mich her-abprasselten, versuchte ich fieberhaft zu ergründen, ob die Aus-weglosigkeit dessen dort oben tatsächlich in irgendeinem Zusam-menhang mit dem gesprochenen Urteil hier unten stand und wie ich einem ähnlichen Schicksal entgehen konnte.

»Was ist denn deine Lieblingsbeschäftigung im Kindergar-ten?«, wollte der Herr wissen.

»Morgens hingehen!«, kam meine Antwort wie aus der Spiel-zeugpistole geschossen. Meine Mutter hatte mir eingetrichtert, ich solle voller Freude vom Kindergartenalltag berichten, um als wissbegieriges Kind durchzugehen.

»Aha, und dann?«, bohrte er nach.

»Freuen, dass ich da bin!«, untermauerte ich meine Kinder-gartenbegeisterung.

»Hmm, na, das ist ja schön«, brummte mein Gegenüber.

Die diffuse Befragung wollte einfach nicht enden. Ich wurde nervöser und nervöser mit jeder Minute. Doch als ich kurz vor der Kapitulation stand, klopfte es an der Tür – und urplötzlich war der Spuk vorüber.

Ich weiß nicht, was den Rektor damals bewog, sein Urteil zu meinen Gunsten ausfallen zu lassen. Ich bin mir allerdings sicher, dass ich, der übermotivierte kleine Draufgänger, einen anderen, weniger friedfertigen Lebensweg eingeschlagen hätte, wenn man mir in frühen Jahren den Genuss des straffen katholischen Regle-ments vorenthalten hätte.

Und so kam es, dass ich an einem Sommertag mit der Schul-tüte in der Hand ein neues Kapitel begann. An einer ganz ge-wöhnlichen Schule. Und das kann ich religionsübergreifend an dieser Stelle ruhig mal betonen: Danke, Jesus!

Na fein, herein, willkommen im Verein!

Ich ging ausgesprochen gerne zur Schule.

Denn dort war mir alles ausgesprochen egal.

Von der ersten Klasse an verschwand ich im Mittelfeld, dem luftleeren Raum des Schulsystems. Ich war weder ganz oben noch ganz unten in der Tabelle der schulischen Leistungen wiederzufinden. Noch dazu drosselte ich meinen Einsatz, was das im Kindergarten angenommene Rabaukenpotenzial anging. Auf dem Radar der Lehrer erzeugte ich schlichtweg kein Signal.

Dennoch war die Schulzeit nichts, was spurlos an mir vorübergegangen wäre; allerdings spielte sich die Veränderung abseits des Klassenzimmers ab. In der Sekundarstufe I hielt der Sport Einzug in mein Leben – und zwar auf recht drastische Weise.

Über das beinahe mystische Zustandekommen der Vorliebe für einen speziellen Fußballverein haben andere schon ganze Bücher verfasst. In meinem Fall geschah es vom einen auf den anderen Tag: Ich kam nach Hause, und meine Bettwäsche war grünweiß.

Nun hat man als kleiner Junge auf die Farbe der Bettwäsche ungefähr so viel Einfluss wie, sagen wir, aufs Wetter. Man registriert, dass beides immer wieder wechselt, und findet sich damit ab. Für ein Kind sind Bettwäsche und Wetter gewissermaßen gottgegebene Dinge, gegen die der Mensch nichts auszurichten vermag. So verharrte ich in meinem Zimmer und beäugte neugierig die unbekannte Decke mit dem Kissen, auf dem ein großes geschnörkeltes »W« prangte. »W« wie Wiese vielleicht, vermutete ich – das hätte zumindest zur farblichen Komponente der Wäsche gepasst. Dass ich mit dieser spontanen Assoziation nur halb danebenlag, weil viele Jahre später ein stiernackiger Teufelskerl von einem Spieler mit ebendiesem Namen für ebenjenen Verein im Tor stehen sollte, konnte ich damals natürlich nicht ahnen. Wohl aber hatte ich recht bald das Geheimnis um meine neue Bettgarnitur gelüftet: Werder Bremen hieß der Verein, zu dem meine neue Kinderzimmerausstattung gehörte, und er war sogar schon mal Meister und Pokalsieger geworden, wie ich bei einem Blick ins Fußballbildersammelalbum zufrieden feststellte. Mehr brauchte es für meine unschuldige Seele nicht, um fortan fieberhaft mit Werder zu sympathisieren. Was das betrifft, sind kleine Jungs ja erschreckend leicht zu beeinflussen. Da reicht es schon, durch blöde Zufälle dreimal hintereinander aufzuschnappen, dass ein gewisses Bayern München Tabellenführer ist, und es ist um sie geschehen. Damit auch andere Vereine in der Gunst der heranreifenden Jugend zum Zug kommen, werden die noch formbaren Zöglinge bevorzugt zu Beginn der Saison erstmals vor der Sportschau platziert, wenn wenigstens theoretisch noch ein anderer Tabellenführer denkbar ist. Alternativ hilft, wie in meinem Fall, ein komplettes Bett in Vereinsfarben – die Wirkung tritt mit fast 100-prozentiger Wahrscheinlichkeit ein.

Jahre später eröffnete mir meine Mutter, sie habe damals eigentlich die übliche Sonne-Mond-und-Sterne-Bettwäsche aus dem Katalog bestellen wollen, doch wegen eines Zahlendrehers habe mich die Fan-Bettwäsche aus Bremen erreicht. Meine These ist seither, dass hier seitens der Bremer Vereinsführung ein ganz schmutziger Deal mit dem Versandhaus Quelle über die Bühne gegangen ist, um Heerscharen neuer, junger Fans zu akquirieren. Sollte mich mein Herzensverein also bloß gekauft haben? Was soll's! Ich sehe das im Nachhinein romantisch: Im Krieg und in der Bundesliga ist alles erlaubt. (Für die jüngeren Leser hier übrigens eine Erklärung: »Quelle« war das Amazon der Vor-Internet-

Zeit, und der »Katalog« entsprach der Bestellseite, bestand aber aus unzähligen farbig bedruckten Seiten aus Papier.)

Zur Bettwäsche gesellten sich alsbald ein Trikot und weitere Fan-Accessoires. Die ursprünglich vorgesehene Bettwäsche hingegen hat es nie bis zu mir geschafft. Wer weiß, vielleicht meldet sich dank dieses Buchs jemand, der in den 8oern zum Geburtstag statt der sehnlichst erhofften Fußballausstattung Sonne-Mond-und-Sterne-Wäsche auspacken musste? Und vielleicht ist derjenige deswegen heute ein angesehener Astrophysiker? Ich bin ja stets gewillt, aus den Unwägbarkeiten des Lebens das Positive und Unglaubliche herauszufiltern.

Jedenfalls hatte ich von nun an eine fußballerische Fan-Heimat, einen Bezugspunkt, und dieser Umstand steigerte mein Interesse an Fußball ungemein. Ich kickte mit Freunden in der großen Pause eine platt getretene Getränkedose umher – immer im Bewusstsein, dass erwachsene Männer mit einer solchen Tätigkeit ihr Geld verdienten und dafür von Tausenden Fans bejubelt wurden. Ja, sie hatten dort, im sagenumwobenen Land »Bundesliga«, sogar einen eigenen, richtigen Ball, der für jede Bundesligasaison neu aufgelegt und optimiert wurde. Aber auch unser Spiel verbesserte sich maßgeblich, als ein Mitschüler eines Tages stolz einen gebrauchten Tennisball aus dem Bestand seines Vaters präsentierte. Vor Begeisterung schnappte sich jemand einen Edding, um dem Filzball die typischen Fünfecke zu verpassen. Der Junge führte den Stift mit freier Hand und ohne Geduld. Das Ergebnis erinnerte kaum an einen echten Fußball, es sah eher aus wie ein gelber Muffin, neben dem ein Schoko-Osterhase explodiert war. Was unserer Begeisterung jedoch keinen Abbruch tat. Der Tennisball war allemal brauchbarer als der von der Schule herausgegebene schlammbraune Schaumstoffball, der im Winter zur kiloschweren, beim Einschlag wüst spritzenden Boden-Luft-Rakete wurde, sobald er sich bis zur Zementsackschwere mit Regenwasser vollgesogen hatte.

Die Nachmittage verbrachte ich mit den Kumpels auf dem Bolzplatz oder im Stadtpark, verfolgte die EM 1988 und meine erste bewusst erlebte Weltmeisterschaft 1990, bei der uns Andi Brehme prompt unten links zum Sieg schoss, empfing stolz meine ersten Multinockenschuhe und pflegte sie fortan, als seien es zwei zusätzliche Körperteile.

»Der Junge putzt seine Schuhe öfter als seine Zähne!«, hörte ich meine Mutter seufzen, als ich wieder einmal in der Hocke sitzend, mit Bürste und Schwämmchen bewaffnet, den Flur versperrte, wo die heiß geliebten Schuhe verstaut waren.

Allerdings sollte noch relativ viel Zeit vergehen, bis ich im Alter von ungefähr zwölf Jahren meine Eltern endlich dazu brachte, mich in einem Fußballverein anzumelden. Vielleicht hatten sie den Schritt gescheut, weil sie ihrem gehbehinderten Sohn die unweigerlich folgende Enttäuschung ersparen wollten? Doch nach beharrlichem Genörgle meinerseits kam es schließlich zu meinem ersten Training beim VFV Hildesheim und zum ersten Spiel in der D-Jugend. Meine läuferische Leistung überzeugte nicht. Ich spulte noch weniger Kilometer ab als ein stillgelegter Diesel. Das machte aber nichts, denn: Ich stand im Tor.

Hierzu muss man wissen, dass wir noch weit entfernt waren vom mitspielenden Weltfußballer Manuel Neuer und seinen beispiellosen Liberoqualitäten. Damals beschränkten Torhüter sich noch auf die namensgebende Aufgabe, nämlich den Kasten zu bewachen und die Dinger von der Linie zu kratzen, egal, mit welchem Körperteil. Oder anders formuliert: Im Anschießenlassen war ich ein Naturtalent. Außerdem flog ich jedem Ball hinterher und kam er noch so scharf geschossen und unerreichbar auf meinen Kasten zugerauscht. Fraglos profitierte ich jetzt von den zahl-

losen Stunden des Trainings im netzlosen Tor auf dem betonhar-
ten, kahl getretenen Untergrund unseres Bolzplatzes in der Nachbarschaft, an den sich ein weitläufiger Garten mit dem strengsten
Besitzer nördlich des Bosporus anschloss. Die Regel lautete: Ging
der Ball rein und unglücklicherweise über den Zaun, musste der
verantwortliche Spieler bei Gargamel – so nannten wir den alten
Kauz – klingeln, um das Spielgerät zurückzuerlangen. Und der
arme Schlumpf, der sich praktisch selbst auslieferte, wollte un-
gerne ich sein!

Deshalb parierte ich jetzt auch im Verein, als ginge es um mein
Leben – anerkennend beglückwünscht von meinen Mitspielern,
die nicht ahnen konnten, dass es während meiner Torwartaus-
bildung auf dem Bolzplatz um nicht viel weniger als ebendas gegangen war: mein Leben. Meine Reflexe waren überdurchschnitt-
lich, wie eine Katze schnellte ich empor und vereitelte Chance um
Chance des Gegners. Auf diese Weise wurde ich rasch Stammtor-
wart.

In der Schule hatte ich mich, wie erwähnt, im Durchschnitt ein-
gerichtet. Das klappte, weil ich meine gute Auffassungsgabe geschickt mit beispielloser Faulheit kombinierte. Im Ergebnis war
ich der Inbegriff von unscheinbar – ganz im Gegensatz zu meiner
im positiven Sinne hampelmannartigen und extrem verhaltensauffälligen Aktivität auf dem Fußballplatz. Hänseleien sah ich
mich nur dann ausgesetzt, wenn die beliebteren Mobbingopfer
fehlten.

»Kümmeltürke!«, hörte ich es dann aus den Reihen hinter mir
zischen. Ich kapierte, dass damit eine beleidigende Absicht ein-
herging. Nur vermochte ich nicht zu beantworten, wie sie überhaupt darauf kamen. Was hatte ich mit Kümmel am Hut? Und
wenn, was wäre schlimm daran gewesen, mit Kümmel zu würzen?

Wieso sollte die Wahl der Speisenverfeinerung überhaupt eine Angriffsfläche zur Bloßstellung bieten? Ich nannte die anderen ja auch nicht Maggifixdeutsche.

Ich wusste auf solche Stichelei nicht adäquat zu reagieren, also tat ich – gar nichts. Ich drehte mich höchstens um und sandte dem anderen einen Blick, als habe er wirklich etwas durch und durch Dummes von sich gegeben. Was dazu führte, dass keine weiteren Böswilligkeiten auf mich einprasselten. Einerseits war ich aus der ruppigen Rolle des aufbrausenden Kleinkinds herausgewachsen, andererseits wurde meine körperliche Unterlegenheit mit dem Älterwerden immer offensichtlicher. Durch die Entdeckung der wunderbaren Leichtigkeit, die mir die Gleichgültigkeit schenkte, hatte ich einen Weg gefunden, die Schulzeit ganz gemächlich und weitestgehend unbeschadet an mir vorüberziehen zu lassen.

Meine Unauffälligkeit spielte mir auch gegenüber dem Lehrpersonal in die Karten. »Alle die Hausaufgaben raus!«, begrüßte uns unser Geschichtslehrer einmal schroff und kurz angebunden. Ihm stand es offensichtlich bis oben, dass die Arbeitsmoral der ihm anvertrauten Scout-Tornister-Truppe in letzter Zeit arg zu wünschen übrig ließ, weshalb er sich nicht mehr damit begnügen wollte, stichprobenartig nur einzelne Schüler die Hausaufgaben vortragen zu lassen. Stattdessen wollte er nun reihum den als Hausaufgabe verlangten Aufsatz auf den Tischen sehen, um ihn persönlich mit seinem Kürzel abzuzeichnen.

Ich hatte den Aufsatz nicht. Doch saß ich günstig am äußeren Ende der u-förmig angeordneten Tische. Und der übellaunige Lehrer begann seinen Kontrollgang genau am gegenüberliegenden Ende. Er hatte es nicht eilig. Das gab mir die Zeit, in Windeseile das Schreibheft hervorzukramen und den Aufsatz zu beginnen. Ich wusste, dass der Lehrer höchstens den Einleitungssatz lesen würde und den letzten Absatz, in dem ich zum aufgabenbezogenen Fazit käme. Da ich durchaus wusste, was die Hausaufgabe gewesen war, ohne sie allerdings erledigt zu haben – schnelle Auffassungsgabe plus Faulheit eben –, fiel mir problemlos ein Einleitungssatz aus dem Gehirn, den ich so unauffällig wie möglich zu Papier brachte. Dann sprang ich zum unteren Ende der Seite und formulierte das Fazit. Den leeren Zwischenraum füllte ich mit ... irgendwas. Kauderwelsch. Blindtext. Als ich eben die letzte Zeile vollschrieb und den Füller weglegte, stand der Lehrer plötzlich vor dem Tisch meines Nebenmannes. Er hatte nicht das Geringste bemerkt. Noch nie war ich wegen irgendeines Vergehens aufgefallen. Ich war der Unsichtbare. Und das wollte als Türke auf der katholischen Schule schon was heißen!

»Tan, und dein Aufsatz?« Der Lehrer stand nun direkt neben mir.

»Ja.« Ich schlug das Heft auf. Die Tinte war trocken. Der Lehrer murmelte den Einleitungssatz. Weiter als angenommen. Er murmelte ihn bis zum Ende. Panisch las ich den Text stumm mit. In der nächsten Zeile begann das Kauderwelsch. Die Temperatur in meinen Ohren verdoppelte sich schlagartig. Das an meinem Kopf waren keine Ohrmuscheln mehr, das waren Heizspulen. Der Lehrer verstummte. Ich hielt die Luft an.

Dann vernahm ich wieder sein Gemurmel. Kaum verstand ich, was er von sich gab. Es war das Fazit! Er hatte den Mittelteil komplett übersprungen.

»Deine Schrift könnte aber etwas ordentlicher sein, Tan«, gab er zu Protokoll, während er meine »Hausaufgabe« abzeichnete. Ich nickte eifrig und schlug das Heft wieder zu, als der Lehrer sich entfernte – so als könnte der gemogelte Text mich immer noch auffliegen lassen, solange das Machwerk offen vor mir lag. Aber nichts dergleichen geschah.

Auf dem Fußballplatz, dem heiligen Rasen des VFV Hildesheim, genoss ich es umso mehr, das Trikot mit der Nummer eins überzustreifen – und als vollwertiges und komplett akzeptiertes Teammitglied dazuzugehören. Hier übersah mich niemand.

Das muss man sich mal vorstellen: Ich war ein Junge, der im Vollsprint von jedem Einlaufkind nass gemacht worden wäre, und schaffte es dennoch bis in die Landesliga. Denn die Faulheit sparte ich mir für die Schule auf. Beim Sport kam der Fleiß zum Vorschein. Das führte so weit, dass sich eines Tages die Jugendabteilung vom (aus Hildesheimer Sicht) großen Club Hannover 96 bei mir meldete und mich zum Probetraining einlud. Ich war völlig aus dem Häuschen, obwohl ich ja sonst stets im Kasten blieb. Auf dem Papier hatte ich es dank meiner Statistikwerte geschafft, mich für den ganz großen (Ab-)Wurf zu qualifizieren! Die Verantwortlichen beim VFV gratulierten mir. Meine Eltern gratulierten mir. Ich gratulierte mir. Denn an diesem Tag mochte ich mich gut leiden. Persönlich in Augenschein genommen hatten die Scouts aus der Landeshauptstadt mich und mein Spiel bis dato nicht, aber das änderte sich, als ich eine Woche später zur Vorstellung bei den Hannoveranern erschien. Und sie fielen aus allen Wolken! Allerdings nicht ganz auf die Art, die ich mir erhofft hatte.

Ich war in aller Herrallahsfrühe von zu Hause aufgebrochen, hatte meine Tasche gepackt und mich in die Bahn gesetzt. Ich beobachtete die Regentropfen, wie sie sich an der Scheibe des Regionalexpress ein Wettrennen lieferten, und träumte von der Aufnahme in die Jugendabteilung des Bundesligaklubs. Ich war blendend aufgelegt, und als ich schließlich bei 96 zwischen den Pfosten stand, verspürte ich keinerlei Druck. Ich absolvierte meine

Übungen mit höchster Konzentration, parierte Schuss um Schuss und verzog keine Miene, wenn mir ein unerreichbarer Ball durch die Lappen ging.

Nach ungefähr zwei Stunden bat mich der Trainer in sein kleines Büro. Ich hatte rasch geduscht und fühlte mich erschöpft, auf eine gute Art.

Jetzt wurde es ernst.

»Junge, du haust uns hier echt aus den Stutzen«, begann der Trainer, »das haben wir so noch nicht gesehen, meine Kollegen nicht, und ich auch nicht. Mit der Beeinträchtigung und trotzdem diese fulminante Leistung? Du hast großes Potenzial, was deine Reflexe betrifft. Aber ich muss dir dennoch leider sagen, dass dein langer Weg vom VFV extra bis zu uns hierher heute für dich nicht noch weitergehen kann.« Er klopfte mir wohlwollend auf die schmalen Schultern.

»Puh, da bin ich aber froh – ich bin nämlich nicht so gut zu Fuß, wissen Sie?«, antwortete ich. Und kann so stolz behaupten, im Rahmen meiner Fußballerkarriere mal einen schnellen Konter bei Hannover gesetzt zu haben.

Im Kindergarten hatte ich gelernt, mir keine Kränkung anmerken zu lassen. Ich drückte das Kreuz durch und verließ mit erhobenem Kopf das Trainerbüro.

Das Ende meiner aktiven Zeit war mit dieser bitteren, wenn wohl auch naheliegenden Zurückweisung – die ich in meiner kindlichen Naivität allerdings nicht hatte kommen sehen – allerdings noch nicht erreicht. Dafür brauchte es wenig später schon viel höhere Kräfte als den Jugendtrainer von Hannover 96. Mir kam es vor, als hätte mir der Fußballgott höchstpersönlich die Rote Karte gezeigt.

Und so ging das Drama vonstatten: Im Jahr 1992 fügte der

International Football Association Board einen kurzen Passus in den Abschnitt XII des Fußball-Regelwerks ein, der das im wahrsten Sinne des Wortes überhandnehmende Zeitspiel unter Einbeziehung des Torwarts unterbinden sollte. Leider nahm er gleichzeitig auf einen Schlag alle gehbehinderten Torhüter, also alle beide – denn ich kann nicht glauben, dass ich bundesweit der Einzige gewesen sein soll –, aus dem Spiel. Die Rede ist von der sogenannten Rückpassregel. Sie besagt, dass der Torhüter einen vom eigenen Spieler zurückgepassten Ball nicht mit der Hand aufnehmen darf, sondern mit dem Fuß spielen muss. Ein Umstand, der dem Keeper technisches Können, Schnelligkeit und gute Koordination mit dem Ball am Fuß abverlangt.

Für meine spröde Haut zwischen den Fingern stellte die Neuerung eine positive Entwicklung dar, für meine Gesamtverfassung eher nicht. Vom einen auf den anderen Tag vom Platz gestellt zu werden, den neuen Anforderungen nicht mehr genügend, fühlte sich an wie ein Schuss aus fünf Metern genau in die Magengrube. Ich war aussortiert, draußen – und konnte nichts dagegen unternehmen. Der einzige Vorteil, der sich dadurch für mich ergab: Ich brauchte meine Multinockenschuhe nicht mehr ständig zu putzen.

Aber zum Glück ließen sich ja noch andere Ballsportarten mit überschaubarem Bewegungsradius finden, die einem unausgelasteten Teenager Spaß und Adrenalin bieten konnten. Zum Beispiel Bowling, Kegeln oder Schneeballschlacht.

Und außerdem: Tischtennis.

Bei den weißen titschenden Bällchen machte ich mich nicht schlecht – zumindest solange kein Rundlauf gespielt wurde, versteht sich. Mit dem Schläger in der Hand fühlte ich mich sauwohl, wie Thor mit seinem Hammer. Und wir Heranwachsenden konnten nicht genug bekommen vom immer gleichen Gag, bei dem man sich von hinten an einen Kumpel heranschlich und an seinem Kopf den seitlich angesetzten Tischtennisschläger mit Kraft vom Scheitel abwärts zog – natürlich nur, um den guten und folglich mächtig haareziependen Grip der Schlägerfläche zu überprüfen, und nicht etwa, um seinem Kumpel ernsthaften Schmerz zuzufügen! War man dann noch in der Lage, mehr als drei der runden Spielgeräte gleichzeitig im Mund zu verstauen, konnte man sich in der Altersklasse U15 bereits als Tischtennisprofi bezeichnen.

Bis zum Exzess stand ich auch an der Platte und schmetterte die weißen Bällchen, als wir in der achten Klasse auf Klassenfahrt waren. Es war eine beindicke Platte aus Beton, die wir dort auf dem Jugendherbergsgelände vorfanden, an den Rändern von einer schmalen Metallleiste eingefasst. Die Umrandung war übersät mit Kerben. Irgendjemand, vielleicht Thor höchstpersönlich, schien seinen neuen Hammer daran getestet zu haben. Die Oberfläche der Platte wies zahllose weitere Unebenheiten auf – sie war mit winzigen Kratern überzogen wie eine Mondlandschaft. Im Grunde versprang jeder dritte Ball. Was zu skurrilen Szenen führte. Eine harmlose Angabe titschte auf der Platte auf, ich holte zum sicher geführten Schlag aus und verfehlte den Ball um eine ganze Armlänge, weil das Spielgerät in die entgegengesetzte Richtung davonsprang. Die Gesetze der Physik machten hier früh Feierabend. Was dazu führte, dass ich eigentlich öfter dem Ball hinterherrannte, als an der Platte zu stehen.

Und ließ schon die Oberfläche des zu bespielenden Betons zu wünschen übrig, so war die Beschaffenheit des Untergrunds vollends eine Katastrophe für jeden Tischtennisspieler. Der Boden war gepflastert mit kleinen sechseckigen Platten, zu den Rändern hin abgeschrägt. Sprang der Ball von der Platte und tippte auf dem

Boden auf, wechselte er praktisch mit jeder einzelnen Berührung der sechseckigen Steine die Richtung. Flink wie eine kleine Maus schoss der Ball davon und ich, oder der hilflose Mitspieler, slapstickartig hinterher.

Ich glaube, es existiert auf dieser Welt ohnehin keine Möglichkeit, bei der Verfolgung eines heruntergefallenen Tischtennisballs souverän auszusehen. Aber dieser Untergrund machte die Jagd nach dem kleinen runden Ding endgültig aussichtslos, solange er noch sprang oder rollte.

Von diesen erschwerten Bedingungen mal abgesehen war ich vom Tischtennis schwer begeistert. Ich verbrachte bei dieser Klassenfahrt so viel Zeit beim Spielen, dass ich beinahe die große Abschlussparty am letzten Abend vergaß. Erst als es zu dämmern begann, zog ich mich geschwind um und mischte mich anschließend unters Volk. Eine andere Klasse aus einer anderen Schule war am Morgen angereist, und so war der Aufenthaltsraum gut gefüllt mit pubertierenden Mädchen und Jungen, die so ausgelassen Party machten, wie es ihnen der Konsum von drei Cola eben gestattete. Eine dicke, fette Discokugel drehte sich unter der Decke des Raums und zauberte den zappelnden Teenies grüne und rote Flecken ins Gesicht. Es wirkte, als sei eine mutierte, völlig abgespacte Form der Masern ausgebrochen. Ich mischte mir gerade eine Spezi aus einem Teil Fanta und zwei Teilen Cola, als mich ein Junge aus der anderen Schule ansprach:

»He, wieso läufst du denn so komisch?« Dazu wackelte er mit den Hüften vor mir hin und her.

»Ich versuche nur, dem kratzenden Schildchen hinten in meiner Hose auszuweichen!«, war das Erste, was mir in den Sinn kam.

»Hä, echt?«, wollte er wissen.

»Nein!«, klärte ich ihn auf. Ich hoffte, dass es damit getan war, aber für den Jungen war das Kennenlernen noch nicht beendet.

Er pflanzte sich direkt neben mir an die Theke und glotzte mich unentwegt an. Ich tat so, als hätte ich ihn vergessen, und ließ den Blick durch den schummrigen Raum wandern. Viele der Mädchen tanzten in kleinen Grüppchen vor sich hin. Sogar ein paar Jungs bewegten die Gelenke ihrer Arme und Beine im Takt. Zwar nicht im Takt des Lieds, das gespielt wurde, aber immerhin – im Takt! Als ich den Kopf wieder zurückdrehte, stand der andere immer noch unverändert neben mir. Das wurde mir jetzt zu blöd. Ich nahm einen so kräftigen Schluck von meiner Spezi, dass es mir in der Nase kribbelte, und setzte mich in Bewegung.

»He, wo willste denn hin?«

»Ich ... ich geh tanzen.« Über die Schulter sah ich zu ihm zurück.

»Haha! Du? Du kannst doch gar nicht tanzen!« Diesen Satz sagte er allerdings nicht – stattdessen brüllte er ihn durch den gesamten Raum. Seine Stimme übertönte die Musik, die gerade leiser wurde. Ende des Songs. Sogar die Leute ganz am anderen Ende des Raums bekamen es mit.

Ich sah ihn an.

Er hatte recht.

Tanzen konnte ich wirklich nicht. Der ganze Raum sah zu uns herüber. Ich exte den Rest meines Mischgetränks und marschierte wackelnd aus dem Raum. Aber ich nahm dabei nicht die kürzeste Route an der Theke entlang und durch die Seitentür. Ich wählte den Weg mitten durch die Mitschüler hindurch zum Ausgang an der Frontseite des kleinen Saals. Zwei Kumpels bedachten den fremden Schüler mit ein paar anatomischen Beschreibungen aus dem Bereich der Gesäßmuskulatur und folgten mir nach draußen. Ich schritt voran.

»Lass dir von dem nichts sagen, Tan!«, legte mir einer zur Bestätigung die Hand auf den Rücken.

»Pff, mach ich nicht!«, winkte ich ab.

Wir steuerten mein Zimmer an und verbrachten den Rest des Abends, auf den unteren Etagen der Stockbetten hockend, mit Kartenspielen. Mau-Mau. Uno. Autoquartett.

Die Worte des anderen Schülers hatten mich gar nicht getroffen. Das stellte ich insgeheim fest. Aber ich hatte sie gern für einen theatralischen Abgang genutzt, das schon. Die Mädchen waren mir mit ihren Blicken gefolgt, die Jungs hatten sich solidarisch gezeigt. Ich hatte im Mittelpunkt gestanden. Die verletzende Äußerung des Typen war zu verschmerzen gewesen. Es überwog das erhabene Gefühl, eine dramatische Geste ausgeführt und damit das Mitgefühl der Umstehenden geerntet zu haben. Wenn sich die Gelegenheit bot, hatte ich offenbar eine kleine Schwäche für ein bisschen Drama. Ich musste selbst den Kopf schütteln deswegen. Ich beschloss, diese besondere Vorliebe im Auge zu behalten und es nicht zu übertreiben damit. Denn so schön es war, die Unterstützung der anderen zu spüren und zu merken, dass ich sie praktisch jederzeit mit einer bewusst durchgezogenen Aktion gewinnen konnte, so wenig wollte ich am Ende als Sensibelchen dastehen.

Was ich nach der Klassenfahrt hingegen intensivieren wollte, war das Tischtennis. Aber an einer besseren Platte, deren Oberfläche nicht so uneben war wie die Haut der Vorher-Teenies aus der Clearasil-Werbung. Nach dem Rausschmiss beim Fußball aufgrund »höherer Gewalt« konzentrierte ich mich also mit ganzer Leidenschaft aufs Tischtennis, welches bis zur Klassenfahrt eher die Rolle eines Zeitvertreibs gespielt hatte. Und auch hier machte ich relativ zügig überraschend große Fortschritte. Die Bewegungsabläufe sowie das Schmettern, Schnibbeln und Anschneiden des Pingpongballs gingen mir leicht von der Hand und nach einigen Monaten des Trainings regelrecht in Fleisch und Blut über.

Ich verbrachte die Tage nicht mehr ohne meinen vielseitig einsetzbaren Schildkröt-Tischtennisschläger. Morgens gleich nach dem Aufwachen überprüfte ich seinen Grip, nachmittags trainierte ich damit, abends nutzte ich ihn als Untersetzer für die heiße Milch, bevor ich ihn vor dem Schlafengehen behutsam unters Kopfkissen schob. Und all das, nachdem meine Mutter gerade erst erleichtert zur Kenntnis genommen hatte, dass die befremdliche Phase der Objektfixierung bezüglich der Fußballschuhe inklusive des Putzzwangs endlich abgeklungen war!

Ich war also ein ganz normales Kind mit einem Tischtennisschläger zum Freund. Doch leider sollte auch diese vergnügliche Episode nicht von unbefristeter Dauer sein. Mein unermüdlicher Eifer am rot-schwarz gummierten Schläger brachte mich bis zum Tischtennis-Bezirksligameister in meiner Altersgruppe der 14- bis 16-Jährigen, was zu Hause konkretere Überlegungen über den Besuch eines Sportinternats in den Raum stellte. Mein übergroßer Einsatz im Sport auf der einen und mein Switchen in den Ignore-Modus im schulischen Betrieb auf der anderen Seite ließ meine werten Erzeuger eins und eins zusammenzählen. Ich stand tatsächlich schon unmittelbar vor der Abmeldung an meiner bisherigen Schule – bis bei irgendeiner der zahllosen Trainingseinheiten ein kritischer Geist zur Sprache brachte, dass ich mich ja – mangels sicheren Standes – gelegentlich mit der linken Hand kurz auf der Platte abstützte und ob dies nicht einen Regelverstoß bedeutete?

War die Sache mit der Rückpassregel beim Fußball eindeutig und von ganz oben – im Sitzungssaal bei den Zuständigen der FIFA – beschlossen worden, so ließ sich damals in den Statuten des professionell betriebenen Pingpongsports tatsächlich kein eindeutiger Absatz finden, welcher das bloße Berühren beziehungsweise kurzzeitige Abstützen auf der Platte ausdrücklich untersagt hätte. Dennoch war mein bis dahin teils übersehener, teils tolerierter Makel offen benannt worden, und dies forderte eine allgemeingültige Entscheidung, welche nicht lange auf sich warten ließ.

Trommelwirbel: Der Tischtennisschläger landete in derselben Kiste wie die Fußballschuhe! Und ich konnte eine weitere Sportart von der Liste streichen.

Wer hobbymäßig oder auf professioneller Ebene schon mal am eigenen Leib den bitteren Schmerz einer Niederlage bei einer wichtigen Partie – und sei es nur bei einer Runde Topfschlagen – erfahren musste, der kann sicherlich nachvollziehen, um welche Potenz der Frust gesteigert wird, wenn man als Junge nicht bloß ein Spiel verliert, sondern gleich die gesamte Sportart. Und das zweimal nacheinander.

Hatte ich nicht nur den Fußballgott gereizt? War sogar der gesamte Sportolymp gegen mich ins Feld gezogen? Und wie sollte ich es mit dieser Übermacht aufnehmen?

Doch auf einen letzten Versuch wollte ich es noch ankommen lassen. Ich will gar nicht abstreiten, dass ich in meinen Tagen als Teenager für sportliche Dinge leichter zu entflammen war als heutzutage das Meppener Moor für die Bundeswehr. Und ich musste nicht lange suchen, bis ich fündig wurde: Da gab es die Chicago Bulls, da gab es Michael »Air« Jordan – da gab es Basketball!

Während meiner Jahre des besessenen Tischtennistrainings, dessen Intensität ich im Meisterwerk *Forrest Gump* äußerst realistisch wiedergegeben fand, spielte ich wie die Filmhauptfigur gelegentlich allein gegen mich selbst an der zur Hälfte hochgeklappten Platte. Es kam auch regelmäßig vor, dass ich lange vor Trainingsbeginn in der Turnhalle des Vereins eintraf. Im warmen Licht der Nachmittagssonne spazierte ich kreuz und quer durch die Halle und lauschte dem Knarzen des hölzernen Hallenschwingbodens unter meinen Füßen. Ergänzt wurde das Knacken des alten Parketts durch das monotone Tippen des einzigen Sportgeräts, das ich vor dem Eintreffen des Tischtennistrainers in die Finger bekam: Mit dem abgegriffenen Basketball zu meiner Rechten oder Linken durchquerte ich die leere Halle und ließ den Ball über das Brett krachend in einen der hoch über meinem Kopf montierten Körbe einschlagen.

Ich weiß nicht, wie viele Stunden ich so gedankenverloren zugebracht und das Training meiner dritten Herzenssportart aufgenommen habe, ohne es überhaupt zu bemerken. Kaum auszumalen, was aus mir geworden wäre, hätte mir damals als einziges Sportgerät bloß ein Flatterband zur Verfügung gestanden, wie es bei der rhythmischen Sportgymnastik verwendet wird!

Mit dem jähen Ende beim Tischtennis wurde das Dribbeln und Körbewerfen der Hauptgrund, um die verwitterte Sporthalle aufzusuchen. Die letzte Sache, die mir ähnlich viel Spaß in der Halle bereitet hatte, war ein von Schülergeneration zu Schülergeneration weitergereichtes Ritual im Sportunterricht gewesen: Wir ließen die dicken Turnmatten mit der glatten Seite nach unten und mit lautem Knallen vom Wagen auf den Boden fallen und schmissen uns anschließend bäuchlings darauf, um wie ein Seehund auf der Eisscholle und laut johlend einen oder zwei Meter weit darauf zu rutschen. Aber Basketball war noch besser. Ich lebte und liebte diesen Sport von der ersten Minute an, wie man eine Aktivität überhaupt nur lieben kann!

Die verstauchten Finger, die man sich bei unachtsamen Ballannahmen zwangsläufig holt, konnten mich nicht davon abhalten, mir das orange-braune Leder mit einer imaginären Kette ans Handgelenk zu binden: Wo ich war, da war auch der Ball. Ich nannte ihn liebevoll »Spalding«, nach der Herstellermarke, lange bevor Tom Hanks mit seinem Volleyball »Wilson« anbandelte. Die vorausgegangene Faszination für die Fußballschuhe und den Tischtennisschläger war offensichtlich nur eine präpubertäre Phase gewesen – nun hatte ich meine wahre Bestimmung gefunden!

Am Frühstückstisch schmierte ich mir mit links das Pausenbrot, während ich mit der rechten Hand neben dem Tisch mein Dribbling verfeinerte. Überflüssig zu erwähnen, wie viele stille Stoßgebete meine Mutter deshalb gen Himmel schickte. Und das hatte nichts damit zu tun, dass ich mir ausschließlich Nutella aufs Brot schmierte. Wenn ich eine Pause machte, befühlte ich behutsam die rauen, griffigen Flächen des Balls, den ich gebraucht auf einem Flohmarkt erstanden hatte. Dann fuhr ich mit dem Zeigefinger die schwarzen glatten Linien dazwischen entlang, die die Felder unterteilten wie schmale Pfade auf einem extrem geschrumpften Wüstenplaneten.

Basketball war meine Welt. Und da war ich nicht der Einzige.

In den 90er-Jahren erlebte die Sportart mit den athletischen Riesen einen weltweiten Boom, wie es ihn zuvor nicht gegeben hatte. Und es war ein Mann, der beinahe im Alleingang dafür sorgte, dass Kinder und Jugendliche rund um den Planeten schlecht aufgepumpte verbeulte Basketbälle auf die eisenkettenbehängten Körbe der städtischen Betonplätze abfeuerten – wenn sie nicht zu Hause kurzerhand ihre Papierkörbe an die Schrankwand tackerten. Ein Athlet erlangte globalen Ruhm und führte Basketball zur Weltherrschaft: Michael »Air« Jordan!

Noch heute bekomme ich Gänsehaut, wenn ich an meine Ehrfurcht von damals denke, sobald dieser Name erklang. Mit dem legendären »Dream Team« um Magic Johnson, Scottie Pippen und John Stockton – ein bloß 1,85 Meter messender Aufbauspieler, der neben seinen Mannschaftskameraden wirkte, als hätte sich ein einzelnes weißes Tic Tac in die bunte Colorado-Tüte verirrt – hatte Jordan 1992 bei den Olympischen Spielen in Barcelona die übrigen Nationen dominiert und das Basketballfieber aus den USA nach Europa gebracht. Die gesamten 90er-Jahre beherrschte dieser Ausnahmespieler mit seinem Team, den Chicago Bulls, die Medien- und die Sportlandschaft der USA. Und er machte sich daran, zu einem der bekanntesten und reichsten Sportler aller Zeiten zu werden. Ein weltweit bewundertes Idol – und das, obwohl oder gerade weil er seine beim Dunking weit herausgestreckte Zunge häufiger präsentierte als ein motziges Kleinkind, das sich vom überforderten Babysitter nicht ins Bett schicken lässt.

Er war mein Held.

Manchen Morgen in der Schule verbrachte ich im komatösen Dämmerzustand, weil ich mir in der Nacht zuvor live ein NBA-Spiel angesehen hatte. Ich war noch so beseelt vom Spiel, dass ich im zornigen Lehrer das Maskottchen meiner Lieblingsmannschaft sah: den grimmigen roten Stier auf den Trikots der Chicago Bulls.

Die Dynamik, der schnelle Richtungswechsel nach einem abgefangenen Ball, die Athletik des Basketballs zogen mich in ihren Bann. Dazu verfehlte die hünenhafte, muskulöse Erscheinung der Spieler ihre Wirkung nicht. Hier kämpften durchtrainierte Halbgötter in artistischer Weise um Rebounds und Punkte, und ich verspürte den Wunsch, ihnen in allen Belangen nachzueifern.

Mit den berauschenden Bildern aus den damals unvorstellbar weit entfernten USA im Kopf, begab ich mich auf die Streetball-

Plätze in Hildesheim. Was das Wurftraining betraf, verspürte ich keinerlei körperliche Einschränkung. Aus dem unbeweglichen, auf einer Stelle verharrenden Stand konnte ich den Ball mühelos im richtigen Winkel abwerfen, ihm den nötigen Spin verpassen und ein ums andere Mal befriedigt beobachten, wie er ins Netz einschlug, ohne den Ring des Basketballkorbs zu berühren. Diese Treffer entwickelten sich zu meiner Lieblingsdisziplin. So befriedigend es war, den Ball über Bande in den Korb springen zu lassen, weil mir das Kunststück gelang, die korrekte Stelle am Brett zu treffen, so regelrecht euphorisch ließ es mich werden, wenn ich den Ball »metallfrei«, also ohne Ringkontakt, ins Ziel beförderte. Für den Bruchteil einer Sekunde hatte es den Anschein, als wolle das Netz die Kugel nie wieder ausspucken – um sie dann doch im nächsten Moment friedlich herabfallen zu lassen, freigegeben für den nächsten Wurfversuch. Ich hatte dieses tanzende Netz, das mich hypnotisch in seinen Bann zog – so brauchte ich nicht mit dem Kiffen anzufangen!

Während die älteren Flegel aus der Nachbarschaft, vor denen uns damals vermutlich unser aller Eltern gewarnt haben, das erste Mal an einem Joint zogen, wurde das Körbewerfen zu meiner Obsession, bei der ich alles um mich herum vergessen konnte. Mit ausgeschaltetem Kopf flutschten die Bälle ins Netz, dass es die reinste Freude war. Ich vergaß die Zeit und das Abendbrot, nicht einmal die einsetzende Dämmerung brachte mich dazu, meine Sachen zusammenzupacken. Die mangelnde Beleuchtung schulte meine Instinkte zusätzlich – nur erahnend, wo sich der Korb befand, gab ich meine Würfe ab und jubelte, wenn ich das vertraute Geräusch vernahm, das mir meinen Treffer verkündete.

Ein guter Spieler, hatte ich in einem Interview mit einem NBA-Profi gelesen, werfe den Ball nie links oder rechts am Ziel vorbei, ein guter Spieler schieße nur zu weit oder zu kurz. Letzteres war ein sogenannter »Airball«, ein Wurf, der ohne Einwirkung eines Gegenspielers durch die Luft segelte, ohne Korb oder Brett zu treffen. In meinen Nachtsessions bedeutete so ein ungeliebter lautloser Abschmierer, dass ich aus meiner Routine gerissen wurde, denn ich musste losstapfen, um in der Dunkelheit den verloren gegangenen Ball wiederzufinden. Dann blickte ich zurück, sah die Schemen des sich auftürmenden stählernen Trägers, an dem der Korb befestigt war, reglos dastehen wie den Mast eines verlassenen Schiffs, und konnte nicht glauben, dass ich in dieser absonderlichen Szenerie bis gerade eben Korb um Korb geworfen hatte, als befände ich mich mitten in den entscheidenden Minuten eines hitzigen Play-off-Spiels vor ausverkaufter Kulisse.

Aber die Begeisterung fürs Körbewerfen war kein Ausflug in den Autismus – ich spielte auch mit anderen. Insbesondere das Spiel auf bloß einen Korb minimierte die Notwendigkeit der schnellen Sprints, sobald der Angriff nach Ballverlust zum Gegner wechselte, weshalb meine Gehbehinderung keine großen Probleme machte. Meine Reflexe, die mir schon als Torwart zu Diensten gewesen waren, versetzten mich auch auf dem Basketballfeld in die Lage, Freund und Feind gelegentlich ein unterdrücktes Raunen abzuringen – und sei es nur, weil meine zu große Hose, die permanent auf halb acht hing, jede noch so schnelle Bewegung überstand.

Ich war 15 Jahre alt und brachte es tatsächlich zur Hildesheimer »Streetball-Legende«, wie mir Kumpels, die andere über mich hatten sprechen hören, eines Tages wortwörtlich berichteten. Nachdem man mir zweimal »Sportverbot« erteilt hatte, brauche ich wohl nicht zu betonen, was das in mir auslöste. Ich freute mich, als hätte ich den Zigarettenautomaten neben dem Basketballplatz mit einem alten Knopf geknackt – aber das ist eine andere Geschichte. Zum ersten Mal erlebte ich öffentlich geäußerte

Bewunderung – eine Genugtuung, die mich so tief ein- und aus-atmen ließ, als hätte sich mein Lungenvolumen mal eben verdop-pelt. Die Brust geschwollen wie die von Popeye nach einer Fami-lienpackung Spinat, schnappte ich mir den Ball, um eine Extra-schicht einzulegen. Wie Kindergarten und Schule hatte ich auch den Basketballplatz als »der Türke« betreten. Mein Anderssein hatte ich durch auffälliges Verhalten, in diesem Fall pure Sport-besessenheit, ausgleichen müssen, ehe ich mich schließlich so-gar positiv hervortun konnte. Es schien der immer gleiche Weg aus einem »Negativbereich« heraus zu sein, der mich im Leben er-wartete – dass er nun in Anerkennung mündete, befeuerte mei-nen Willen, meine körperlichen Grenzen noch weiter auszurei-zen. Die Gelegenheit dazu bekam ich, als ich mich 1995 bei Ein-tracht Hildesheim anmeldete. In diesem Basketballverein begann meine Amateurlaufbahn; sie sollte mich schließlich bis in die Be-zirksoberliga führen.

Das wäre so nicht möglich gewesen, wenn meine Eltern nicht auch bei dieser dritten Sportart hinter mir gestanden hätten. Was uns ermöglicht wird, hängt ja immer auch zu einem Teil davon ab, wie sehr uns unser Umfeld darin unterstützt, uns selbst zu ver-wirklichen, unsere Träume zu leben. Und da stehen in den Kin-der- und Jugendjahren in meinen Augen die Eltern an erster Stelle. Mein Vater war etwas strenger in seiner aufgeräumten Art, meine Mutter impulsiver, aber sie liebten mich wohl beide sehr.

Einmal legte ich mich nachmittags für ein Stündchen aufs Ohr, während meine Eltern zum Einkaufen fuhren. Als ich wieder aufwachte, lief ich ins Bad, das sich direkt neben dem Flur auf Höhe unserer Wohnungstür befand. Durch das gekippte Bade-zimmerfenster zur Straße hin vernahm ich ein seltsames Ra-scheln. Irgendjemand stand offenbar dort draußen herum, der Schatten einer Person fiel zu mir herein. Ich lauschte. Die Person atmete schwer. Ich beschloss, der Sache auf den Grund zu gehen, und ging zur Wohnungstür. Dahinter kam meine Mutter mit zwei vollgepackten Einkaufstüten zum Vorschein, Ausschau haltend nach meinem Vater, der noch etwas im Wagen suchte.

»Mama, was ist denn los? Hast du keinen Schlüssel?«, erkundigte ich mich.

»Oh, Tan«, sie fuhr herum, »nein, dein Vater hat den Schlüssel.«

»Wieso klingelst du denn nicht?«

»Ich dachte, du schläfst noch!«

Ich nahm ihr die Taschen ab und schleppte sie ins Haus. Sie hatten neue Ziegelsteine eingekauft, damit sie uns nicht ausgingen. So fühlte es sich an.

Das war meine Mutter. Stand lieber schwer bepackt draußen im Nieselregen herum, als zu klingeln, weil sie befürchtete, ihren Teenagersohn aufzuwecken. Ich habe es damals nicht realisiert, auch, weil ich meine Mutter nicht anders kannte, aber deshalb schreibe ich es jetzt. Ich habe meinen Eltern viel zu verdanken – und auch, dass ich mich mein Leben lang so wohlbehütet und sorgenfrei auf den Sport konzentrieren konnte.

Es mag sich wie ein Märchen anhören, aber in meinem ersten Basketballverein wurde ich von meinen Vereinskameraden tatsächlich zum Kapitän gewählt. Ich wiederhole: zum Kapitän, nicht zum Maskottchen. Aber das war noch nicht alles. Da ich über Nacht nicht plötzlich sprinten gelernt hatte, wurde sogar das Spielsystem meiner fehlenden läuferischen Geschwindigkeit angepasst: Ein anderer Mitspieler übernahm meinen Laufweg, sobald nach einem Ballverlust von der Offensive, der ich angehörte, in die Defensive umgeschaltet werden musste.

»Tan bleibt vorne und sammelt uns fleißig die Rebounds und

wirft aus jeder Position, die sich anbietet, und die anderen müssen dafür die Lücke nach hinten schließen, alles klar?« Unser Trainer blickte in die Runde.

»Alles klar!«, kam die Antwort. Und das stimmte. Für die anderen war tatsächlich alles klar, sie waren einverstanden. Keine Missgunst, kein Unverständnis. Ich besaß die nötigen Antennen dafür und hätte es als Erster bemerkt, wenn jemand im Team etwas gegen mich gehabt hätte, was er vor dem Trainer lieber nicht ausspucken wollte. Doch nichts dergleichen konnte ich registrieren. Auf dem Mobbing-Kanal funkte: niemand.

Eigentlich lief meine Aufnahme in den Klubbasketball zu reibungslos, sodass ich zu grübeln begann, welche Finte sich das Sportuniversum und seine Funktionäre dieses Mal für mich ausdenken würden. Wenn ich abends das Licht ausgeschaltet hatte, hielten mich diese besorgten Gedanken hellwach. Vielleicht käme man auf den Trichter, dass ich mangels Sprungkraft den Ball niemals per Dunking im Korb versenken könnte, und würde daraufhin das Regelwerk wälzen, bis ein Absatz gefunden war, der diese Qualifikation zur Voraussetzung für die Teilnahme am Amateurbasketball machte? Kein Dunking? Da ist die Tür!

Diese Sorge trieb mich eine ganze Weile um und nahm an Bedrohlichkeit zu, je länger ich darauf herumdachte. Der Gedanke ließ sich einfach nicht kleinkriegen, wie ein Kaugummi, auf das man noch so oft beißen konnte, ohne es zerlegt zu kriegen. Traumatisiert durch den doppelten Rauswurf aus Fußball- und Tischtennisklub war ich mir beinahe sicher, mein abermaliger Rausschmiss stehe kurz bevor. Es war nur noch eine Frage der Zeit. Da konnte ich auch gleich selbst hinschmeißen. Wozu das Drama in die Länge ziehen? Ich räume ein, dass mich diese nervenaufreibende Unsicherheit wohl ein wenig dünnhäutig machte.

»Tan, du bist unser bester Werfer von der Drei-Punkte-Linie, wie machst du das?«, wollte ein neuer Mitspieler von mir wissen.

»Ja – ich weiß selbst, dass ich keine Dunkings kann, danke!«, blaffte ich zurück und ließ den verdatterten Neuankömmling stehen wie einen Anhalter in Mecklenburg-Vorpommern. Ich war so blockiert, dass ich zu jedem Trainingsbeginn den grimmigen Coach mit der schlechten Nachricht im Gepäck auf mich zukommen sah oder meinte, zu Hause das Telefon klingeln zu hören. Selbst, wenn meine Mutter die Post reinbrachte, hielt ich die Luft an, ob sie nicht vielleicht aus dem Stapel Briefe einen knallroten Umschlag hervorzöge, aus dem ein Schreiben in Schriftgröße 18 zum Vorschein käme mit dem fetten Betreff: Tan Caglar – Sportverbot! Doch nichts in diese Richtung geschah. Und so schlug am Ende meine Skepsis über Nacht in Euphorie um. Da hatte sich was angestaut, ich fühlte pure Glückseligkeit. War das zu fassen? Ich hatte endlich eine Sportart gefunden, die ich regelkonform ausüben konnte – und *durfte*. Also hängte ich mich voll rein!

Aber es war nicht alles Jubel, Trubel, Heiterkeit. Wenn wir zu Auswärtsspielen fuhren und uns aufwärmten, erweckte es für den Gegner den Anschein, als ließe unsere Mannschaft in ihren Reihen einen Behinderten mitmachen. Eben ein lustiges Maskottchen, das noch deplatzierter wirkte als der zu Ruhm und Spott gekommene Goleo ohne Hose bei der Fußballweltmeisterschaft 2006. Denn genauso war es in den Augen der anderen: Ich war ein »Behindi«, der auch mal den Ball haben durfte. Und das wurde in genau dieser Weise artikuliert.

»Guck mal, der läuft, als hätten sie ihm die Schnürsenkel zusammengebunden!«, hieß es.

»Spacko!«, riefen sie mich.

»Der sollte weniger onanieren, dann könnte er auch noch laufen!«, fiel einem ein.

Manchmal spürte ich auch bloß die vielsagenden Blicke auf meinem Gesicht, die sich mir beinahe noch tiefer einbrannten als die offenkundigen Beleidigungen.

Aber dann kam mein Peter-Parker-Moment. Und dafür musste ich nicht extra mit einer genetisch veränderten Spinne Bekanntschaft machen. Allerdings spielte ich wie von der Tarantel gestochen. Welche Überraschung meine Peiniger mit dem Anpfiff erlebten! Mir ist bewusst, dass das alles klingt wie frei erfunden, wie ein Tagtraum eines benachteiligten Jungen – aber in guten Partien spielte ich die Gegner förmlich an die Wand. Ich sammelte die Rebounds mit stoischer Ruhe wie andere Jungs in dem Alter blaue Briefe und warf die Punkte aus den unvorteilhaftesten Positionen heraus. Zwar konnte ich meiner Mannschaft nicht helfen, wenn wir den Rückwärtsgang einlegen mussten, dafür wurde ich vom Gegner zweitweise mit zwei Verteidigern »gedoppelt«, um mich im Angriff am Abschluss zu hindern.

Ich verließ den Platz als derselbe, als der ich mich aufgewärmt hatte, doch für die anderen hatte sich mein Status auf wundersame Weise gewandelt.

»Geiles Spiel!«, hielt mir einer die Hand hin. Ich schlug aus Höflichkeit ein. Wieso war ich plötzlich ein besserer Mensch, wenn ich den Ball in den Korb bekam, wieso musste ich es erst allen beweisen, um mit meinem Defizit akzeptiert zu werden?

Ich wollte kein Lob von denen, die mich beim Aufwärmen noch ausgelacht hatten – schließlich konnte ich nach dem Match keinen Meter besser laufen als vorher, nur schien dies jetzt keine Rolle mehr zu spielen. Aber für mich tat es das. Natürlich zog ich positive Energie daraus, wenn mir selbst die Gegenspieler ihren Respekt zollten, aber das war bloß eine Reaktion auf meine Treffsicherheit. Mehr noch hätte ich mir manchmal gewünscht, ein schlechtes Spiel abzuliefern, aber dafür schon vor dem Match als ebenbürtiger Spieler und Mensch betrachtet zu werden – und nicht als Fremdkörper. Aber dieser sehnsüchtige Wunsch lag, so unrund, wie ich mich fortbewegte, tatsächlich im Bereich der Fantasie.

Crazy little thing called Bauchkribbeln

Die Basketballbesessenheit dominierte mein Leben als Teenie genauso wie meine Kinderzimmerwände. In jedem Winkel hingen NBA-Poster, Wimpel und ausgeschnittene Fotos aus Sportzeitschriften. Meine heiligen vier Wände waren das adäquate Abbild meines Seelenlebens: Ich war erfüllt von Basketball und erfreute mich an dem Triumph, wenn ich im Liegen aus dem Bett – z. B. mit einer zusammengeknüllten Boxershorts – den an meiner Zimmertür hängenden Korb traf. Aber ich hatte noch keinen blassen Schimmer, wie es sich anfühlte, wenn man einen von einem Mädchen bekam. Hui, Wortspiel ... versenkt!

Überhaupt erstaunlich, dass irgendetwas, mit dem man nicht dribbeln konnte, es unter meine Glocke schaffte. Doch wie sagte schon der Opa aus *Jurassic Park*? Das Leben findet einen Weg! Und möge man noch so abgeschottet seiner sportlichen Leidenschaft nachgehen.

Yvonne hieß das Wesen, das mich rasant sämtlicher Sinne beraubte. Ich fühlte mich wie überfallen und mit aufgesprengter Brust wehrlos zurückgelassen. Vom einen auf den anderen Tag war ich wie ausgewechselt. Meine Gedanken kreisten um ein Mädchen, mit dem ich nichts gemeinsam hatte, als in dieselbe Klasse zu gehen. Ich hatte sie eines Morgens auf dem Schulhof erspäht – sie war neu zugezogen –, ihr zum Pferdeschwanz gebundenes Haar, das keck auf und ab wippte, ebenso erhascht wie ein flüchtiges Lächeln – das leider an ein anderes Mädchen gerichtet war statt an mich. Und ich hatte plötzlich eine Idee davon, wie der Himmel aussehen könnte. Amor hatte mich getroffen – aber offensichtlich war der Knabe mit der Zeit gegangen und hatte von Pfeil und Bogen auf Pumpgun umgestellt!

Bums, da lag ich.

Die Verarbeitung plötzlich eintreffender weiblicher Reize – mögen sie auch noch so harmlos, zart und unbeabsichtigt sein – bringt pubertierende Heranwachsende bekanntlich an ihre Belastungsobergrenze, und zwar psychisch und physisch. Man ist gefangen im entrückten Dahinschmelzen, Schmachten und Schwelgen und unfähig, irgendeinen Gedanken zu fassen, der sich nicht auf das Objekt der Sehnsucht bezieht. So können Monate ins Land gehen, ohne dass die Möglichkeit eines konkreten Schritts auch nur erwogen wird. Aus dieser misslichen Lage wollte ich mich befreien, ehe sie endgültig zum Dauerzustand würde. Also schmiedete ich einen verwegenen Plan, um näher an Yvonne heranzukommen, ohne dabei aufdringlich zu erscheinen. Die ausgeklügelte Mission trug den Codenamen »Gitarren-AG«, denn: Ich wollte in die Gitarren-AG! Um ihr dort aufzulauern, äh, um sie dort besser kennenzulernen. Und ihr aufzufallen.

Dummerweise hatte ich im Leben noch keine Gitarre in der Hand gehabt, geschweige denn besaß ich eine. Und mit Musik hatte ich mich in meinem Leben so intensiv befasst wie der Frontmann von *Scooter*. Den interessierte ja auch mehr, wie teuer der Fisch ist, als das Beherrschen eines Instruments (und nein: Megafon zählt nicht als Instrument).

Nachdem ich mich für die Gitarren-AG eingetragen hatte – was leicht gewesen war –, musste jetzt also eine Gitarre her. Das konnte doch nicht so viel schwieriger anzustellen sein? Was würde so eine Klampfe schon kosten? Ich hatte wirklich überhaupt keine Ahnung.

Mein generelles Desinteresse an musischen Dingen wird vielleicht noch deutlicher, wenn ich erwähne, dass unsere Wohnung direkt über einem Musikgeschäft lag, das ich noch kein einziges Mal von innen gesehen hatte. Ich fürchte, selbst ein leer stehendes Ladenlokal hätte mehr Aufmerksamkeit von mir bekommen. Aber jetzt leuchtete mich das Schaufenster der Musikalienhandlung plötzlich in den grellsten Farben an, als hätte es gerade erst eröffnet. Beim Eintreten betätigte ich die Türglocke, ohne mich dabei zu verspielen – was angesichts meines musikalischen Talents schon eine starke Leistung bedeutete.

Ich schlenderte durch die schmalen Gänge und bestaunte die fremden Gegenstände, während ich mich fragte, welche Töne wohl auf welche Weise und an welchem Ende aus ihnen herauszukommen wären. Es liegt im Bereich des Vorstellbaren, dass ich sogar den Feuerlöscher zunächst für einen futuristischen Dudelsack hielt. Und als mein Blick auf die Wand mit den Gitarren fiel, machte mein Herz einen kleinen Satz, denn mein Problem war gelöst. Die Gitarren waren nicht ausverkauft, sie hatten welche da – zum Glück! Fast überlegte ich, ob ich noch ein weiteres der irrwitzigen Instrumente dazukaufen sollte, um meinen Eltern zu verdeutlichen, wie ernst mir die Sache mit der Musik war. Doch meine Überlegungen verpufften mit einem Schlag, als hätte jemand im großen Sinfonieorchester auf den gewaltigen Gong gehauen und ich auf dem Platz direkt daneben gesessen.

Man hatte mir den Preis genannt.

»260 Mark kostet die hier.« Der Verkäufer wog die Gitarre behutsam in der Hand.

»Bitte?!? Spielt die von selbst?« So versuchte ich (mehr mir als ihm), den horrenden Preis zu erklären.

Was für ein Schock! Kein Wunder, dass sich niemand für Musik interessierte, wenn man für den Preis einer einzelnen Gitarre auch eine komplette Ausstattung für alle drei Sportarten, die ich bisher ausgeübt hatte, erstehen konnte! Plus Reserveausrüstung. Und Mitgliedsbeitrag. Auf Lebenszeit.

Schweren Herzens und Schrittes verließ ich das Mondpreise-Musikuniversum und stieg die Stufen zu unserer Wohnung hinauf. Eigentlich hatte ich meine Eltern, mit der Gitarre unterm Arm, vor meine unumstößliche Entscheidung stellen (und mir das Geld für die Gitarre erstatten lassen) wollen, damit erst gar keine Diskussion aufkam. Nun begann ich zu ahnen, dass die Annäherung an meinen Schwarm komplizierter werden könnte, als mein vernebelter Geist angenommen hatte. Ein neuer Plan musste her. Meine Eltern mussten frühzeitig einbezogen werden. Der Preis dafür war, dass ich die Irritation meiner Mutter über meine künstlerischen Ambitionen vollumfänglich über mich ergehen lassen musste – wie ein schonungslos inszeniertes, nicht enden wollendes Einpersonenstück.

»Jetzt will er in die Gitarren-AG?!?« Sie sah erst meinen Vater an, dann mit ausgebreiteten Armen die Zimmerdecke, und dann mich. Drama hatte sie echt drauf. »Warum denn das, um Himmels willen? Seit wann interessierst du dich für Musik?«

Beim Präsentieren ihrer Argumente gegen den Erwerb einer kostspieligen Gitarre war sie in Bestform. Und sie hatte eine Menge Gegenargumente – von »Du übst ja dann doch nie!« über »Das ist doch nur eine Schnapsidee« bis »Tu erst mal was für die Schule!«. Fast hätte ich ihr applaudiert, so überzeugend gab sie die ratlose Mutter. In Wirklichkeit hatte sie den Braten natürlich längst gerochen und wusste, dass etwas ganz anderes dahintersteckte als die Liebe zur Musik. Und sie genoss es, mich so lange zu grillen, bis ich die Karten auf den Tisch legte.

Folglich eröffnete sich mir nur ein letzter grässlicher Ausweg: Ich musste meine Mutter ins Vertrauen ziehen, auch wenn es auf diesem Planeten wohl nichts Peinlicheres gibt, als sich in der

Blüte der Pubertät einem Elternteil als verliebt zu outen. Aber was half es? Ich setzte mich also zu meiner Erzeugerin an den Küchentisch und probierte es auf die ganz subtile Art:

»Mutter, wollt ihr später mal Enkel?«

Eine so forsche Eröffnung hatte sie nicht kommen sehen, wie mir ihre prompt Richtung Haaransatz flüchtenden Augenbrauen verrieten. Zwar pflegten wir zu Hause einen, sagen wir, legeren Umgangston. Meine Eltern lebten weder besonders religiös, noch hielten sie ihre türkische Herkunft über alles andere. Die meiste Zeit sprachen wir in den heimischen vier Wänden deutsch – und über alles, was uns in den Sinn kam. Aber nun war ich doch mit der Tür ins Haus gefallen. Bevor sie antworten konnte, fuhr ich fort:

»Also, diese Gitarre könnte über den Fortbestand unseres Zweiges der Familie Caglar entscheiden. Nicht mehr und nicht weniger. Ich sage dir nur, wie's aussieht«, schloss ich meine kurze Ansprache. Die Augenbrauen meiner Mutter kehrten zögernd in die gewohnte Position zurück. Stattdessen bildeten sich kleine Fältchen um ihre Mundwinkel. Auch mir musste das Grinsen meterbreit im Gesicht stehen, so wie meine Wangenmuskeln spannten.

»Ich verstehe, da gibt es also ein Mädchen?«, kombinierte sie messerscharf. »Du bist ganz dein Vater, Tan! Suchst dir eine, die möglichst unerreichbar für dich ist und nichts mit dir gemeinsam hat.«

Ich nickte, die ruckartig aufsteigende Hitze im Gesicht spürend. Und raffte in dem Moment nicht, was sie mir gerade über ihre Ehe verraten hatte.

Sie nickte bekräftigend.

»Ja, ja!«, vernahm ich die grummelige Bestätigung meines Vaters, der sich längst aus der Küche ins Wohnzimmer zurückgezogen hatte. Sicherlich nickte auch er.

Am Ende der Besprechung verzog ich mich zügig in mein Zimmer – ehe meine liebe Mutter noch auf die Idee käme, ihren rheumatischen Rücken von meinem roten Kopf bestrahlen zu lassen – und plumpste zufrieden aufs Bett. Meine Eltern waren auf die brillante Idee gekommen, die Gitarre für den Anfang nur zu mieten, statt sie gleich zu kaufen. Ein genial einfaches Manöver, welches ich mit meiner überhitzten Birne in 100 Jahren nicht zusammenbekommen hätte. Das Ganze war eine hochnotpeinliche Aktion gewesen – aber mit einem Ergebnis, das sich sehen lassen konnte.

So akribisch, wie ich mich in die verschiedenen Sportarten reingehängt hatte, wollte ich auch die Gitarre beherrschen lernen. Yvonne sollte auf keinen Fall bemerken, dass ich bloß ihretwegen dort erschien – und wenn es bedeutete, dass ich die Sommerferien über nichts anderes tun würde, als Noten zu lernen und Akkorde zu schrammeln. Mit Ausdauer, Fleiß und dem unbedingten Willen, hart an sich zu arbeiten, konnte man über sich hinauswachsen, das hatte ich in meinem jungen Leben schon gelernt.

Allerdings hatte ich dabei eine klitzekleine Kleinigkeit übersehen.

Die Gitarre und ich waren keine Freunde.

Also – so gar nicht.

Mein musikalisches Talent stieß bereits beim Bedienen von Klanghölzern, einer Triangel oder einer Kuhglocke – egal, ob sie noch an der Kuh hing oder nicht – an seine Grenzen. Ich konnte am Frühstückstisch an den Drähten des Eierschneiders herumspielen, um ihm ein paar scheußliche Töne zu entlocken, aber das war's dann auch. Gitarre? Über die Sommerferien erlernen? No way!

Schon nach einer einzigen privaten Probestunde in der kleinen, dem Musikgeschäft angeschlossenen Musikschule kristallisierte sich unüberhörbar heraus, dass ich musikalisch vollkommen talentfrei war. Was mich allerdings nicht davon abhielt, nach erneutem ausgiebigen Stöbern im Geschäft eine sündhaft teure Tasche für mein geliehenes Instrument zu erstehen. Wenn ich die Gitarre schon in die Ecke stellte, dann sollte sie wenigstens gut aussehen!

Die Tage bis zum ersten Treffen der Gitarren-AG vergingen wie im Flug, und ich blickte dem Moment tiefenentspannt entgegen, in dem ich die Gitarre aus der Tasche nehmen und mir unbeholfen auf die Oberschenkel legen würde. Ich war so schlecht, das musste man erlebt haben! Mehr als blamieren konnte ich mich nicht.

Und genauso kam es. Am ersten Nachmittag in der AG wurden wir in drei Gruppen eingeteilt: Fortgeschrittene, Anfänger und eine Extragruppe, bestehend aus: dem Türken, seiner Gitarre und seiner Tasche. Einzige Voraussetzung für die Teilnahme an der AG war das leserliche Eintragen des eigenen Vor- und Zunamens in die richtige Liste gewesen. Jeder war willkommen, niemand wurde diskriminiert. Eine Erfahrung, die ich an dieser Stelle als von Grund auf positiv hervorheben möchte. Allerdings wurde ich, nachdem die Gruppen eingeteilt waren, größtenteils mir selbst überlassen. Und in eine Art musikalische Quarantäne gesteckt. Man gab mir Aufgaben, die zuverlässig verhinderten, dass ich mit meinem Instrument Geräusche erzeugte. Während die anderen Akkorde einübten oder ganze Stücke probten, musste ich eine alte Gitarre mit neuen Saiten bespannen. Als Techniker war ich gar nicht so schlecht, deshalb brauchte ich nicht mal eine AG-Stunde dafür. Doch in den folgenden Stunden verkam ich mehr und mehr zum bloßen Publikum. Aber hey, es war die erste AG in der Geschichte der Schule, die ihr eigenes Publikum hatte – auch wenn es nur aus einer Person bestand. Das konnte die Hauswirtschafts-AG, in die es einen Klassenkameraden verschlagen hatte, der ungeschickterweise mit den Listen durcheinandergekommen war, nicht von sich behaupten. Der Freund berichtete mir vom rigorosen Schürzenzwang in der von einer Lehrerin rustikaleren Zuschnitts geleiteten Gruppe, obwohl sie dort nichts taten, als ein halbes Jahr lang Äpfel zu schälen. Wenn ich also hätte wählen müssen zwischen Schürze hier und Zuschauer da – ich hätte immer wieder dieselbe Wahl getroffen. Schließlich hatte ich mich nicht ohne Grund so weit auf unbekanntes Gebiet vorgewagt.

Der Grund trug die Haare als Zopf, der ein Eigenleben zu führen schien, so lebendig tanzte er umher, wenn sich seine Besitzerin umsah oder in ihrer Tasche nach Utensilien kramte. Eines Tages trug sie die Haare offen, und mir war, als erblickte ich einen wahrhaftigen Engel. Yvonne, die erste Frau, die einfach nur so »da« war – das aber dermaßen, dass es mir die Sprache verschlug. Wobei das keinen Unterschied machte, denn ich hatte eh noch nie ein Wort mit ihr gewechselt. Die Zeit in der AG neigte sich schon langsam ihrem Ende entgegen, ohne dass ich irgendwelche Fortschritte gemacht hätte. Wöchentlich betrachtete ich verstohlen ihre üppigen Rundungen und spürte ihre glatte Wärme – doch gelang es mir nicht, der Gitarre einen brauchbaren Ton zu entlocken.

Und mit meinem Erfolg bei Yvonne sah es auch nicht besser aus. Tatsächlich sollte es mir in der AG nicht gelingen, zu ihr durchzudringen. Doch ereignete sich hier etwas, das mir nur kurze Zeit später, wenn auch unbeabsichtigt, zum fulminanten Durchbruch verhelfen sollte.

Während wir an einem Nachmittag mal wieder auf den Musikinstrumenten übten, und mit »wir« meine ich: die anderen, kam jemand auf eine kosmetische Eigenart unseres Musiklehrers zu sprechen. Der trug die Nägel seiner rechten Hand auffallend lang – eher ungewöhnlich für einen Mann, sofern er nicht in Transsylvanien wohnte und sein Schloss tagsüber nur mit Lichtschutzfaktor 1.000.000 verließ. Irgendein forscher Mitschüler sprach den Lehrer geradeheraus auf sein Maniküredefizit an:

»Was'n mit Ihren Fingernägeln, Herr Berger?« Worauf dieser amüsiert erklärte:

»Lange Fingernägel sind bei passionierten Gitarrenspielern nicht unüblich, weil sich nur so die Saiten ohne Plektron wirklich akkurat zupfen lassen.«

Worauf er uns sogleich und unverlangt eine Kostprobe seines Könnens gab, die, nachdem er sich in Reinhard Mey'sche Rage gespielt hatte, erst mit dem Pausengong endete.

Tja, über den Wolken musste die Freiheit grenzenlos sein. Das konnte ich bestätigen, denn ich befand mich schon seit geraumer Zeit dort.

In der nächsten Woche, im regulären Musikunterricht mit der gesamten Klasse – inklusive Yvonne –, den derselbe Lehrer gab, langweilte ich mich zu Tode, wie es einem nur in der Schulzeit gelingen kann. Es war eine physische Qual. Den Hintern mit dem Stuhl, die Ellbogen mit dem Tisch verschmolzen, spürte ich, wie ich mich mit jeder Minute mehr in eine Skulptur verwandelte. Jetzt ein Feueralarm, fantasierte ich, Rennerei und Geschubse auf der Treppe, alle raus auf die Straße, Action! Ach was, jetzt ein Hustenanfall, der es einem erlaubte, vor die Tür zu treten. Mein Gott, wenigstens ein Pups, den irgendjemand in die Runde schickte – Hauptsache, irgendwas geschah, um mich aus dem elendigen Zustand der Lethargie zu befreien. Und jeder weiß: In solchen Momenten behilft man sich gern mit dem Erstbesten, das einem in den ausgelaugten Sinn kommt. Und das ist meistens: recht wenig.

Die Fingernägel des Lehrers hatten sich im Verlauf der Woche nicht verkürzt, eher im Gegenteil. Ich stupste meinem rechten Banknachbarn in die Rippen, deutete zu unserem Lehrer und gluckste: »Guck mal, die Fingernägel. Krallen wie ein Seeadler. Da müsste der aber besser mal mit 'ner Flex rangehen, ne?«

Mein Kumpel verschluckte sich fast vor Lachen.

»Tan, was soll denn das? Über meine Nägel und ihre Vorzüge beim Gitarrespielen hatten wir doch in der AG gesprochen? Du warst dabei, wenn ich mich recht entsinne!«, schallte es durch den gesamten Raum und in meinen Ohren. Oh Mist, ich war zu laut gewesen. Wie peinlich!

»Ja, äh, nein, doch, ja.« Ich starrte vor mich hin, ohne nach vorn zu sehen – und mein Blick fiel auf die lachende Yvonne. Und ihr Lachen war nicht hämisch, sondern vergnügt und echt. Sie kommunizierte mit mir! Sie fand lustig, was ich gesagt hatte! Und ich kommunizierte zurück – mit allem, was die Gesichtsmuskeln hergaben.

Sie hatte registriert, dass es mich gab! Endlich! Hurra!

In einer großen Pause bald danach folgten auf jenes komplizenhaft ausgetauschte Grinsen ein paar echte miteinander gesprochene Worte. Damit war ich endgültig in ihren Dunstkreis getreten, ohne mich lächerlich zu machen. Die ganzen Strapazen an der unbespielbaren Gitarre hatten sich gelohnt. Ich konnte das Instrument an den edlen Verleiher zurückgeben und war nicht länger auf dieses Vehikel angewiesen, um mit Yvonne in Kontakt zu treten.

Dem Himmel sei Dank!

Zwar wurde letztlich – so viel sei verraten – nicht viel mehr aus uns beiden als eine heimliche, dafür umso gründlichere Schwär-

merei meinerseits. Trotzdem erinnert mich die leere Gitarrenta-
sche, die mir gelegentlich beim Aufräumen begegnet, bis heute
daran, wie erfüllend es war, Yvonne in diesem einen Moment zum
Lachen zu bringen. Eine Qualität, die sich für mich als Teenie anfühlte wie eine neu erworbene Superheldenfähigkeit.

Im Rückblick weiß ich, dass ich damals erstmals spürte, welch
ehrliche Beglückung es bedeutete, jemanden, der mir ganz besonders wichtig war, zum Lachen zu bringen – wenn auch ohne Absicht und mehr als Querschläger denn als direkte Performance.

Yvonne aus der Gitarren-AG, die mit dem Pferdeschwanz
tanzte – sie war wohl mein allererstes Comedy-Publikum. Und
weder sie noch ich wussten damals davon.

Vom Gymnasium direkt in die Rente?

Nach dem Erwerb der Allgemeinen Hochschulreife, wie es im Beamtendeutsch so schön heißt, beziehungsweise nach einer wilden Sause unter dem sperrigen, aber noch verfügbaren (und somit das einzige vorhandene Auswahlkriterium erfüllenden) Abschlussmotto »Abi Vader – Wir atmen durch!« stellte ich im Hinblick auf mein zukünftiges Leben fest, dass ich ungefähr so planlos war wie ein einsamer Rentner am DB-Fahrkartenautomaten. Wohin sollte die Reise gehen? Über welche Zwischenstationen? Und wie viel Aufenthalt wollte ich mir jeweils gönnen? Gute Frage! Da mich die Chicago Bulls noch immer nicht kontaktiert hatten und ich die Karriere als Gitarre spielender Leadsänger einer Punkrockband erst einmal zurückgestellt hatte, streunte ich orientierungslos durch das Vakuum, welches sich in meinem Lebenslauf an der Stelle ergab, an der andere Zivildienst machten oder – falls sie den Dienst an der Windel aus ethischen Gründen verweigerten – zum Bund geschickt wurden. Ich war bisher gar nicht davon ausgegangen, die Schule jemals verlassen zu müssen. Und damit spiele ich nicht so sehr auf die Ehrenrunde an, die ich in der Oberstufe gedreht hatte. Ich war als Schüler einfach davon ausgegangen, dass dieser Abschnitt meines Lebens bis in alle Ewigkeit Bestand haben würde. Schuljahre waren wie die Staffeln von Alf: Es ging immer weiter und weiter. Wie erwähnt, war ich kein Überflieger gewesen – und es im Abiturstress (welcher Stress?) auch nicht geworden. Trotzdem war ich gern dorthin gegangen, zur Schule, diesem in sich geschlossenen Biotop der zukunftsfreien Selbstvergessenheit.

Aber jetzt stand plötzlich das wirklich wahre Leben vor der

Tür. Vom einen Tag auf den anderen hatte ich keine Termine mehr im Kalender außer dem Buß- und Bettag, Allerheiligen und dem Geburtstag meines Hamsters King Kong. Außer den eingetragenen christlichen Feiertagen war alles weiß – ein großes Nichts, das ich mit irgendwelchen Aktivitäten füllen musste, die einem Leben als volljähriger Mensch gerecht würden. Mit Sportwetten allein würde ich meinen Lebensunterhalt nicht bestreiten können. Vielleicht war es also an der Zeit, erwachsen zu werden, sich eine Krawatte umzubinden und dem Ruf des Geldes zu folgen, sprich: mal ins Casino zu gehen?

Hildesheim war nicht gerade der Nabel der Welt – schon eher die Narbe der Welt –, aber mit gerade 20 fühlte ich mich frei wie ein Vogel. Ich konnte überallhin und alles Mögliche tun, wenn ich nur wollte – die Welt, sie lag mir zu Füßen.

Im Radio lief *The Bad Touch* der *Bloodhound Gang* rauf und runter, und ich nickte im Takt mit dem Kopf, ohne einen blassen Schimmer davon zu haben, welche delikaten Akte dieser amerikanische Anti-Schwiegersohn-Stoßtrupp dort eigentlich auf explizite Art und Weise besang. Was sich so cool anhörte, konnte nicht schlecht sein! War ich ein naives Kerlchen damals? Aber sicher! Hätte ich das zugegeben? Niemals!

Ähnlich planlos wie einst durch das Musikgeschäft lief ich nun durch die ganze Welt. Oder zumindest durch Hildesheim. Immer auf der Suche nach dem nächsten Level. Der Einfall traf mich beim Shoppen in der Stadt. Ich stand in einem CD-Laden und suchte nach der »Bloodhound Gang«, als mein Blick auf einen Kunden-fragen-Kunden-Aushang am Ausgang fiel. Vor etwas Ähnlichem hatte ich schon einmal gestanden und mich über die Merkwürdigkeiten amüsiert, die jemand in aller Öffentlichkeit inklusive seiner Telefonnummer ausstellte. Am Schwarzen Brett der Schule – so etwas wie eine Art analoges Steinzeit-Facebook –

hatte ich eine Anzeige der DAA, der Deutschen Angestellten-Akademie, überflogen und mir die Adresse notiert, welche mir prompt wieder in die Hände fiel, als ich von meinem Einkauf zurückkehrte. Deutsch war ich schon, Angestellter wollte ich gern noch werden, und Akademie klang nach Elite – warum dort also nicht mal anklopfen?

Mit vielen losen verheißungsvollen Zukunftsgedanken im Kopf und ebenjener rüpelhaften Band im Ohr, die für mich genauso harmlos daherkam wie mein erster süßer Alkopop auf der Abifeier, landete ich nach einer kleinen Tour mit dem Fahrrad vor der Zentrale der DAA, die ganz oben in einem beeindruckenden Hochhaus mitten in Hildesheim ansässig war.

Ich weiß nicht, ob ich diesem Gebäude ähnlich viel oder überhaupt etwas Aufmerksamkeit geschenkt hätte, wäre ich in einer größeren Stadt aufgewachsen, aber in meinem Fall wirkte der verglaste Turm wie ein Zeichen, ein Monument, das mir den Weg in die glitzernde Zukunft wies. Von der Spitze des Hochhauses angefangen, den Kopf in den Nacken gelegt, versuchte ich, die einzelnen Stockwerke zu zählen und vielleicht jemanden hinter den Scheiben zu erspähen, der es bereits in diese Bastion geschafft hatte, die ich stürmen wollte. Auch wenn ich nichts als verspiegelte Glasfassade ausmachen konnte, sah ich vor meinem geistigen Auge jede Menge geschäftiger Menschen mit hochgekrempelten Ärmeln, die, aufgeputscht von literweise Kaffee und noch mehr Karrierebesessenheit, wichtige Mails in die Tastaturen hackten. Erwachsene, souveräne Männer und Frauen, die kraft ihres Geistes und ihrer Ausdauer die Zukunft entstehen ließen, während ich hier unten regungslos auf dem Bürgersteig stand und nichts tat, außer gebannt zu ihnen hinaufzublicken. Ich musste da rein. Da rauf. Ich wollte auf die Deutsche Angestellten-Akademie!

Unten im Erdgeschoss befand sich ein kreischend buntes

Bowlingcenter. Vielleicht hätte ich der ganzen Sache gegenüber etwas kritischer sein sollen? War ich aber nicht. Fleißige Menschen wollten selbstverständlich nach Feierabend eine ruhige Kugel schieben, mit Kollegen bei einem amerikanischen Billigbier die nächsten strategischen Züge besprechen und das alles natürlich in der plastikhaften Atmosphäre eines grell-sterilen Bowlingcenters, in dem sicherlich selbst die Luft zum Atmen schmeckte, als sei sie gefakt.

Meine Bewerbung – die erste meines Lebens – tippte ich nach dem Zwei-Finger-Suchprinzip am heimischen Monstrum von einem Desktop-Computer, der weniger Festplattenspeicher besaß als jedes Smartphone heute. Trotzdem fühlte ich mich der Zukunft so nah wie nie zuvor. Zugleich erschien es mir fast surreal, hier zu sitzen und eine Bewerbung zu verfassen wie ein richtiger Businessprofi. Ich erinnere mich, wie nachdrücklich ich bei jedem Anschlag den spitzen Zeigefinger tief in die zentimeterdicke Tastatur bohrte, um auf ihrem Grund den Buchstaben oder das Satzzeichen auszulösen. Heute kommt es mir beinahe vor, als hätte ich die Bewerbung mit Hammer und Meißel angefertigt. Aber damals war das pixelige Ergebnis, das der meckernde Tintenstrahldrucker nach einer Ewigkeit zutage förderte, nichts anderes als perfekt. In meinen Augen jedenfalls.

Weil ich kein Passbild besaß, griff ich in die Schublade mit alten Urlaubsfotos und fand eines, auf dem mein Gesicht groß genug war. Ich schnitt die auf dem Bild neben mir stehenden Kumpels mit meiner vorne abgerundeten Kinderbastelschere ab und betrachtete das Resultat. Eine Hand meines guten Freundes, die beim Schnappschuss auf meiner Schulter platziert gewesen war, hatte es mit aufs Foto geschafft. Bei näherem Hinsehen ging mir auf, dass sein Ärmel die gleiche Farbe besaß wie das Hemd, das ich auf dem Foto trug, weshalb der merkwürdige Eindruck entstand, ich würde mich – einmal um den Rücken herum – mit einem unnatürlich langen Arm selbst umarmen. Ich empfand es zwar als suboptimal, auf einem Bewerbungsfoto den Eindruck eines solchen Kunststücks zu vermitteln, hatte aber keine anderen Fotos zur Hand. Außerdem beruhigte ich mich damit, dass es einer offenen Diskriminierung gleichkäme, wenn die DAA einen hoch motivierten Schlangenmenschen mit Migrationshintergrund ablehnte.

Zwei Wochen vergingen – und ich war drin. Briefkasten auf, Zusage raus, Briefkasten zu – Jackpot! Die Deutsche Angestellten-Akademie beglückwünschte mich zu meiner Aufnahme und nannte mir den Termin, von dem an ich am Ausbildungsangebot teilnehmen durfte. Ich fühlte mich wie Gordon Gekko aus *Wall Street*! Ein Macher! Ein Krieger! Liebe Mutti, leg die gute Hose raus – dein Sohn macht Karriere!

Wieder verging nur wenig Zeit – und die Erde hatte mich wieder. Und auf dem Boden der Tatsachen lagen keine halb verbrannten Geldscheine, mit denen die Cohibas angezündet worden waren. Die Bauchlandung endete auf dem blanken staubgrauen Linoleumboden eines tristen Seminarraums der DAA. Es stellte sich nämlich schnell heraus, dass ich hier von der Elite und einer Karriere so weit entfernt war wie mein armer zerschnittener Fotofreund inzwischen von seiner Hand. Die Akademie entpuppte sich als Sammelbecken für Individuen unterschiedlichster Couleur, die nur eines gemeinsam hatten: den leeren Kalender. Immerhin hatte jeder, der hier eintrudelte, festgestellt, dass es so nicht weitergehen konnte in seinem Leben – aber damit war die Motivation auch schon ausgereizt. Hier hockte eine Gruppe von Ahnungslosen, von Menschen, die allem Anschein nach entkoppelt waren von Vergangenheit und Zukunft und nur im Moment selbst lebten. Und zwar seit ihrer Geburt. Und ich war einer von ihnen. Hatte ich im Vorfeld gehofft, auf Menschen mit Vorbild-potenzial zu treffen, so wurde mir in jedem Gesicht, in das ich blickte, nur gnadenlos und ungefiltert meine eigene Ideenlosig-keit gespiegelt. Es dauerte nicht lange, bis der Groschen fiel: Wer unten im Bowlingcenter keinen Job ergattert hatte – für den blieb nur noch die DAA oben drüber!

Der Vorteil an der Sache: Ich hatte jetzt einen strukturierten Tagesablauf. Und es gab verdammt guten Kaffee. Mein lieber Mann, ich kam wirklich auf den Geschmack. Fünf Tassen pro Tag, plus/minus drei Kakao, der ebenfalls exzellent schmeckte – auf diesem Level hatte ich mich rasch eingepegelt. Es wurde der un-verzichtbare Treibstoff, um mich mit wachem Geist durch das kostenlose »Unterhaltungsprogramm« zu beamen. Damit sind selbstverständlich nicht die Inhalte der »Seminare« gemeint (die eigentlich nur eins zum Thema hatten: Wie komme ich hier wie-der weg? Sprich: Wie verfasse ich einen Lebenslauf, was verlangt ein Arbeitgeber von mir – und ist die Sonnenbrille auf dem Bewer-bungsfoto okay, solange sie bloß lässig am oberen Hemdknopf baumelt?), sondern die übrigen illustren Akademiebesucher. Da wäre etwa Jeanette – nennen wir sie freundlicherweise einfach so, auch wenn ihre Eltern bei der Namensfindung in Wahrheit weit weniger Gnade hatten walten lassen. Jeanette war ein liebes Mäd-chen mit null Interesse für ihre Außenwelt. Sie schien förmlich in ihrer *Helly-Hansen*-Daunenjacke zu *wohnen* und legte das Lieb-lingsstück auch im gut geheizten Seminarraum nie ab. Und sie brauchte mehrere Wochen, um die einzige Aufgabe zu bewälti-gen, die jedem Neuankömmling gestellt wurde: Nennen Sie ei-nen möglichen Berufswunsch. Irgendeinen. Krankenschwester, Dompteurin, intergalaktische Rebellen-Prinzessin. Irgendetwas. Vermutlich war ihr armer Organismus zu sehr damit beschäftigt, die Körpertemperatur innerhalb des in sich geschlossenen Winterjackensystems auf Normalmaß zu regulieren, als dass noch Energiereserven für irgendeine andere körperliche oder gar geistige Aktivität zur Verfügung gestanden hätten. Anders war es nicht erklärlich, dass Jeanette erst nach gefühlt einem Monat den Mund aufbekam, um den Wunsch zu äußern, es vielleicht als Bäckereifachverkäuferin zu versuchen. Eine positive Entwicklung, die einer Trendwende gleichkam und sie prompt in die nächsthöhere Gruppe aufsteigen ließ. Jetzt gehörte sie zu denen, die gezielt in eine konkrete Ausbildungsstelle vermittelt werden sollten. Jeanette war jung, Jeanette hatte ein Ausbildungsziel, Jeanette war aus dem Schneider!

Weniger rosig sah es da schon für andere Teilnehmer aus, die über 50 waren und es bereits in beinahe ebenso vielen Jobs versucht hatten, oder in gar keinem. Allesamt treue Seelen auf ihre Art – schrullige Einzelkämpfer, die ich mit der Zeit ins Herz schloss. Zum Beispiel den untersetzten Fliesenleger Veit, der mich verlässlich mit Stoff aus der Kaffeeküche ein Stockwerk weiter oben versorgte, welche ich selbst über die Treppe nicht erreicht hätte, ohne noch mehr zu transpirieren als Jeanette in ihrem *Helly-Hansen*-Kokon. Auch wenn es mir insgeheim gefiel, dass ein gestandener (beziehungsweise in Veits Fall eher »gesetzter«) Mann mit viel mehr Lebenserfahrung mir – dem kleinen Schuljungen – den Kaffee servierte, kam ich nicht umhin zu erkennen, dass ich bei der DAA fehl am Platz war. Ich war zwar auf eine Ausbildung aus, oder vielleicht ein Studium – doch das hier entpuppte sich als Sackgasse. Auf keinen Fall allerdings wollte ich mich gegenüber den anderen als überambitioniert hinstellen. Schließlich war ich der Ausländer in der Runde. Aber ich war auch der behinderte Ausländer! Und frei nach dem Minus-mal-minus-ergibt-plus-Prinzip neutralisierte meine körperliche Beeinträchtigung mein fremdländisches Äußeres. Eine Andersartigkeit = fremd. Mehrere

Andersartigkeiten = zu kompliziert. Und schon fand ich mich als geduldetes Gruppenmitglied wieder, ohne etwas dafür getan zu haben. Diesen Status wollte ich ungern beschädigen – auch wenn ich es zum allerersten Mal erlebte, dass ich mich zurücknehmen musste, um dazuzugehören.

Aber dass ich der DAA als exotischer Beifang ins Netz gegangen war, blieb auch unserem Seminarleiter nicht verborgen. An einem zähen Tag kauerten wir alle vor den Computern und übten, Bewerbungsschreiben an reale oder fiktive Arbeitgeber zu erstellen. Denn das war das Hauptziel der Akademie: Alle Teilnehmer sollten früher oder später die Fähigkeit erwerben, aussichtslose Bewerbungen zu verfassen. Etwa als Fensterputzer in einem Rohbau. Oder als Hebamme auf dem Todesstern. Zum Feierabend – der wegen der überschaubaren Aufmerksamkeitsspanne der meisten Teilnehmer so gegen 14:30 Uhr erfolgte, also nach dreieinhalb Stunden »Arbeit« – nahm mich unser zuständiger Pädagoge zur Seite. Auf die geradeheraus gestellte Frage, wie und warum ich mit meinen Qualitäten denn eigentlich bei ihnen gelandet sei, druckste ich nur kleinlaut herum. Mit dem unterschwelligen Lob war ich überfordert. Noch nie hatte ein Lehrer so unumstößlich angedeutet, ich sei der Klassenbeste. Als Dankeschön wollte ich ihn nicht vor den Kopf stoßen. Der Pädagoge lenkte das Gespräch jetzt in eine etwas andere Richtung: »Es fällt auf, dass du die anderen mitziehst. Durch dein Engagement spornst du die anderen an.« Aber auch darauf wusste ich keine sinnvolle Antwort. »Na ja, wenn Sie meinen, Coach? Äh, Chef, äh ... Herr, äh ...«, grinste ich etwas verlegen. Während ich in der Schule bloß mitgeschwommen war, drehten sich hier die Köpfe zu mir, sobald ich das Wort ergriff. Allerdings war ich – neben dem Dozenten – auch praktisch der Einzige, der etwas zum Unterreicht beizutragen hatte. Hier, an der DAA, bewegte ich mich in einer ganz und gar merkwürdigen Sphäre von »Bewunderung statt Behinderung«: Das Abitur, das ich mir mit minimalem Einsatz ergaunert hatte, machte mich zum qualifiziertesten Teilnehmer in der Runde – ob ich wollte oder nicht. Aber statt dafür schiefe Blicke zu ernten, wie ich sie in der Schule gern an die Klassenbesten verteilt hatte, hörten mir die anderen hier zu, sobald ich eine Frage stellte. Ich gehörte also nicht so richtig dazu – aber nicht aus den üblichen Gründen (Türke und behindert), sondern weil ich mehr eine Art Hilfshirte für die Schäfchen war als selbst ein Lämmchen.

Es war verwirrend.

Um mir auf die Sprünge zu helfen, regte der Dozent an, ich solle mich bei einer Bank bewerben. Ich hatte mal erwähnt, dass ich mir eine Bankkaufmannslehre als konkretes Ziel vorstellen könne.

Einige Wochen später saß ich deshalb bei der Deutschen Bank in Hannover und wähnte mich, weil ich zum Eignungstest eingeladen worden war, zurück auf der Erfolgsspur. Das eindrucksvolle Konzerngebäude stellte jenes der DAA locker in den Schatten, wortwörtlich. Größer, glatter, noch verspiegelter! Die schillernde Geschäftswelt, die ich mir auf dem Hildesheimer Bürgersteig stehend und mir den Hals ausrenkend zusammenfantasiert hatte – hier war sie zum Greifen nahe. Und wenige Minuten später befand ich mich bereits in einem Fachgespräch auf Augenhöhe. Da stand er vor mir, der dynamische Macher in Anzug und Krawatte, mit einem Aftershave, das kühle Dominanz verströmte. Der Mann war ganz offensichtlich: Diplompförtner. Mindestens.

Im Zentrum des Hannoveraner Bankenviertels legte ich meine Eignungsprüfung ab – im sicheren Gefühl, gerade das nächste Kapitel in meinem Leben aufzuschlagen. Tan Caglar, Bankkaufmann. Als ich den imposanten Bau nach gut zwei Stunden wieder verließ, war ich gedanklich bereits mit Schriftart und Papierstärke meiner künftigen Visitenkarten beschäftigt. Ich hatte mich hoch motiviert gezeigt, eloquent und selbstbewusst. Ein Paradebeispiel für einen von Geburt an vorbildlich integrierten Deutschen mit türkischem Migrationshintergrund. Für mich ein leichtes Heimspiel.

Ich öffnete den Brief der Deutschen Bank schon viel gelassener und routinierter als den der Akademie.

»Leider müssen wir Ihnen mitteilen, dass ...« Ich las den kurzen Brief gar nicht bis zum Ende. Die bittere Botschaft war bereits angekommen. Ich war überrascht. Ich hatte doch schon im Kindergarten, wo ich den Tauschhandel mit den Panini-Sammelbildchen kontrollierte, klar bewiesen, dass ich mit wertvollen Papieren umgehen konnte und ein natürliches Gespür dafür besaß, ein attraktives Portfolio zusammenzustellen. Und jetzt wollte mich die Bank nicht in ihren Reihen haben?

Für den DAA-Dozenten war es ein ebenso harter Schlag. Er hatte in seiner Karriere schon so manchen unvermittelbaren Lebenskünstler unter die Leute gebracht und den Arbeitsmarkt mit echten Härtefällen bestückt. Und jetzt war einer seiner vielversprechendsten »Klienten« mir nichts, dir nichts abgeschmettert worden? Ich sah das Flackern in seinen Augen. Ohne Begründung abgewiesen, das kam in seinem Koordinatensystem nicht vor! Er bat mich, in seinem Büro Platz zu nehmen, während er mit einer ausladenden Geste nach dem Telefonhörer griff, als wolle er den Präsidenten persönlich anrufen. Den Präsidenten des Schützenvereins – oder wen auch immer. Jedenfalls wirkte seine Einlage höchst dramatisch. Hätte nur noch gefehlt, dass er die Dame im Vorzimmer anwies, ihn direkt in die Air Force One durchzustellen. Aber es gab ja gar keine Vorzimmerdame, und die Nummer, die er anrief, konnte er auch gleich selbst wählen.

Wie sich herausstellte, hatte er weder das eine Oberhaupt in seinem Flugzeug noch das andere in seinem Schützenzelt kontaktiert, sondern eine Nummer der Deutschen Bank in Hannover gewählt. Nachdem er sein Anliegen mit fester Stimme vorgebracht hatte, folgten mehrere Minuten, in denen mein Akademielehrer diverse Variationen des Wortes »ja« von sich gab, als spiele er eine Partie *Tabu* gegen sich selbst, bei der der eigentliche Begriff nicht fallen durfte. »Hmm«, »hm-hm«, »richtig«, »doch, doch«, »korrekt«, »jep« … so ging das immerfort weiter, bis das Gespräch sehr plötzlich endete, was der Dozent mit einem beängstigenden Stampfen des Telefonhörers quittierte, der scheppernd zurück auf die Gabel befördert wurde.

»Da ham wir's!«, triumphierte er, um mir anschließend in aller Ausführlichkeit darzulegen, was genau wir hatten. Sein Mitspieler auf der anderen Seite hatte ihm bei der Runde Telefon-*Tabu* aufgefächert, wie überzeugend ich bei dem Eignungstest aufgetreten sei und wie richtig es von ihm – dem Dozenten – gewesen sei, mich dorthin zu schicken. Dies hatte wohl gleich die meisten seiner umschriebenen Jas ausgelöst. Anschließend war der Herr von der Bank meine einzelnen Testergebnisse durchgegangen, die alle vielversprechend ausgefallen waren, was für weitere Ja-Synonyme gesorgt hatte. Aber – und jetzt kam das, was wir hatten – ich sei, laut den Worten des Mitarbeiters der Deutschen Bank, überqualifiziert für die Ausbildung zum Bankkaufmann, nicht passend für das Anforderungsprofil, weil – nicht mehr formbar.

»Du bist zu gut, Tan!« Der Dozent sah mich zufrieden an. Ich veränderte meine Sitzposition, um meine Hüfte zu entlasten, die Probleme bereitete, wenn ich zu lange angespannt mit einer Arschbacke vorn auf der Stuhlkante hockte. Aber seit wann hatte ich denn jetzt auch noch was an den Ohren?

Zu gut, holte mein Lehrer aus, also zu kreativ, zu sprunghaft, nicht geeignet für einen eher statischen Job, bei dem es um das nüchterne Kalkulieren mit endlosen Zahlenkolonnen ging. Sie sähen mehr in mir, fuhr er fort, ich verfüge über Potenzial, das ich an anderer Stelle ausleben und mich so selbst verwirklichen solle. Für den Dozenten war das ein Punkt. Ein Treffer. Eine Absage, mit der er leben konnte, weil sie in diesem Sinne gar keine war, sondern eher eine Weiterempfehlung an eine andere Stelle. Für mich allerdings fühlte sich das Ganze immer noch stark danach an, als stünde ich nach wie vor ohne Ausbildungsplatz da.

Jeanette war lange weg und ganz sicher schon dabei, die besten und frischesten Brötchen der Republik zu verkaufen. Veit hatte von der Küche wieder ins Bad gewechselt und legte Fliesen, statt mir den Kaffee zu bringen. Neue Teilnehmer strömten in die DAA, die Gruppe veränderte sich nach und nach, bis ich einer der Letzten von denen war, die zusammen mit mir hier angefangen hatten. So sah also überqualifiziert aus.

Letztlich verließ ich die Akademie unverrichteter Dinge. Und doch war das Unterfangen nicht gänzlich umsonst gewesen. Was ich in dem knappen Jahr gelernt habe, während ich im Gebäude der DAA ein und aus ging? Vieles! Nicht nur in der Theorie, sondern auch in der Praxis. Wo soll ich nur anfangen?

Nun, da wäre zunächst der sogenannte »Strike«, ein Wurfversuch, bei dem der Spieler alle zehn Kegel auf einmal abräumt – nicht zu verwechseln mit dem »Spare«, bei dem es für Selbiges zwei Versuche braucht …!

Und außerdem … äh … nichts.

So war also ein Jahr ins Land gegangen, und ich musste etwas anderes aus dem Hut zaubern: Ich landete beim BIZ, dem Berufsirritationszentrum. Eigentlich hatte ich auf ein Berufsinformationszentrum gehofft – aber da hatte ich die Wette ohne den »Wahl-O-Mat«

gemacht, den das BIZ speziell für ahnungslose Berufseinsteiger wie mich programmiert hatte. Vielleicht hat der eine oder andere Leser selbst in der Schulzeit Bekanntschaft mit diesem Computerprogramm gemacht, das man bloß mit seinen Vorlieben, Hobbys und Sprachkenntnissen füttern musste – und schon spuckte das System wie von Zauberhand einen Berufsvorschlag aus, der garantiert nichts mit dem zu tun hatte, was man eingegeben hatte.

Vielleicht hatte auch nur irgendjemand aus Versehen ein Häkchen bei »Passendes vermeiden« gesetzt, sodass ich stets das erhalten *musste*, was nicht hinhaute. Mein Traumjob laut BIZ-KI war jedenfalls: Schreinermeister! Dabei hatte ich extra *nicht* angegeben, dass ich ein großer Pumuckl-Fan war! War ich – Überraschung – nämlich auch nicht. Und ich wollte auch kein Schreinermeister Eder werden. Die BIZ-KI wollte aber ganz offensichtlich schon, dass ich das wollte.

Ich wiederholte das Prozedere, setzte meine Schwerpunkte anders, gab an, dass ich ungern mit Werkstoffen und lieber mit Menschen zu tun haben wollte, und wartete gespannt auf das Ergebnis. Diesmal lautete es: Schreinermeister! Das Programm fand es offensichtlich in Ordnung, wenn ich lieber Menschen zersägte statt Holz – Hauptsache, ich wurde Schreinermeister. Die unblutigen Alternativen »Magier« oder »Illusionist« schlug es nicht vor.

Okay, dachte ich, das muss Zufall sein, und wo gehobelt wird, fallen eben Späne. Oh nein, die KI begann bereits, mein Vokabular auf Schreinermeister zu eichen! Aber einen dritten Versuch wollte ich wagen. Ich wolle gern draußen arbeiten, log ich, mit Tieren, und bitte keine Maschinen bedienen. Das System schien kurz zu stocken. Hatte sich der BIZ-Computer aufgehängt? Aber nein, nachdem der Bildschirm kurzzeitig eingefroren war, meldete er sich wieder zurück und empfahl mir: Schreinermeister.

Darauf trank ich erst mal einen Jägermeister – obwohl es noch mitten am Tag war. Okay, tat ich nicht wirklich. Aber ich pfiff auf das Programm und suchte anderntags das Beratungsgespräch mit einem echten Menschen. Wobei, so sicher war ich mir da gar nicht. Was sich mir auf der anderen Seite des BIZ-Schreibtisches präsentierte, hätte lupenrein bei *Men in Black* reingepasst. Und zwar nicht als Man in Black selbst, sondern als etwas, das sich bloß als Erdling getarnt hatte. Und das, ohne sich besonders große Mühe zu geben. Der Herr wirkte wie ausgestopft, der Kopf saß direkt auf den Schultern, und die dünne Krawatte wirkte, als müsste man erst daran ziehen, um den Kerl zum Leben zu erwecken.

Ich gab meine Daten ein, leierte also meine vorgefertigten Interessen gut hörbar herunter, damit der Herr, falls er über ein akustisches Reizverarbeitungsprogramm verfügte, die Möglichkeit hatte, darauf zu reagieren. Und dann ballte ich die Faust unter dem Tisch. Denn parallel zu seinen Überlegungen hörte ich mich selbst laut und deutlich denken: Schreinermeister! Und hätte fast losgeprustet.

Ich konnte beobachten, wie der Angestellte meine Anfrage bearbeitete. Dann erhob er sich – ich war froh, zu sehen, dass er über ein echt wirkendes Unterkörpermodul verfügte – und setzte sich wieder. Ich musste mich wirklich zusammenreißen. Manchmal benötigt man ja nur sich selbst, um Spaß zu haben, und das kriegt man dann nicht mehr weg. Schrei-ner-meis-ter, feixte mein Hirn! Ich war vollkommen abgelenkt.

»… Informationen … wenn Sie mal schauen wollen … Ausbildung zum Werbekaufmann …«, hörte ich den Krawattenträger sagen. Hey, das war neu!

»Okay, nehm ich!« Ich bedankte mich und machte die Biege, ehe der Herr die Gelegenheit wahrnahm, mein Gehirn auszusaugen oder Ähnliches.

Kurze Zeit später flatterte ein Brief mit einer konkreten ausgeschriebenen Ausbildungsstelle ins Haus, verbunden mit einer nicht uninteressanten Information: Da ich nicht nur nach Ansicht meiner besten Kumpels ein echt »schwer Behinderter« war, sondern Vater Staat mir denselben Stempel aufdrückte, teilte mir dieser mit, dass meine Ausbildung von der Kommune getragen werde. Ich bekam mein Gehalt also vom Staat – wie der Bundeskanzler! Okay, oder wie ein arbeitsloser Schreinermeister. Und der Ausbildungsbetrieb bekam einen Azubi umsonst. Keine unwichtigen Fun Facts, um in das bevorstehende Bewerbungsgespräch zu spazieren.

Die Sache war mal wieder zu schön, um wahr zu sein – und sie hatte natürlich einen kleinen Haken: Die Firma, um die es ging, sagte mir in keiner Weise zu. Ich hatte mich im HTML-Internet informiert: eine Nullachtfünfzehn-Werbeklitsche, ein Prospekteproduzent, ein echter Kommunikationskrötenteich.

Vor meiner Recherche hatte ich mich bereits hinreißen lassen, von Werbefilmshootings mit leicht bekleideten Models in Südafrika zu fantasieren, von kreativen Meetings im eigens ins Büro gebauten Bällchenbad, von Creative Directors, die mir im Bademantel und mit Whiskyglas in der Hand über die Schulter schauten. Ich dachte, als Werbekaufmann würde ich eingeweiht in die Entstehung der nächsten großen weltweiten Kampagne. Das nächste »Just do it!« – ich würde dabei sein, wenn es gelauncht würde.

Stattdessen sprach ich jetzt bei einer Provinzagentur mit einem Portfolio vor, das so aufregend war wie die Supermarktbeilage mit den neusten Hackfleischangeboten.

»Mein Sohn, morgen hast du das Vorstellungsgespräch. Geh doch heute etwas früher schlafen, damit du morgen fit bist!« Mit diesen Sätzen besuchte meine Mutter mich in meinem Zimmer.

Es war 17:56 Uhr. Ich hatte nicht vor, so bald schlafen zu gehen. Und dem Termin sah ich auch eher widerwillig denn begeistert entgegen.

Als ich einige Stunden später tatsächlich ins Bett ging, holte mich die Erinnerung an die Schmach bei der Deutschen Bank wieder ein. Dorthin war ich ja sogar hoch motiviert gefahren, und das Gespräch war super verlaufen. Aber sie hatten mich nicht gewollt. Ich spürte, wie ich gedanklich in einen Strudel gerissen wurde. Lass dich davon nicht runterziehen, beschwichtigte ich mich selbst. Was geschehen ist, ist nicht zu ändern. Und du kannst nie wissen, was im Leben als Nächstes passiert.

Mir leuchtete ein, was ich mir selbst sagte, aber ich konnte trotzdem nicht einschlafen. Ich wälzte mich von der einen auf die andere Seite und fühlte mich, als hätte jemand heimlich mein Bett zerlegt und falsch wieder zusammengebaut. Das Kissen kratzte. Alles war unbequem. Als ich die perfekte Schlafposition gefunden hatte, klingelte der Wecker. Ich fluchte und versuchte, mir ganz genau einzuprägen, wie ich lag. Vorsichtig hob ich die Decke an und schob mich seitlich darunter hervor, um möglichst wenig an der Position des Bettzeugs zu verändern. Wie bei der Memoryfunktion am Autositz wollte ich am Ende des Tages genauso wieder in die Federn schlüpfen, wie ich sie verlassen hatte.

Na dann: Operation »kein' Bock« konnte anlaufen. Innerlich und äußerlich unrasiert erschien ich zum Vorstellungstermin. Nach kurzer Wartezeit wurde ich in einem kleinen Büro mit trüber Fensterscheibe empfangen. Der Personaler schien ein erschreckend unsichtbarer Charakter zu sein, woran auch seine unvorteilhafte goldene Krawattennadel zum bunten Schlips nichts ändern konnte. Gelangweilt spulte er sein Programm ab. Er ging den gesamten Fragenkatalog durch, eine nach der anderen, während ich mir nur eine Frage stellte: Wozu das Ganze? Er wusste doch auch, was ich wusste – den mäßig motivierten Türken hier, also mich, gab's völlig umsonst! Und ich würde auch keinen allzu großen Mist verzapfen, denn ich konnte ja nicht schnell genug abhauen. Also was denn nun: ja oder nein?

Als der Kerl die unvermeidliche Kernfrage stellte: »Warum, glauben Sie, sollten wir Sie einstellen?«, da platzte es aus mir heraus: »Na ja, weil ich Sie keinen Cent koste!« Damit hatte das Kasperletheater wenigstens ein Ende. Durfte ich dann jetzt vielleicht gehen?

Der Personaler lehnte sich zurück und schob, den Arm angewinkelt, die Faust unters Kinn: »Aha. Na, wenigstens sind Sie ehrlich.«

»Hm-ja.«

»Sie haben den Job.«

Verdammt!

Da ist man *einmal* ehrlich, und dann hat es nicht mal Konsequenzen? Obwohl man sich die *einmal* wünscht? Ich war mit null Bock reingegangen ins Gespräch und marschierte mit einem Job wieder raus, den ich gar nicht haben wollte. So schnell konnte das gehen. Deutsche Bank: Was sagt ihr jetzt?

Bei mir zu Hause war Karneval, bevor ich auch nur bis drei gezählt hatte. Meine Eltern führten ein kleines Freudentänzchen auf. Das heißt, mein Vater packte meine Mutter an der Taille und setzte an zu einer Dirty-Dancing-ähnlichen Hebefigur, die er allerdings auf einem Drittel der Strecke abbrach. Sie herzten sich, dann herzten sie mich. Der einzige Sohn, er stand in Lohn und Fladenbrot – erwerbstätig, ein vollwertiges Mitglied der Gesellschaft! Der Abend wurde lang, die Getränke kurz: Ouzo für alle!

Okay, sie waren stolz, meine beiden lieben Eltern, das konnte ich ja noch verstehen. Aber mein Vater musste es wieder mal übertreiben. Wenn bei ihm mal die emotionalen Dämme brachen (was etwa alle zehn Jahre vorkam), dann gab es kein Halten mehr. Für ihn schien das mit meinem ersten richtigen Job, der ja zunächst nur eine Lehrstelle war, eine Sache von größerem Format zu sein. Nun lautete die Herausforderung für ihn, mir seinen ganzen Stolz zu vermitteln, ohne zu persönlich zu werden. Aber er fand eine adäquate Lösung: Mein geschätzter stolztrunkener Vater beschloss, seine Liebe zu mir einfach in PS auszurücken, und stellte mir eine Mercedes-E-Klasse vor die Tür.

In einem Wort? Wrrrrrroommmmm!

Ich war so geblendet von dieser überbordenden »Geste«, als hätte ich minutenlang direkt in das Halogen-Fernlicht dieser unbeschreiblich fetten Limousine geblickt. Die Überraschung war meinem alten Herrn gelungen! Der Wagen war natürlich mindestens drei Level zu hoch angesetzt für einen Azubi. Die Aktion war dermaßen drüber, dass es fast schon wieder akzeptabel war. Fast.

Um kurz ein bisschen Luft rauszulassen: Die E-Klasse war gebraucht. 120.000 Kilometer runter. Aber trotzdem ganz nett. Man soll ja auch die kleinen Dinge im Leben zu schätzen wissen und mit Bescheidenheit und Demut annehmen. Das Problem: Eine schwarze E-Klasse, egal, wie alt, kann man gar nicht mit Bescheidenheit fahren – schon gar nicht als Azubi im ersten Lehrjahr. Weshalb ich das Geschenk eigentlich hätte ablehnen müssen. Aber ich war dann doch Deutscher genug, um den übertriebenen Wagen – nur mal probehalber – anzunehmen, und ich war Türke genug, um großzügig darüber hinwegzusehen, dass es kein BMW war.

Mit dem neuen Gefährt unterm Hintern rauschte ich bei meinem Arbeitgeber sympathiemäßig geradewegs auf die unterste Ebene der Tiefgarage durch, sozusagen. Vor allem deshalb, weil wir gar keine Tiefgarage hatten. Und weil der einzige Behindertenparkplatz direkt vor dem Eingang der Werbefirma aufgepinselt war. Die blitzeblanke E-Klasse thronte so erhaben vor dem Gebäude, dass man auf den ersten Blick die direkt dahinter abgestellte C-Klasse glatt übersehen konnte. Die war auf den Agenturchef zugelassen. Und er war nicht der Einzige, dem mein Auftritt missfiel.

An meinem ersten Tag mit dem neuen Gefährt unterm Hintern parkte ich ganz und gar regelkonform auf dem Behindertenparkplatz, als es bei mir ans Fenster klopfte. Ich ließ die Scheibe hinunter: »Ja, bitt ...?«

»Ihr Brüder glaubt wohl, ihr könnt euch alles erlauben, was? Das ist ein Behindertenparkplatz!«, informierte mich – mit der Lautstärke eines kaputten Keilriemens – das imposante Organ einer Dame mit lila Hut.

»Da liegen Sie leider doppelt falsch. Ich habe keine Brüder, die erlauben sich demnach gar nichts. Und ich persönlich darf hier parken, denn ich bin behindert«, setzte ich sie über die Lage der Dinge in Kenntnis.

»Zeigen!«, fuhr sie mich an. Bitte was? Ich musste ein Kichern unterdrücken.

»Wie meinen Sie?«

»Wo sind Sie denn behindert?«, protestierte das wütende Gesicht unter dem kecken Hütchen.

»Na, in Deutschland – wenn Sie's genau wissen wollen.«

»Was?«

»Was?«

»Auch noch vorlaut! Parkplatz wegnehmen allein reicht wohl nicht?«

»Ich zeig's Ihnen!«, erwiderte ich und stieg aus dem Auto. Ich schloss den Wagen ab und machte das, was ich unter Gehen verstand.

»Hmm, na gut. Gehbehindert sind Sie? Dann tut's mir leid«,

entschuldigte sich die Dame. Ich winkte ihr zu, aber als sie weg-
ging, meinte ich zu hören, wie sie brabbelte: »Lassen sich auch
immer was Neues einfallen, die Brüder!«

Ich blickte zur E-Klasse und grinste, denn ich genoss für einen
Moment die Vorstellung, wie es auf die Hutträgerin gewirkt haben
musste, als ich – der junge Türke mit Dreitagebart – mit dem
breitspurigen Gerät mitten auf dem Behindertenparkplatz zum
Stehen gekommen war.

War das also unterm Strich eine absurde Poser-Aktion, die mir
mein von allen guten Geistern verlassener alter Herr da beschert
hatte?

Absolut!

Fühlte ich mich deswegen schlecht?

Na ja, es ließ sich gerade noch aushalten.

Mit der unverhofft spektakulär gestalteten Anreise zu meiner
Arbeitsstelle war es dann aber auch schon wieder vorbei mit dem,
was an der Ausbildung erwähnenswert wäre. Achtung, anschnal-
len: dramaturgische Zeitraffung! Die nächsten drei Jahre verbrachte ich damit, auf die grüne Windows-Wiese zu starren und
darauf zu warten, dass die Tage vorübergingen. Manchmal guckte
ich so lange auf das satte Grün, dass ich glaubte, kleine Maul-
wurfsschnäuzchen zu erspähen, die sich plötzlich an die Oberfläche buddelten, oder flatternde Schmetterlinge, oder einen Vul-
kanausbruch, gefolgt von einem Meteoriteneinschlag und einer
Alien-Invasion – aber da war natürlich nichts außer dem Desktop,
den ich mit überflüssigen Ordnern zukleisterte.

Die Aufgaben, die ich zu bewerkstelligen hatte, waren wirklich
nicht weiter der Rede wert. Gefühlt war ich die meiste Zeit damit
beschäftigt, irgendetwas in die Ablage zu verschieben. Unglaublich, wie viel die Ablage aufnehmen konnte! Und ob sie jemals

geleert beziehungsweise abgearbeitet wurde? Keine Ahnung. Das Transferieren in die Ablage war das »Schwarze Loch« unter den Betriebsabläufen. Kein offenes Projekt war zu groß, um nicht von ihr verschluckt zu werden wie ein Raumschiff vom Wurmloch. Gut möglich, dass in einem weit, weit entfernten Paralleluniversum einem anderen gehbehinderten Azubi der ganze Mist auf den Schreibtisch gekotzt wurde – der arme Kerl tat mir ehrlich leid!

Dann widmete ich mich wieder meinem Herzensprojekt, der Büroklammerkette. Ich hatte schon zwei komplette Schachteln der silbernen Klammern fein säuberlich miteinander verbunden. Bis zum Ende meiner Ausbildung wollte ich die Kette von meinem Schreibtisch bis zum Ausgang legen können. Mein letzter Dienstgang, mein letzter Weg, er sollte den anderen im Büro in Erinnerung bleiben. Wie gesagt – ich hatte ein Faible für dramatische Abgänge.

»Ausbildung zum Kaufmann für Marketingkommunikation« hieß das Ding, das sie mir hier angedeihen ließen, mit vollem Namen. »Ruhigstellung und Abrichtung zum Schreibtischsklaven für Projektarchivierung« wäre treffender gewesen. Und das wenige, das ich von den Prozessen mitbekam, die tatsächlich zu einer Kampagne führten, sagte mir nicht besonders zu. Ich sträubte mich dagegen, Menschen nach Zielgruppen zu klassifizieren und sie ausschließlich als konsumwütige Wesen zu betrachten, die, wenn möglich, immer noch konsumwütiger werden sollten. Meine Aufgabe in diesem Beruf würde es sein, Begehrlichkeiten für Produkte und Dienstleistungen zu wecken, die die Menschen oftmals erst zu brauchen glaubten, wenn sie eine dazu erdachte Kampagne zu Gesicht oder zu Gehör bekamen. Immer mehr Produkte bedeuteten immer mehr Werbung. Und war das Radio nicht schon längst voll genug davon? Schaltete man beim Fernsehen nicht ohnehin vor der Werbung weg? Und quoll das Internet nicht über vor Bannern und Spammails? Zumindest von der Warte der Provinzagentur aus sah ich nicht die Möglichkeit, die Welt mit einfallsreicher, sehenswerter Werbung zu erobern. Aber ich war dann doch dankbar genug für den Ausbildungsplatz, um die Sache – die ja nicht bis in alle Ewigkeit weiterlaufen würde wie der Duracell-Hase – mit einem Minimalaufgebot an Fleiß (das hatte ich in der Schule gelernt) durchzuziehen.

Die (was Highlights anging, übersichtliche) Ausbildungszeit war aber der Abschnitt meines Lebens, in den ein tiefgreifendes Ereignis fiel, das sich abseits des Schreibtisches ereignete.

Das Jahr eines jeden Menschen ist ja gesättigt mit bedeutsamen Jahrestagen und Jubiläen denkwürdiger Ereignisse. Der 18. Januar zum Beispiel ist so ein Tag. Dieses Datum hat bestimmt für irgendeinen der geschätzten Leser eine ganz besondere Bedeutung! Oder der 6. September. Oder der 31. Februar. Oder, oder, oder.

Für mich persönlich wird der 01. April nie wieder der sein, der er vorher einmal war – der Tag, an dem sich die ganze Welt mehr oder weniger unschuldige Streiche spielt, oder Pranks, wie man heute neudeutsch sagt. Am Abend des 1. April im Jahre 2004 hielt das Schicksal für mich und meinen Kumpel eine bitterböse Überraschung bereit. Am nächsten Tag hatte – wie jedes Jahr – meine Mutter Geburtstag, und ich hatte noch kein Geschenk!

Aber das war nicht der Schicksalsschlag.

Ich war nach dem Feierabend durch die Stadt gebummelt in der inständigen Hoffnung, noch von einem spontanen Geschenke-Einfall erwischt zu werden. Da dieser ausblieb und sich der Ladenschluss durch das Reinräumen der Werbetafeln am Eingang der Läden bedrohlich ankündigte, stolperte ich schließlich bei Douglas rein, um eine edle Handcreme zu erstehen. Ein Alibi-

Geschenk zwar, aber immerhin ein Geschenk! Handcreme für die Patschehändchen bedeutet ja im allgemeingültigen Geschenkeraster das streichfähige Pendant zu Socken für die Füßchen.

Die ganze wochenlange Aufschieberei und der finale Panikkauf hatten mich so geschwächt, dass ich mich mit einem Kumpel in unserem Stammbistro verabredete, wo ich mich stärken wollte. Es war ein kleiner italienischer Familienbetrieb, in dem wir stets herzlich beim Namen beziehungsweise bei unserer Nummer genannt wurden.

»Ah, Nummer 25 und Nummer 6, wie geht's?«, begrüßte uns der Chef des Hauses, also die Frau des Besitzers.

»Danke, hervorragend, und selbst?«, grüßte ich sie zurück.

»Danke, auch gut, dasselbe wie immer?«

»Ja, für mich die 25 bitte!«, bestätigte mein Kumpel.

»Und für mich die 6, danke!«, komplettierte ich die Bestellung.

Nachdem wir unsere Lieblingsgerichte, jeweils zwei kleine, köstlich überbackene Baguettes mit unterschiedlichem Belag und grünem Salat, verputzt hatten, hingen wir zufrieden in unseren Stühlen herum. Den Magen voll und keine Termine mehr – herrlich. Wir redeten über dies und das, sicherlich über nichts von Bedeutung.

Ich erblickte den grauen Geländewagen zuerst, der mit eingeschalteter Warnblinkanlage in zweiter Reihe schräg gegenüber anhielt. Dann entdeckte ihn auch mein Kumpel.

»Hey, das ist Chris!«, rief er und erhob sich, denn der Fahrer des Wagens kam schnurstracks auf das Bistro zu. Er trat ein und steuerte auf unseren Tisch zu.

»Hallo, wusste ich doch, dass ihr hier seid!« Er klopfte meinem Kumpel auf die Schulter. Ich kannte Chris nur flüchtig, von ein paar Partys bei Freunden. Er blickte uns verschwörerisch an, als habe er eine wichtige Botschaft für uns.

»Sollen wir 'ne Runde drehen? Der Wagen ist neu!« Er deutete mit dem Kinn nach draußen.

»Der neue X5?«, fragte mein Kumpel mit einem Leuchten in den Augen.

»Ganz genau!«, bestätigte Chris.

»Sind dabei!« Und damit signalisierte er der Kellnerin, dass wir zahlen wollten.

»Ja, warum nicht?«, stimmte ich zu. Mein Faible für Autos konnte ich nicht verleugnen, und in einem X5 hatte ich noch nie gesessen. Eine kleine Spritztour durch die angebrochene Nacht, das wollte ich mir auch nicht entgehen lassen.

Mein Kumpel und ich nahmen auf der Rücksitzbank des grobschlächtigen SUV Platz. Man ließ sich nicht in die Sitze fallen, eher bestieg man sie wie einen Zweitausender im Allgäu. Man zog sich nach oben ins Innere des Fahrzeugs und fühlte sich, nachdem die dicken Türen mit sattem Schmatzen zugeschlagen waren, wie in einer mobilen Festung.

Ich saß hinter Chris, dem Fahrer, mein Kumpel hinter dem Beifahrer, den ich noch nie zuvor gesehen hatte. Sie drehten laute Musik auf, die Bässe klangen breit und voll, die Anlage musste bestimmt eine teure Sonderausstattung sein. Wir fuhren los und kurvten durch die City, aber Chris schien ein konkretes Ziel zu haben. Nach kurzer Zeit realisierte ich, wohin die Reise ging – ab auf die Autobahn. Na klar! Ein bisschen Cruisen war nett, aber ich war gespannt, welche Show das Monstrum von einem Wagen auf der Autobahn abliefern würde.

Auf Höhe des Müggelsees – ja, den gibt es nicht nur im schicken Berlin, sondern auch im beschaulichen Hildesheim – fing uns die letzte rote Ampel ab, ehe es heißen würde: auf die Zufahrt zur Autobahn abbiegen und dann volle Fahrt voraus! Chris schaltete in den Leerlauf und ließ den Motor aufheulen. Sein Beifahrer schaltete das Radio aus. Die musikalische Untermalung hatte jetzt sechs Zylinder und kam aus dem Motorraum. Ein wütendes Grollen, das immer heiserer wurde, je höher Chris die Drehzahl trieb. Instinktiv versicherte ich mich, dass ich richtig angeschnallt war, indem ich mit der rechten Hand nach dem zwischen Sitzfläche und Rückenlehne angebrachten Anschnaller tastete, in den mein Gurt eingesteckt war.

Plötzlich bekam ich einen heftigen Schubs von hinten. Meine Nackenmuskeln verkrampften sich. Ich schlug mit dem Kopf gegen die dick gepolsterte Kopfstütze. Chris hatte in den Fahrmodus geschaltet und das Gaspedal gefunden! Kick-down. Wir schossen nach vorn, als sei es ein Auto zum Aufziehen. Mein Kumpel neben mir jubelte!

Da kam die Kurve, ich sah das blaue Schild, das die Autobahn ankündigte.

Und das Nächste, woran ich mich erinnern kann, ist das Krankenhauszimmer. Und an das elendig trockene Gefühl im Mund, als hätte ich mit einer Handvoll Sand gegurgelt. Ich schlug die Augen auf und spürte die Anwesenheit einer weiteren Person im Zimmer rechts von meinem Bett.

»Ich habe *Spina bifida*! Damit Sie Bescheid wissen«, murmelte ich. Meine Stimme besaß viel weniger Druck als erwartet. Ich räusperte mich.

»Ja, das wissen wir, und Sie heißen Tan Caglar, und Sie hatten einen Autounfall. Das haben Sie uns schon oft erzählt. Sie sind im Krankenhaus, und es geht Ihnen so weit gut. Aber Sie müssen noch eine Nacht zur Beobachtung hierbleiben.« Ich erkannte das Gesicht einer Krankenschwester.

»Ach so?« Ich war durcheinander. »Aber was ist denn passiert?«

Ich konnte mich an rein gar nichts erinnern. Gespenstisch, wie vom einen auf den anderen Augenblick die gesamte Szenerie wechseln konnte, ohne dass ich Herr meiner Sinne und in der Lage gewesen wäre, es selbst in Echtzeit mitzuerleben. Aber auch im Nachhinein war da nichts außer einer gähnenden Lücke in meinem Gedächtnis.

Retrograde Amnesie.

Das ist der Fachausdruck für das, was mir widerfahren war, wie mir die Ärzte später erklärten. Ein vollständiger Gedächtnisverlust. Eine Löschen-Funktion im Gehirn, um seinen Besitzer vor dem Übelsten zu bewahren.

Am nächsten Tag bekam ich Besuch von meinen Eltern. Sie hielten meine Hand, und ich stammelte irgendwas vor mich hin. Noch immer konnte ich nicht erfassen, was überhaupt geschehen war.

»Wo sind denn die anderen?«, wollte ich wissen. Meine Mutter sah mich bestürzt an. Sie erweckte nicht den Eindruck, als wollte sie mir irgendeine Antwort darauf geben.

»Ach so, das habe ich eben schon gefragt, richtig?« Wie ein Déjà-vu tauchte dieselbe Frage noch mal in meinem Kopf auf.

»Ja, Tan, schon dreimal.« Mein Vater erhob sich von seinem Stuhl in der Ecke und stellte sich direkt an mein Bett. »Keine Sorge, das wird schon alles wieder.«

»Habe ich dir denn schon zum Geburtstag gratuliert?«

»Ja, und du hast mir von deinem Geschenk in deiner Jacke erzählt – und verraten, was drin ist, mehrfach! Das muss ja wirklich eine ganz besondere Handcreme sein«, bestätigte meine Mutter mit der plötzlichen Andeutung eines Strahlens in den Augen.

»Ruh dich erst mal noch etwas aus, mein Sohn!« Mein Vater

strich mir liebevoll über den Arm. Und ich ließ meine schweren Lider zufallen.

Es vergingen ein paar Tage, ehe ich meinen Kumpel besuchen konnte, um vollständige Klarheit in die Geschichte unseres Unfalls zu bringen. Er hatte schwere Prellungen am Oberkörper erlitten und musste ein Korsett tragen. Aber ansonsten ging es ihm gut. Auch seinem Gedächtnis.

»Du kannst dich an nichts erinnern?«, wollte er wissen.

»Nein, nur an das Bistro, an die Fahrt zur Autobahn und dann ans Krankenhaus. Wie schnell waren wir denn unterwegs auf der Autobahn?« Ich sah ihn ratlos an.

»Tan, wir sind gar nicht bis auf die Autobahn gekommen!« Er atmete hörbar aus. Und dann erzählte er mir, was passiert war.

Chris hatte die Kurve zur Autobahnauffahrt angesteuert, aber nicht gekriegt. Der Wagen war ins Rutschen geraten, trotz des Arsenals an Sicherheitssystemen, die der X5 an Bord hatte.

Blitzartig tauchte ein Bild vor meinem inneren Auge auf. Das wie verrückt rotierende Lenkrad! Und Chris' Arm, der unglücklich zwischen die Speichen gerutscht und sich dort auf Höhe des Ellbogens verfangen hat. Ich musste bei der ganzen Sache mit dem Oberkörper nach rechts geflogen sein, sonst hätte ich nicht zwischen den Vordersitzen hindurch auf das Lenkrad blicken können.

Mehr war da nicht an Erinnerung.

Alles Weitere erfuhr ich von meinem Kumpel.

Wir waren mit einem wahnsinnigen Tempo über eine Leitplanke geschossen, hatten einen jungen, den wirkenden Kräften nicht standhaltenden Baum abgesägt, uns überschlagen und waren schließlich kurz vor der Böschung hinunter zum Müggelsee zum Stehen gekommen.

Mir stellten sich die Haare zu Berge, während ich den Ausführungen meines Freundes lauschte. Ich wusste nichts mehr; mein Kumpel hätte mir alles auftischen können. Ich hatte rein gar keine Kontrolle darüber. Sehr unangenehm. Ein kaltes Gefühl von Machtlosigkeit ergriff Besitz von mir.

»Und dann?«, warf ich ein, denn sein Erzählfluss war ins Stocken geraten.

»Der Wagen hat gebrannt.« Er starrte an die Zimmerdecke. »Irgendwann hat alles gebrannt.«

Es musste die Hölle gewesen sein.

Irgendwann waren wohl die Ersthelfer eingetroffen, zufällig dieselbe Straße benutzende Verkehrsteilnehmer. Irgendjemand erkannte einen von uns. Und so tauchten später der Reihe nach Freunde von uns am Unfallort auf.

Da waren die Krankenwagen schon lange da, und die Polizei. Eine Dame, von der ich leider bis heute nie wieder etwas gehört oder gesehen habe, hatte mich aus dem brennenden Fahrzeug gezogen.

Ihr verdanke ich mein Leben.

Die anderen beiden hatten es nicht geschafft. Chris und der namenlose Beifahrer. Der eine war noch am Unfallort gestorben, der andere später seinen Verletzungen erlegen.

»Du hast dich immer erkundigt, ob deine Zähne noch drin sind.« Mein Kumpel sah mich mit wässrigen Augen an.

»Was habe ich?«

»Ob deine Zähne noch drin sind, wolltest du wissen!«

Ich überlegte. Mein Kumpel wirkte ziemlich aufgelöst. Es tat mir leid, dass er sich an jedes schreckliche Detail erinnern konnte und ich ihn mit meinem gelöschten Gedächtnis einfach alleinließ. Ich wollte ihn aufmuntern:

»Ja, klar, die waren auch teuer!« Ich zeigte ihm meine Beißerchen, indem ich Ober- und Unterlippe zurückzog. Dann ließ ich mein Gebiss dreimal zuschnappen. Er lachte kurz auf:

»Nussknacker-Tan!«

Seit diesem tragischen Ereignis sind der Geburtstag meiner Mutter und der Abend davor ein spezielles Datum, an dem sich alljährlich große Besorgnis breitmacht. Das geht bei meiner Mutter so ungefähr drei Monate vorher los. Ob es mir gut geht, ob der Wagen in der Inspektion war, ob ich an diesem Tag wirklich Auto fahren muss. Ich beschwichtige sie dann immer, dass ich ganz besonders aufpassen werde – und das tue ich wirklich. An diesen beiden Tagen mache ich so viele Schulterblicke wie sonst im ganzen Jahr nicht. An der sich einstellenden Verspannung im Nacken merke ich dann jedes Jahr, dass wieder Anfang April ist.

Am 1. April 2005, dem ersten Jahrestag des Unfalls, hatte ich allergrößte Bedenken, ins Auto zu steigen. Was wäre, wenn ich losfuhr und wieder im Krankenhaus aufwachen würde – oder eben gar nicht mehr? Das Auto kam mir vor wie eine unberechenbare Zeitmaschine, oder wie ein Gerät, das mich im Bruchteil einer Sekunde – und gegen meinen Willen – an einen anderen Ort beamen konnte. Würde das Schicksal noch mal zuschlagen?

Ich konnte es nur selbst herausfinden. Also stieg ich ins Auto und fuhr so viel wie möglich umher. Ich fuhr sogar dieselbe Strecke, die wir am Abend des 1. April gefahren waren. Ich bekam die Kurve zur Autobahn. Im Schneckentempo. Die beachtliche Schlange an Autos hinter mir gab ein eindrucksvolles Hupkonzert – aber ich bekam die Kurve.

Ängste sind nicht wie Wein – sie werden nicht besser, wenn man sie ruhen lässt. Also: Konfrontation und weg damit. Ich tat wirklich gut daran, wieder ins Auto zu steigen. Was wäre aus mir geworden, wenn ich den Pkw für immer gemieden hätte? Vor allem, wenn man bedenkt, dass ich später einmal mein gefühltes halbes Leben im Auto verbringen sollte. So etwa für 5.000 Kilometer – pro Monat.

Aber zunächst galt es, die Ausbildung noch zu einem glimpflichen Ende zu bringen. Auch wenn ich, während ich im Büro hockte, nicht das Gefühl hatte, viel Wertvolles für mein weiteres Leben mitzunehmen – eine Sache hatte mir bereits die DAA beigebracht, und die konnte ich auch in der Ausbildungszeit anwenden: Ich wusste, wie man guten Kaffee erkennt! Ich war ja dort zuvor, wie gesagt, auf den Geschmack gekommen. Und deshalb entging mir hier nicht, dass ein paar der Angestellten ihr ganz eigenes Süppchen kochten, im wahrsten Sinne des Wortes!

Irgendjemand hatte eine eigene Kaffeemaschine in der Personalküche aufgebaut und bereitete damit besonders intensiv duftenden Bohnentrank zu. Daran beteiligt waren immer dieselben drei Personen – unter anderem der Chef höchstpersönlich. Sie trudelten jeden Morgen der Reihe nach ein, und zwar pünktlich auf die Minute. Der Erste schaltete die Maschine ein, der Zweite setzte den Kaffee auf, und der Dritte befüllte die Tassen.

Die drei von der Tankstelle hatten einen so verlässlich eingespielten Ablauf, dass ich nach einer Weile stillen Beobachtens minutengenau abpassen konnte, wann der vielversprechend duftende Muntermacher fertig, aber gerade keiner der drei in der Küche war. Zudem wusste ich, in welche Richtung der Zweite davonging und aus welcher Ecke der Dritte kommen würde. Mit einem durchgetakteten Coup, auf den selbst die Truppe von *Ocean's Eleven* neidisch gewesen wäre, gelang es mir, mich regelmäßig unerkannt und unsichtbar an dem Kaffee zu bedienen, ohne dass irgendjemand davon Wind bekam. Der famose Kaffee bescherte mir sozusagen gleich den doppelten Kick. Gern stellte ich mir dabei vor, allen Beteiligten sei ein Sender implantiert worden, und mein imaginärer Komplize draußen im Sendewagen würde mich instruieren: »Achtung, da kommt Nummer eins, pünktlich wie immer, und schaltet das Gerät ein. Operator an Flinkes Wiesel – wie ich mich selbst in meiner Supercoup-Vorstellung nannte –, wir sind im Spiel! Jetzt kommt Nummer zwei und setzt die Mische an. Flinkes Wiesel, auf Position im Nordflügel und Position halten! Okay, Nummer zwei entfernt sich über den Gang in den Südflügel. Da ist Nummer drei, ich habe ihn auf dem Schirm, aber er ist noch im Fahrstuhl. Jetzt, Flinkes Wiesel, Zugriff auf das Gebräu und Abmarsch zurück an den Tisch – aber Achtung, nicht am Treppenhaus vorbei, von da kommt in zehn Sekunden Nummer drei, sondern den langen Weg außen rum zurück! Uuuuuund, jawoll, er sitzt wieder vor der grünen Wiese. Flinkes Wiesel ist zurück im Bau. Mission geglückt!«

Tja.

Kaffee klauen.

Das war das Highlight meiner Ausbildung.

Aber, hey, irgendwelche Kosten musste ich ja auch verursachen. Wenn ich den Laden ansonsten schon nichts kostete, während ich dort abhing.

Das muss sich erst mal setzen –
eine unangenehme Nachricht

Ich war 26 Jahre alt, hatte die Büroklammerkette feierlich bis zum Ausgang gelegt und die Ausbildung abgeschlossen, als ich die größte Herausforderung meines Lebens meistern musste: Es galt, der unausweichlichen Tatsache ins Auge zu blicken, dass ich im Rollstuhl landen würde. Rollstuhl, das ist dieses Ding, mit dem gebrechliche Menschen umhergeschoben werden wie Koffer am Flughafen. Rollstuhlfahrer sind Leute, auf die man gezwungenermaßen herabblickt, weil schon ein Zwölfjähriger heutzutage den Kopf höher trägt als ein Erwachsener, der im Rollstuhl sitzt. Rollstuhl, das ist das Teil, mit dem sie dich an vielen Orten nicht in den Klub lassen. Und wenn du dann auch noch einen Migrationshintergrund besitzt, kannst du dich auf was gefasst machen.

»Aber wieso komme ich denn nicht rein?«

»Ernsthaft? Junge, wie viel Zeit hast du mitgebracht? Wo soll ich bei dir anfangen ...«

Rollstuhl, das ist nicht wie lebenslang Kettcar fahren. Es ist kein kleiner Jungstraum, sondern – manchmal – ein Albtraum. Rollstuhl ist vermutlich das unbeliebteste Verkehrsmittel weit und breit, wenn auch nur ganz knapp vor der Deutschen Bahn. Und wenn beides zusammenkommt? Gute Nacht! Ich weiß, es ist technisch nicht anders möglich, aber haben Sie mal gesehen, wie ein ICE mit dem Frachtgut Rollstuhlfahrer beladen wird? Bei der Bahn wirst du als Rollifahrer auf einem eigenen Podest in die Höhe gefahren – so langsam, dass es beinahe aussieht wie eine optische Täuschung. Es kommt dir vor, als wollten sie dich in diesem Schneckentempo tatsächlich bis ganz nach oben unter das Dach

des Bahnhofs bugsieren – damit die depressiven Tauben im Ge-
bälk auch mal was zu lachen haben. So weit entfernt sehen sie
plötzlich aus, die entnervten Leute, die eigentlich ganz nahe sind
und sich sofort in einer Traube um dich und deinen ausfahrbaren
Rollstuhl-Sprungturm scharen. Irgendwann, nach einer halben
Ewigkeit, klappen sie eine Rampe aus, und du kannst endlich in
den Zug rollen. Und du schämst dich, obwohl du überhaupt nichts
dafür kannst.

Rollstuhl, das ist das Gegenteil von cool. »Lassen Sie das Auto
stehen, und nehmen Sie öfter mal den Rolli!« Kennen Sie die bun-
desweite Kampagne? Eben. Rollstuhl hat irgendwie keine Lobby.
Rollstuhl hatte sein überschaubares Image auch schon lange, bevor Wolfgang Schäuble die griechische Volkswirtschaft dem Erd-
boden gleichgemacht hat. Wäre gar nicht nötig gewesen.

Und jetzt – mit 26 Jahren – hatte ich das endgültige Arztgespräch gehabt, das ich im Prolog geschildert habe. Ich sollte also
Platz nehmen. Für immer.

Ich sehe das Zimmer in der Praxis noch heute vor mir. Vielleicht fantasiere ich auch. Das menschliche Skelett in der Ecke
hielt vielleicht gar keine Sense in der Hand, und bestimmt lachte
es mich auch nicht aus. Aber das Schwächerwerden des eigenen
Körpers, sein Versagen, und auf lange Sicht die Endlichkeit von
Fleisch und Blut, sie waren mit Händen zu greifen in diesem
Raum. Der stumme Arzt. Das grelle Licht. Das alles passte mir
überhaupt nicht in den Kram.

»Bitte melden Sie sich jederzeit bei mir, für Fragen aller Art.«
Der Arzt fand die Sprache wieder, um behutsam den Schluss unserer Unterredung einzuleiten. Aber ich rührte mich nicht einen
Zentimeter. Ich wusste wirklich nicht, was ich tun sollte, außer
dazusitzen – wozu ich ja allem Anschein nach ab jetzt sehr viel Gelegenheit haben würde.

Natürlich kam dieses Arztgespräch nicht über Nacht. Ich konnte es kommen sehen. Wollte ich aber nicht. So einfach war das. Im Grunde meines Herzens war ich kein Rollifahrer. Es fühlte sich falsch an – aber wem würde es da schon anders gehen?

Meine Kinderärztin, die mich praktisch seit meiner Geburt betreute, habe ich als die fleischgewordene gute Fee in Erinnerung, mit einem Glas voller Süßigkeiten, aus dem ich mich gern schon vor der Untersuchung mit einem beherzten Griff bediente.

»Dann mach mal ›ah‹, Tan!«

»Ah!«

»Mein Gott, deine Zunge … ist grün, da müssen wir Blut ab … Ach nein, Tan, hast du dich wieder an den färbenden Lutschern bedient?«

Sie war eine gutmütige Frau, die schon immer eine ältere Dame gewesen sein musste – ungefähr so wie Rudi Völler, der schon immer aussah wie Tante Käthe.

Wenn mir die Ärztin das Stäbchen – von dem ich mich immer fragte, wer vorher eigentlich das Eis gegessen hatte, in dem es gesteckt haben musste – bloß auf die Zungenspitze legte, stieg in mir schon eine tiefe, überwältigende Übelkeit auf. Man kann sagen, ich bin nah an der Kotze gebaut. Es braucht nur wenig, und schon wird mir schlecht. Als kleiner Junge wies ich die Ärztin einmal darauf hin, indem ich ihr ins Gesicht … sagen wir: rülpste. Unabsichtlich natürlich. Fortan erinnerte sich meine Kinderärztin jedes Mal an mein kompliziertes Verhältnis zu abgelutschten Stäbchen, die mir jemand in den Mund stecken wollte, und anstatt darauf zu beharren, dass es für die Untersuchung unumgänglich sei, ließ sie das Brechinstrument einfach weg. Sie war eine herzensgute Person, die mich mit aller Freundlichkeit behandelte und nie fahrig oder gestresst wirkte. Sie hat, wie erwähnt, dafür gesorgt, dass ich auf der katholischen Schule landete, und ich erinnere mich nicht daran, dass das Wort »Rollstuhl« in meinem Beisein jemals gefallen wäre. Was vielleicht seinen Teil dazu beigetragen hat, dass ich die Ärztin in so ausgesprochen guter Erinnerung behalten habe.

Als ich älter wurde, ging es einmal im Jahr von Hildesheim nach Stuttgart ins Olga-Hospital, wo ich von einem Professor untersucht wurde, einer echten Koryphäe auf dem Gebiet der Rückenmarkserkrankungen. Es war jedes Mal eine knapp 500 Kilometer lange Reise, zu der die gesamte Familie antrat, also meine Mutter, mein Vater und ich. Mein Vater packte das Auto, als ginge es in den Urlaub. Dabei blieben wir nie länger als eine Nacht, wenn mein Vater nicht sogar noch am selben Tag wieder hinter dem Steuer saß, um uns nachts noch die 500 Kilometer wieder nach Hause zu fahren. Ein wenig fühlte es sich tatsächlich an, als ginge es in den Urlaub. Meine Eltern wirkten wie aus ihrem Alltag und damit aus ihrem sonstigen Verhalten herausgelöst. Sie besprachen leise die Reisedetails, etwa, an welcher Stelle wir Rast machen würden, und ich war außerdem einen Tag von der Schule beurlaubt. An diesen Tagen wurde ich behandelt, als hätte ich Geburtstag, und als ginge es auf einen Überraschungsausflug, obwohl ich doch wusste, dass wir zu dem Professor nach Stuttgart fuhren. Was jedoch keiner von uns wusste, war, wie die Untersuchung verlaufen würde, und das schweißte uns als Familie zusätzlich zusammen. Vielleicht hatte mein Vater auch zusätzlich noch die Sorge, dass die Familienkutsche die Strapazen dieses Mal nicht mehr überstehen würde. Jedenfalls taten wir lieber so, als ginge es zur Erholung ans Meer oder in die Berge, statt dem Beklemmenden an der langen Fahrt zu viel Raum zu geben.

Wenn wir Stuttgart nach einem halben Tag Anreise erreichten, schloss sich zumeist eine längere Wartezeit an, ehe mich der Arzt empfing. Doch weil ich wusste, was folgen würde, kam mir die Warterei nicht weiter tragisch vor. Ich registrierte das offene Lächeln im Gesicht meiner Mutter, ich beobachtete, wie sich ein Glanz in den Blick meines Vaters mischte, und ich wusste, wer den Raum betreten hatte.

Der Professor musste über zwei Meter groß sein – eine hünenhafte Gestalt, die sofort den gesamten Raum für sich einnahm. Okay, was bei einem Wartezimmer in Besenkammergröße auch nicht allzu schwerfiel. Vielleicht war der Mann auch bloß 1,70 Meter? Jedenfalls machten ihn sein Ansehen und sein Auftreten zum Superdoktor. Der Tom Cruise unter den Ärzten geleitete mich in sein Sprechzimmer, gefolgt von etwa fünf weiteren Personen, vor allem ehrfürchtigen Assistenzärzten.

Im Gespräch mit dem gottgleichen Professor ging es vornehmlich um eine Sache: Basketball. Er hatte meine sportliche Passion stets auf dem Schirm und befragte mich detailliert zu meiner Leistung, als hätte er die letzten Spiele persönlich live in der Halle mitverfolgt. Außerdem erkannte er meine neuen Turnschuhe, und es hätte mich nicht verwundert, wenn er auch noch gleich das Modell beim korrekten Namen hätte nennen können. Fast hätte es ein ganz normales, ungezwungenes Gespräch über meine Lieblingssportart zwischen mir und etwa einem Freund meines Vaters sein können – wären da nicht die fünf Kittelträger gewesen, die, aufgereiht wie die Hühner auf der Stange, jedes Räuspern ihres Chefs mitschrieben. Wenn der Professor sich die Hände wusch und anschließend ein Papierhandtuch benutzte, meinte ich zu erkennen, wie einige in der Gefolgschaft den Reflex unterdrückten, sich auf das gebrauchte Tuch zu stürzen, um es sich für ihren heimlichen Chefarzt-Schrein zu sichern wie ein Amateurkicker nach dem Pokalspiel das Trikot von Manuel Neuer.

Dass dieser wichtige Mann mir seine ganze Aufmerksamkeit

schenkte, imponierte mir damals ungemein. Heute weiß ich, dass ich pro Sitzung kaum mehr als 15 Minuten in dem Behandlungsraum verbracht haben kann, und dass meine Eltern trotzdem, ohne mit der Wimper zu zucken, die lange Anreise auf sich nahmen, weil der Professor einer der Besten auf seinem Fachgebiet war. Damals lauschte ich wie gebannt den Worten dieses Mannes, der kein Geräusch zu machen schien, wenn er sich vom Stuhl erhob, um sein Diktiergerät zu suchen, so geschmeidig bewegte er sich. Dann sprach er mit kontrollierter Stimme in das Gerät. Ich kam mir vor wie ein Astronaut, der für seinen bevorstehenden Flug zum Mars ein letztes Mal durchgecheckt wird.

»Vorstellig ist der zwölfjährige Tan ...«, begann er und verlor sich sogleich in medizinisch-wissenschaftlichen Formulierungen, die ich nicht verstand, die aber zur Bedeutung der Situation zu passen schienen. Ich schnappte »linkskonvexe Lumbalskoliose« auf, was ich schon mal irgendwo gehört hatte. Meine Brust schwoll vor Stolz darüber an, wie gut sich dieser Mann mit mir und meiner gesamten Geschichte auszukennen schien.

Dieser Professor aus Stuttgart, diese Lichtgestalt, mein persönlicher Held, war es, der das erste Mal ganz konkret das Wort in den Mund nahm, das später mein Leben von Grund auf verändern sollte: »Viagra!«

Okay, ein Spaß! Aber jetzt wird's wirklich kurz ernst. Entschuldigung.

Es geschah bei einem der letzten Besuche in Stuttgart. Ich war im Teenageralter, und der Professor stand kurz vor der Rente.

»Ein Rollstuhl wird angeraten.« So nüchtern formulierte er das vernichtende Urteil, das er in sein kleines Diktiergerät hineinsprach. Fertig. Ein kurzer Satz – und ich nahm ihn auf, als sei es das Normalste auf der Welt. Vermutlich hätte der Arzt auch von der Amputation meiner beiden Beine sprechen können und dazu von Zwangsgitarrenunterricht auf Lebenszeit – und es wäre mir dennoch wie das einzig Richtige vorgekommen. In seiner längeren Ausführung riet der Professor von einer theoretisch machbaren, aber womöglich mit beträchtlichen Komplikationen einhergehenden Operation meines Rückens ab – was für mich mit fortschreitendem Alter jedoch den Rollstuhl zur Folge haben werde.

Zum Abschied drückte er mir die Hand, väterlich, behutsam, und schenkte mir einen klaren, aufrichtigen Blick, der irgendwo in meinem Innern die Gewissheit einpflanzte, ich könne jedes noch so große Hindernis überwinden. Dann war der Professor verschwunden. Und mit ihm seine Putzerfische, die ergebene Gefolgschaft.

Ich stand allein auf dem Flur.

Die Stille blieb auf der Rückfahrt bestehen, als hätte ich Watte in den Ohren. Wie im Tonstudio schien das Innere des Autos alle Geräusche zu schlucken. Zum ersten Mal fiel mir auf, wie endlos lange die Rückfahrt dauerte. Wir fuhren in die Nacht hinein, die beleuchteten Armaturen der Mittelkonsole spiegelten sich in der Seitenscheibe und überlagerten die Sterne am schwarzen Himmel. Meine Eltern hatten das Hotel storniert, und ich war froh, dass ich im eigenen Bett schlafen würde.

Ein Jahr später traf ich zum letzten Mal im Krankenhaus in Stuttgart ein, um mich vom Nachfolger des *Spina-bifida*-Gurus untersuchen zu lassen. Es war einer der ehemaligen Assistenzärzte, ich erkannte ihn gleich wieder. Wir waren allein im Behandlungszimmer, niemand schien sich ansonsten für uns zu interessieren. Der im Vergleich zu seinem Vorgänger wesentliche jüngere Arzt versuchte sich an einer Bemerkung über Basketball, wobei ich gleich merkte, dass er »Rebound« für einen Turnschuhhersteller hielt. Ich spürte förmlich, wie er mit jeder Faser seines Körpers versuchte, wie der Gottgleiche zu sein, um mir dasselbe Gefühl von Geborgenheit zu bieten. Aber ich sah da nur irgendeinen fremden Arzt in einem kargen Zimmer. Die Magie war dahin. Fast fühlte es sich an, als hätte es die jährlichen Treffen mit dem Professor nie gegeben, und als hätte er die Prognose mit dem Rollstuhl nie ausgesprochen, oder als hätte sie zumindest nicht mir gegolten.

Das Kapitel »Stuttgart« war damit abgeschlossen. Für meine Eltern gab es keinen Grund mehr, die Fahrerei auf sich zu nehmen. Und als ich ein paar Jahre älter geworden war, das Abitur gemacht und die Schule hinter mir gelassen hatte, neugierig auf das blickend, was vor mir lag, hatte ich die weniger erfreulichen Episoden der letzten beiden Stuttgart-Besuche, die Rollstuhlprognose des Professors einerseits und die Lücke, die er hinterlassen hatte, andererseits, fast ganz vergessen.

Mit Anfang 20 lief ich so unnatürlich wie ein Geher bei den Olympischen Spielen. Durch die Schwächung meiner Hüfte stapfte ich umher, als hätte ich entweder gerade erst laufen gelernt – oder aber (was der Wahrheit leider eher entsprach) wäre drauf und dran, es zu verlernen. Aber selbst dieses drastische Signal ließ mich nicht daran zweifeln, dass ich meinen Weg schon gehen würde, und eben nicht – fahren! Das mag im Nachhinein betrachtet merkwürdig klingen und schwer nachvollziehbar sein. In der damaligen Gegenwart strotzte ich aber vor ungerechtfertigter Zuversicht – etwa wie ein alpiner Kletterer, der nur noch am letzten Karabiner baumelnd die Möglichkeit einfach nicht an sich heranlassen will, dass es jeden Augenblick vorbei sein könnte. Es braute sich etwas zusammen, aber ich ließ einfach die Sonne immer weiter scheinen. Ich dokterte an den Symptomen herum, ohne der Ursache Beachtung zu schenken. Ein klassischer Fall von Schutzmechanismus. Es konnte nicht sein, was nicht sein durfte!

»Ich brauche Krücken!«, war meine Erkenntnis, um die Symptome in den Griff zu kriegen.

»Dann schnitz dir welche!«, erwiderte mein Kumpel. Wir hingen gerade zusammen bei ihm zu Hause ab. Er war mein bester Freund, und so offen und ehrlich gingen wir auch miteinander um. Es war nicht leicht gewesen, an diesem Tag zu ihm zu gelangen. So wie an jedem anderen auch. Damals war ich stets zu spät dran, weil ich um jeden Preis meine stark ausgeprägte Gehbehinderung zu verschleiern versuchte.

Sobald ich das Haus verließ, machte ich es wie ein Verkäufer im Elektronikfachhandel: Ich versuchte, für alle anderen Leute unsichtbar zu sein. Was bei unserer damaligen Adresse – mitten in der Stadt – kein leichtes Unterfangen war. Mein Auto stand immer so nah wie möglich geparkt, aber ein paar Meter waren es immer, die mich vom sicheren Sitzplatz hinter dem Steuer trennten. Folglich schlich ich wie eine humpelnde Katze um die Häuser, den Blick unablässig in alle Richtungen wandern lassend. Sobald ich jemanden erspähte, blieb ich abrupt stehen, als hätte jemand die Zeit angehalten.

Nun gehen die Uhren in Hildesheim vielleicht ein bisschen langsamer als anderswo auf der Welt – aber niemals so langsam, dass ein zur Salzsäule erstarrter Türke nicht auffallen würde. Deshalb tat ich so, als suchte ich etwas in meiner Hosentasche oder würde telefonieren. Auch dann, wenn ich gar kein Handy dabeihatte! Einmal führte ich, zur Hauswand gewandt, ein sehr intensives Gespräch mit meiner Mutter – mit meinem Portemonnaie am Ohr.

»Hallo, Mutter! Ja, schön, dass du dich meldest. Nein, erzähl ruhig, ich habe jede Menge Zeit!«, sprach ich in meine ans Ohr gepresste Geldbörse. Die wunderschöne Frau, die in diesem Augenblick an mir vorbeischlenderte, schöpfte keinerlei Verdacht. Als ich sicher war, außerhalb ihrer Reichweite zu sein, verabschiedete ich mich, um nichts zu riskieren, noch schnell von meiner Mutter beziehungsweise meinem Portemonnaie und setzte meinen Tarnkappenweg zum Auto fort. (Möglicherweise hätte ich einen Behindertenparkplatz direkt vor unserem Haus beantragen können. Aber dann hätte ich mir ja gleich ein Schild mit »gehbehindert« um den Hals hängen können …)

Mein bester Kumpel hatte stets Verständnis für mein spätes Erscheinen. Er kannte meine Marotte. Waren wir zusammen unterwegs, spielte er sogar mit. Kam uns eine Frau entgegen, blieb er zusammen mit mir stehen. Und für junge Männer Anfang 20 scheint die Welt ja hauptsächlich aus attraktiven Frauen zu bestehen. War die Luft rein, liefen wir weiter. Und er hat mich nie gefragt, was wir da eigentlich veranstalteten!

Ein wirklich guter Freund war das, wie gesagt.

Aber nicht jeder war so verständnisvoll. Ich musste an einer Lösung für meine eingeschränkte, permanent Verspätungen verursachende Fortbewegung arbeiten. Da waren die Krücken, die ich von der Krankenkasse gestellt bekam, eine willkommene Hilfe. Passend dazu organisierte ich mir eine Schiene fürs Fußgelenk, die ich gar nicht brauchte. Aber für den Betrachter ergab sich so das Bild eines vorübergehend auf Krücken angewiesenen Verletzten. Der Gehbehinderte war verschwunden! Und damit auch all meine Sorgen, was meine physische Konstitution betraf.

So holte ich für mich eine weitere Verlängerung heraus. Ich überlege bis heute, wie viel Zeit auf zwei Beinen mir meine Einstellung damals verschafft hat. Die einen nennen es »positives Denken«, die anderen »Verdrängung«. Tatsache ist: Meine Weigerung, zu resignieren und mich (in den Rollstuhl) fallen zu lassen, hat sicherlich dafür gesorgt, dass ich 26 wurde, bevor ich zu diesem neuen Arzt und seinem grinsenden Skelett musste. Und erst,

als er das Wort aussprach, das ich so lange aus meinem Wort-
schatz gestrichen hatte, kamen die Erinnerungen an die beiden
letzten Stuttgart-Besuche zurück. Und zwar so plastisch, als sei es
gestern gewesen: der Professor. Die stille Autofahrt. Der junge,
unbeholfene Nachfolger des Professors. »Rollstuhl«.

Passierte das alles wirklich mir?

Warich das?

Tan Caglar?

Ja, das war ich.

Ich war Tan Caglar.

Ich war 26.

Und ich musste in den Rollstuhl.

Teil 2

Habe ich Heimat? Und wenn ja, wie viele?

Seit ich ein kleiner Tan war – ein Tännchen –, machte meine Familie Urlaub in *Deutschland 2*: der Türkei. Oder war es umgekehrt? War die BRD bloß die *Türkei 2*, und ich kehrte im Urlaub in meine »wahre« Heimat zurück?

Der Trend zur Zweitmeinung ist ja unaufhaltsam. Und wo eine Frage ist, bricht sofort auch ein Krieg in den Kommentarspalten aus – zumindest in den sozialen Medien. Und befragt man fünf Menschen zum Thema »Herkunft und Heimat«, so erhält man folgerichtig mindestens sieben verschiedene Ansichten. Ich sehe das so: Zu Hause ist, wo dein Name an der Klingel steht. Oder dort, wohin dein Herz dich zieht. Sie sehen: Ich habe da auch gleich zwei Ansichten in petto.

In den 90ern stellte sich die Frage nach Herkunft und Heimat noch nicht alle paar Tage wie heute in jeder zweiten Talkshow. Vor allem als Junge stellte sich mir nur die Frage: Wie lange noch bis zu den Sommerferien? Dann ging es mit Sack und Pack an die Ägäische Küste. Das Sylt der Türkei. Also, wenn Sylt auf dem Festland läge, versteht sich. Und in der Türkei.

Sobald wir in unserer Ferienunterkunft angekommen waren, lief ich hinters Haus und pumpte die Reifen meines Mountainbikes auf. Ich putzte den Rahmen und befreite das ganze Rad von Staub und Schmutz. Egal, wohin ich wollte, ich fuhr mit dem

Fahrrad dorthin. In den 90ern verbrachte ich so viel Zeit auf dem Drahtesel wie Jan Ullrich und Erik Zabel zusammen – aus dem einfachen Grund, dass meine Gehbehinderung dann »unsichtbar« wurde. Das Bike war meine perfekte Tarnung, um als ganz normaler Junge durchzugehen. Also als Junge mit türkischen Wurzeln, der in Deutschland aufgewachsen war und im Urlaub ins Land seiner Vorfahren zurückkehrte. Ich war der »Almanci«. So nannten mich die anderen Kinder. Ich war der »Deutschländer«!

In Deutschland war ich der Türke – manchmal auch der Afghane, wenn's hochkam –, und in der Türkei war ich der Deutschländer. Da konnte man als Kind schon mal durcheinanderkommen. Egal, wo ich gerade war, ich war immer irgendwie draußen. Na ja, nicht wirklich draußen, nur eben ein kleines bisschen anders als die anderen. Allerdings wurde meine Andersartigkeit, die in Deutschland von manchen negativ wahrgenommen wurde, in der Türkei durchweg positiv bewertet. Zu mir als Almanci blickten die anderen Kinder auf. Was auch daran lag, dass ich den Sattel extra hoch eingestellt hatte.

Wenn ich mit Türkischstämmigen spreche, die auch in Deutschland aufgewachsen sind, erzählen wir uns alle immer dieselbe Geschichte: In den 90ern wurdest du als Deutschtürke in der Türkei gefeiert wie ein Star. Das lag insbesondere daran, dass die Türken sich falsche Vorstellungen von Deutschland machten. Deutschland war in ihrer Fantasie das Land der Reichen und Schönen. Wer von dort kam, der hatte es geschafft. Meine Baggy-Jeans wurden bestaunt, als hätte ich sie selbst erfunden. Die zeltartigen Hip-Hop-Hosen waren damals in der Türkei schlicht nicht zu beschaffen. Wenn wir in Urlaub fuhren, sollten wir immer irgendjemandem Hosen aus Deutschland mitbringen. Heute ist es ja eher umgekehrt.

Ich war Tan, der coole Deutschländer, der mit seinen coolen

Hosenbeinen cool in der öligen Fahrradkette hängen blieb. Das Örtchen Akçay (in der Nähe von Izmir), wohin es meine Familie in den Sommerferien zog, war ungefähr so fahrradfreundlich wie, sagen wir, eine Waschstraße. Es gab eine gnadenlos überfüllte Fußgängerzone mit kleinen Gässchen und unübersichtlichen Plätzen – und drum herum den schwülen Glutofen des anatolischen Sommers. Ein Fahrrad war hier so ziemlich das Letzte, womit man sich ins Getümmel stürzen sollte.

Die Probleme, die sich aus der ungern gesehenen Kombination Fahrrad plus Fußgängerzone ergaben, waren mir übrigens bereits aus Deutschland vertraut. Einmal sauste ich in Hildesheim mit dem Fahrrad mitten durch unsere Fußgängerzone. Ich war spät dran, und so sah ich den Polizisten nicht. Dieser hatte den rasenden Türken allerdings gleich erspäht und stellte sich mir in den Weg.

»Hoppla, da kennt wohl jemand die Verkehrsregeln nicht? Das ist hier eine Fußgängerzone, heißt: Fahrradfahrer müssen absteigen!«

Ich war den letzten Meter mit blockierten Reifen unkontrolliert gerutscht und heilfroh, nicht mit dem Mountainbike frontal in den Gesetzeshüter gedonnert zu sein. Beamtenbeschädigung – das kostete sicher eine Menge.

»Hallo, Herr Polizist, entschuldigen Sie, ich habe das hier dabei!«, erwiderte ich kryptisch auf die Ermahnung des Beamten – und kramte einen Zettel aus meiner Gesäßtasche hervor. Der Wisch war im feuchtwarmen Klima der dicken Jeans und unter dem Druck meines Allerwertesten schalenförmig gebacken worden und hatte, ehemals weiß, den Farbstich der Jeans angenommen. Der Polizist fummelte das Schreiben mit spitzen Fingern auseinander. Er widmete sich dem kurzen Text. Dann blickte er mich an, als sähe er mich in dieser Sekunde zum ersten Mal.

»Tan Caglar?« Eigentlich war es mehr eine Feststellung als eine Frage.

»Hmm!«, bestätigte ich.

Eine Weile las er stumm, was er in Händen hielt: »Das hab ich ja noch nie gesehen. Das hat ja nicht mal der Bürgermeister! Na dann, gute Fahrt! Aber etwas langsamer, junger Mann!« Mit diesen einlenkenden Worten gab er mir das Papier zurück.

»Natürlich, danke!«, schloss ich erleichtert und schoss vermutlich, den Endorphinen geschuldet, doppelt so schnell davon, wie ich gekommen war.

Das Zauberwort lautete: Sondergenehmigung. Mein Vater hatte bei der Stadt die Erlaubnis eingeholt, dass sein Sohn mit dem Fahrrad quer durch die City durfte. Ich hatte mich mit einem Zettel in der Tasche nicht so mächtig gefühlt, seit ich den legendären Geheimagenten-Ausweis im *Micky-Maus-Heft* gefunden hatte!

Vor allem die Gesichter der Passanten – im Speziellen die der Rentner, welche die gesamte Szene von einem Café aus verfolgt hatten – waren einfach unbezahlbar. Was hatte sich in ihren Augen zugetragen: Ein Junge kommt mit seinem Fahrrad mitten durch die Fußgängerzone gebrettert. Das ist ja unerhört! Ausländer eben! Aber da steht ein Polizist und fängt ihn ab. Na, das wird dem Strolch eine Lehre sein. Der Polizisten hält ihm sicherlich eine Standpauke, so lange, wie die miteinander reden. Oder ist der Bengel am Ende uneinsichtig? Was macht er denn jetzt? Der Knabe steigt wieder aufs Fahrrad und darf unbehelligt weiterfahren? Ja, wo leben wir denn?!?

Ich winkte den Herrschaften im Vorbeifahren freundlich zu.

In der Türkei war eine derartige Sondergenehmigung nicht zu beschaffen, zumindest nicht ohne festen Wohnsitz und nicht ausschließlich für die Wochen meiner Sommerferien. Ich stürzte mich folglich ohne behördliche Absicherung in der Hinterhand – beziehungsweise der Gesäßtasche – ins Getümmel der türkischen Fußgängerzone. Geleitschutz gaben mir meine Kumpels Achmet und Achmet.

Der doppelte Achmet schlug mir den Weg frei, weshalb ich die Menschenmengen durch meine eigene »Rettungsgasse« passieren konnte. Ein Polizist begegnete uns in all den Jahren selten, dafür nahmen die Bürger die Sache gern selbst in die Hand. Der Ablauf war dabei immer derselbe: Ein empörter Türke – häufig Ladenbesitzer oder Verkäufer an einem mobilen Marktstand – stellte sich den Achmets energisch in den Weg und verlangte lautstark gestikulierend zu erfahren, was wir hier trieben! Ob wir nicht sähen, dass hier kein Platz für ein Fahrrad sei? Und warum ich nicht schleunigst abstiege? Worauf die beiden Kumpels eine Rechtfertigung aus dem Hut zauberten, die noch den widerwilligsten Gegner unserer merkwürdigen Reisegruppe dazu verleitete, seine Blockade umgehend aufzuheben.

Dazu muss man wissen: In der Türkei kommt Emotionalität vor Gesetz. Sobald ich als Behinderter »enttarnt« war, gewährte man mir freie Fahrt. Es kam sogar vor, dass sich der Ladenbesitzer zu den beiden Achmets gesellte, um mich an mein Ziel zu bringen. Selbst, wenn er seinen Laden dafür eine Weile unbeaufsichtigt zurücklassen musste.

In unserem Lieblingscafé, das wir als Teenager regelmäßig ansteuerten, kannte man mich bereits. Ich durfte um die Tische kurven, buchstäblich bis in das Café hinein, um mich vom Sattel auf den Stuhl fallen zu lassen. Keines der anwesenden Mädchen in Sichtweite erhaschte einen unbeholfenen Gehversuch von mir. Sie alle fragten sich bloß, wer der Typ war, der mit seinem Fahrrad mitten in das Café hineinbretterte.

Anschließend brachte einer der Achmets das Rad – wie der

Portier eines Luxushotels – an eine Laterne und holte es nach unserem Besuch von dort wieder ab. Die Jungs sorgten dafür, dass ich mich pudelwohl fühlte.

An einem besonders schwülwarmen, wirklich waschstraßenähnlichen Tag hatten wir uns auf unsere Stühle fallen lassen, eine kalte Cola in Reichweite, als mir einer der mobilen Verkäufer auffiel. Es war ein Mann von undefinierbarem Alter, die Haut von zu viel Sonne gegerbt und Falten bis in den letzten Winkel des Gesichts. Er hatte seinen Grill an der Kreuzung direkt gegenüber dem Café aufgebaut und bot Brathähnchen feil. Der dominante Duft stieg mir in die Nase – und in die Klamotten. Unauffällig beschnupperte ich meine Jacke. Sie roch, als hätte ich sie zum Trocknen über ein Lagerfeuer gehängt! In dichten Schwaden zog der Qualm des Hähnchenbraters geradewegs zu uns herüber. Dem Feuer des Grills schien es an Sauerstoffzufuhr zu mangeln.

Ich lehnte mich zu Achmet, der links von mir saß, hinüber: »Sagt mal, ist das normal?«

Achmet drehte sich in die Richtung, in die ich wies, dann sah er mich an:

»Nein, das ist nicht normal. Eigentlich haben die Hähnchen Köpfe und Füße. Aber die werden vor dem Grillen abgetrennt!«

Achmet, der rechts von mir saß, lachte sich kaputt.

»Nicht schlecht!«, beglückwünschte ich ihn zu dem schnellen Gag. »Mit Kopflosigkeit kennst du dich ja aus!« Achmet, der eine, nicht der andere, war wegen seiner Impulsivität gefürchtet. Unvergessen der Tag, an dem er hinten auf ein fahrendes Taxi sprang und mit einem Fuß auf der Anhängerkupplung stehend, die Hände auf den Kofferraumdeckel gestützt, einen ganzen Block als blinder Passagier mitfuhr, ohne dass der Taxifahrer ihn bemerkte.

»Nein, ich meine, darf der Hähnchenmann da einfach so auf

der Straße stehen und alles vollqualmen, ohne Abzugshaube und alles?«, fragte ich den anderen Achmet.

»Tan, wo lebst du?«

»In Deutschland!«, löste der impulsive Achmet auf.

»Ach, richtig«, stimmte sein Namensvetter zu. »Natürlich hat der keine Abzugshaube. Er hat ja auch keine Schürze und keine Kochmütze. Wahrscheinlich sind das nicht mal alles Hähnchen. Da kann auch eine Taube dazwischengeraten sein. Das hier ist die Türkei. Hier macht jeder sein Ding!«

Ich beobachtete den Verkäufer und kam mir blöd vor. Ringsherum: kunterbuntes Treiben. Und ich, Almanci, der Deutschländer, saß mittendrin.

»Hmm, verstehe. Und wenn ich gleich rüberfahre und ihn nach seinem Bio-Zertifikat frage, hat er das vermutlich auch nicht dabei?«, erkundigte ich mich. Die beiden Achmets giggelten vor sich hin. Wir tranken aus. Dann holten sie mir mein Fahrrad vom Stellplatz.

Neben der überfüllten City gab es einen zweiten Platz, an dem das Leben in Akçay stattfand – den Strand. Dessen Beschaffenheit natürlich suboptimal war, wenn man mit dem Drahtesel vorankommen wollte. Meistens verbrachten wir den Tag in der Stadt und statteten dem Strand erst am Abend einen Besuch ab. Im Schutz der Dämmerung stieg ich vom Rad und hinkte durch den Sand. Müllsammler bückten sich nach herumliegenden Flaschen, vereinzelt saßen Pärchen Arm in Arm und lauschten der Brandung. Ansonsten hatte sich der Strand geleert. Wir warfen uns in die Wellen; Taxi-Achmet, wie wir den einen nannten, mit lautem Johlen voran. Aber ich überbot ihn um Dezibel – ich johlte nicht, ich schrie! Die Achmets jubelten.

»Haha, Tan, das Stadtkind, feiert das Meer!« Taxi-Achmet klatschte in die Hände.

»Nein, ich glaub, er hat ein Problem.« Der andere Achmet kam durch die auslaufenden Wellen auf mich zugesprintet, die Knie bei jedem Schritt in die Höhe gerissen. Ich schrie so lange weiter, bis er im flachen Wasser vor mir stand. Ich hatte mich fallen lassen und Salzwasser geschluckt.

»Was ist los?«

»Mein Fuß!« Ich streckte mein rechtes Bein aus dem Wasser.

»Oh! Du blutest!«, stellte Achmet fest. Taxi-Achmet kam hinzu und besah sich mein Malheur. Er drehte sich zum beinahe menschenleeren Strand und brüllte in die Nacht: »Haie!«

Achmet verpasste ihm mit der flachen Hand einen Schlag auf den Hinterkopf.

»Hilf mir mal, du Idiot!«

Gemeinsam zogen sie mich, links und rechts untergehakt, ins Trockene. Mein ganzer rechter Fuß und mein Unterschenkel pochten, bis rauf zum Knie.

»So«, ich biss die Zähne zusammen, »jetzt hab ich's geschafft – jetzt kann ich gar nicht mehr laufen.«

»Tja, du machst eben keine halben Sachen. Machst alles richtig – und gründlich. Wir ham's dir ja gesagt: Du bist Deutscher, durch und durch!« Achmet klopfte mir auf die Schulter. Ich schnaufte und ließ, auf dem Rücken liegend, den Kopf in den weichen Sand fallen. Der Sternenhimmel war überwältigend. Ich glaube, ich hatte noch nie so lange und so genau hingesehen.

Nach einem Besuch beim ärztlichen Bereitschaftsnotdienst am nächsten Morgen – so etwas gibt es selbstverständlich auch in der Türkei – stand fest, was mir widerfahren war.

Die schlechte Nachricht: Ich würde vorerst nicht Fahrrad fahren können.

Die gute Nachricht: Es war kein Hai. Ein anderes, ebenfalls gemeingefährliches Monster aus der Tiefe hatte mich schachmatt gesetzt. Ich verdankte es einem Seeigel, dass mich die beiden Achmets für zwei Tage mit dem Rollstuhl durch die Stadt bugsierten.

Nicht weiter tragisch.

Das Gefährt hatte nichts Bedrohliches.

Ich wusste, dass ich wieder aufs Fahrrad konnte, sobald die Schwellung zurückgegangen war. Zweimal Schlafen. Und Auftreten würde ich auch wieder können. Es war – auch wenn dieses Wort irgendwie unpassend wirkt – vorübergehend. Nicht der Rede wert.

Aber da kannte ich die Türkei schlecht. Wieder einmal. Die Leute begegneten mir extrem zuvorkommend und übervorsichtig. Oder sie hielten mich komplett auf Abstand, indem sie mir in großem Bogen aus dem Weg gingen. Allgemeine Überforderung war es, die mir entgegenschlug. Hier hielt man »Rollstuhl« für etwas Ansteckendes. In meinem Kopf spielte ich das Szenario durch: Ich schlug jemandem auf den Rücken, rief »Du bist!«, und – zack – schon hatte derjenige Rollschuhe an! Am nächsten Tag war aus den Rollschuhen ein kleines Bobbycar geworden. Und wieder einen Tag darauf saß die Person im Rollstuhl – genau wie ich. Nicht aufzuhalten, dieser irre Krankheitsverlauf: die reinste Epidemie!

In den zwei Tagen im Rollstuhl war ich ein Sonderling, der alles Mögliche bei den Leuten auslöste. In einem brechend vollen Restaurant organisierte uns der zuvorkommende Kellner prompt einen Tisch, indem er die Männer, die bereits daran Platz genommen hatten, anwies, sich zu erheben. Was sie bereitwillig taten.

Ich wurde behandelt wie ein Popstar. Und ich stellte mir vor, was passiert wäre, wenn Tarkan – der gottgleich verehrte Schlagersänger – im Rollstuhl vorgefahren wäre. Wahrscheinlich hätten sie ihm gleich ein ganz neues Restaurant gebaut. Nur mit Tischen, komplett ohne Stühle. Und alles ebenerdig, versteht sich.

»Was darf es sein?«, fragte der Kellner die beiden Achmets. Und nachdem sie beide bestellt hatten, fragte er: »Und was darf es für euren Freund sein?«

Taxi-Achmet und Achmet drehten die Köpfe zu mir.

»Der Herr fragt, was du essen möchtest«, stupste mich Achmet an.

»Ich nehme den Hähnchenspieß, bitte. Aber ohne Taube!«

»Er nimmt den Hähnchenspieß, bitte. Aber ohne Taube!«, ließ Taxi-Achmet den Kellner wissen.

Dieser verstand nicht ganz, wohl aber, dass ihm ein Missgeschick unterlaufen war. »Äh, Entschuldigung?« Jetzt sah er mich direkt an. »Den Hähnchenspieß?«

»Ja, genau. Das wäre alles, danke!« Ich nickte ihm zu.

Wir prusteten, als sich die Bedienung von unserem Tisch entfernt hatte. Aber ein wenig blieb mir das Lachen im Halse stecken. Wieso dachte der Kellner, ich sei nicht in der Lage, mit ihm zu sprechen? Ich war auf den Seeigel draufgetreten – ich hatte ihn nicht geschluckt!

Der Spieß schmeckte vortrefflich. Der Kellner kam noch gefühlte 1.000 Mal an unseren Tisch geeilt, um sich bei mir zu entschuldigen. Aber irgendwann war ich doch froh, als wir das Restaurant verließen.

Zwei Tage später war ich den Rollstuhl wieder los. Es war Sommer. Ich hatte Ferien. Und ich dachte nie wieder an diese seltsame Episode. Bis zu dem Tag, an dem mir der Arzt sagte, dass ich für immer im Rollstuhl landen würde. Danach dachte ich oft an die Türkei. An die Sonnenuntergänge. Den Sternenhimmel. An Achmet, und an Achmet auch. An die Sorglosigkeit, die ich als Junge empfunden hatte, in meiner zweiten Heimat in der ein kleines bisschen fremden Ferne. Beinahe meinte ich in diesen Wochen, immer wieder zu spüren, wie sich ein Brennen in meinem rechten Bein ausbreitete. Wie damals nach dem Tritt in den Seeigel.

Durch die Konfrontation mit der Unausweichlichkeit eines Lebens im Rollstuhl hatte sich in meinem Kopf eine Tür geöffnet, und alle möglichen Gedanken spazierten herein. Getrieben durch die intuitive Weigerung, mein Schicksal anzunehmen, landete ich bei Grundsätzlichem. Ich suchte nach einem Ausweg. Und tiefgehende Fragen meldeten sich in meiner Brust, die ich mir so deutlich noch nie gestellt hatte:

Wer bin ich?

Wird mein künftiges Leben lebenswert sein?

Wo gehöre ich hin?

Ich dachte viel an die Türkei. Kehren wir also noch einmal in die unbeschwerten Urlaubswochen zurück, die ich dort als Kind verlebt hatte. Wenn ich mich im Geburtsort meines Vaters aufhielt und durch das Land meiner Vorfahren radelte, war meine äußere Ähnlichkeit mit den Einheimischen nicht zu übersehen. Mit meinen dunklen Augen und dem schwarzen Haar fiel ich dort nicht weiter auf. Im Gegenteil, ich tauchte in der Masse unter. Keine skeptischen Blicke, kein Gemurmel. Und wenn, dann nur, weil die Leute vermuteten beziehungsweise wussten, dass ich kein Ortsansässiger war, sondern ein Tourist, etwa aus Istanbul. Es kam mir immer vor, als sei ich in Deutschland ununterbrochen mit einem bunten Hut und einer Gorillamaske herumgelaufen, oder einfach mit offener Hose, und als legte ich diese Auffälligkeit in der Türkei endlich ab. Das war befreiend und irritierend zugleich. Ich war in Deutschland geboren, meine Sprache ist die deutsche. Aber trotzdem gab es da ein fernes Land, zu dem ich ebenfalls gehörte. Irgendwie schizophren.

Einmal erfuhr ich dort, wie wichtig vermeintliche Herkunft sein kann. Auf recht drastische Weise. In einem Sommerurlaub, als ich schon 22 war, kurvte ich allein mit dem Auto meines Vaters durch die verwinkelten Straßen der Stadt. Am Ortsausgang übersah ich einen Mofafahrer. Ich wich in letzter Sekunde aus. Im Rückspiegel beobachtete ich, wie der Sand auf der Straße aufwirbelte und der Mofafahrer von einer staubigen Wolke erfasst wurde. Kurz war er verschwunden. Doch dann tauchte er plötzlich, wie ein besiegt geglaubter Bösewicht im Film und unversehrt, aus der dramatischen Wolke auf, drehte am Griff seines Gefährts und nahm die Verfolgung auf. Ich erkannte auf den ersten Blick: ein schlimmer Typ. Einer, der nicht das ergebnisoffene Gespräch über die Grauzonen der Verkehrsregelauslegung mit mir suchen wollte. Er wollte mich plattmachen.

Die überschaubaren Straßenverhältnisse – die Schlaglöcher glichen eher Bombentrichtern – und der dichte Verkehr machten es unmöglich, der unangenehmen Situation einfach davonzufahren. An jeder Kreuzung hatte mich mein Verfolger fast wieder eingeholt – und er bekam auch noch Verstärkung. Nach einer Weile hingen mir sieben Mofafahrer an der Stoßstange – einer finsterer dreinblickend als der andere. Die merken sich mein Kennzeichen, die finden mich, schoss es mir durch den Kopf. Wie genau die Halunken das ohne Zugriff auf eine Kennzeichenkartei anstellen wollten – so weit kam ich in der Hektik natürlich nicht. Ich hatte nur den Gedanken im Kopf: Du musst das jetzt auflösen! Abhauen ist nicht drin.

Bei der nächstbesten Gelegenheit fuhr ich den Wagen rechts ran. Die Typen überholten mich und parkten ihre Mopeds direkt vor meiner Motorhaube. Einfach weiterfahren, falls sich die Sache gefährlich zuspitzte, fiel damit als Notoption weg.

Ich blickte auf mein blütenweißes Hemd und die Krawatte.

Ich war auf dem Weg zum Geburtstag eines Freundes und hatte vielleicht eine Minute zu lang vor dem Spiegel verbracht, mich vielleicht ein wenig zu schick gemacht.

Die Gangmitglieder in ihren zerrissenen kurzen Hosen, Achselshirts und vereinzelten roten Stirnbändern sahen mich wutschnaubend an.

Ich stieg aus.

An dieser Stelle sollte ich vielleicht kurz erwähnen, dass mein Vater aus Ibrahimce stammt. Der Charakter dieses Stadtteils von Edremit, neun Kilometer von Akçay entfernt, hat sich seit der Geburt meines Erzeugers einmal komplett auf den Kopf gestellt. Aus einem einst gepflegten Viertel ist das absolute Gegenteil geworden: ein Getto. Warum erzähle ich das? Nun, weil ich mit meinen 22 Jahren bereits einen türkischen Übergangsausweis in der Tasche trug, und in diesem war nach behördlicher Vorschrift der Herkunftsort des Vaters inklusive des genauen Stadtteils vermerkt.

Mein kühner Plan war es, mich mit den grimmigen Kerlen zu verbrüdern, indem ich mich als einer von ihnen zu erkennen gab. Es war einen Versuch wert – hatte ich zumindest geglaubt, solange ich im einigermaßen sicheren Auto gesessen hatte. Als ich jetzt vor der verwegenen Truppe stand, war ich mir da aber nicht mehr so sicher.

»Merhaba! Ihr könnt jetzt das Auto kaputt machen oder mir wehtun.« Ich kam direkt zur Sache. »Aber das hat dann Konsequenzen. Denn dann kommen meine Jungs aus Ibrahimce und zahlen es euch heim!« Wer auch immer das sein sollte, meine Jungs aus Ibrahimce. Alle Freunde meines Vaters waren, wie er selbst, vor langer Zeit dort weggezogen.

»Haha, seit wann kommen Anzugträger wie du aus Ibrahimce?«, wies mich der Kerl, den ich in die Sandwolke gehüllt hatte, mit ausgestrecktem Zeigefinger zurecht. Wie aufs Stichwort kramte ich den Ausweis hervor und überreichte ihn dem Sandmann. Er nahm ihn und blickte reaktionslos darauf, als hätte ich ihm einen Fetzen Schmirgelpapier in die Hand gedrückt. Dann reichte er den Ausweis an seinen Nebenmann weiter. Er kann nicht lesen, kombinierte mein fiebriges Hirn! Beim Zweiten wiederholte sich der Vorgang. Die können alle nicht lesen? Das sind die übelsten Typen, denen du je begegnet bist! Warum bist du bloß ausgestiegen? Sieh dich an in deinem albernen Hemd. Du Depp. Gleich schlagen sie dich zusammen, hämmerten die Gedanken in meinem Kopf.

Ein Junge, der Kleinste in der Gruppe, vielleicht 16 Jahre, besah sich gerade den Ausweis. Dann holte er Luft: »Ibrahimce!«

Die anderen, eben noch mit eindeutigen, hasserfüllten Blicken in meine Richtung beschäftigt, fuhren zu ihm herum: »Unmöglich!«

»Doch, hier steht's, sein Vater ist in Ibrahimce geboren!«

Prompt schlug die Stimmung um. Einer der Typen nahm mich ohne Vorwarnung in die Arme, wie einen alten Freund, den er bloß auf den ersten Blick nicht erkannt hatte.

»Du bist einer von uns? Schönes Hemd!«

»Danke!«

Ein anderer klopfte mir den Staub von den Schultern. Vergessen schien für alle, dass sie mir nur einen Augenblick zuvor noch das Übelste hatten antun wollen. Ich versuchte, so nett zu sein wie nur möglich und mich gleichzeitig, so schnell es nur ging, aus der Runde zu verabschieden. Ich stieg ins Auto und fuhr davon – um eine Erfahrung reicher.

Ibrahimce in der Türkei. Hier würde man mich also immer und jederzeit willkommen heißen.

Ich dachte damals auch viel über Deutschland nach.

Ich glaubte, wirklich kapiert zu haben, wie das Leben hier abläuft. Ich fühlte mich durch und durch als Deutscher. Ich war hier geboren und aufgewachsen. Es war mein Land. Gerade, weil ich den Vergleich zur Türkei hatte, wusste ich, was ich an meinem Heimatland so sehr schätzte. Die Gründlichkeit, die allgemeine Ordnung.

Wirft jemand nach Weihnachten den Baum achtlos auf den Gehweg, mitsamt kaputtem Baumständer und doppelt geschenktem Toaster, und dann noch jemand, und dann noch jemand, dann wird das illegale Baumzwischenlager irgendwann von der Stadt beseitigt. Das Grundsätzliche funktioniert. Es gibt ein intaktes Gesundheitssystem. Ein Sozialsystem. Und wenn man beim Bäcker das Sammelheftchen mit Stempeln voll hat, gibt's ein Kasseler Krustenbrot gratis. Erst, wenn man es wochenlang anders erlebt, weiß man zu würdigen, wie hoch der allgemeine Standard in Deutschland eigentlich ist. Dass es eines der reichsten, sichersten und am besten organisierten Länder der Welt ist.

Natürlich könnte es in diesem unserem Land manchmal auch ein bisschen lockerer zugehen, entspannter, umsichtiger. Der deutsche Staatsapparat muss sich ja nicht gleich in einen türkischen Basar verwandeln. Aber ein bisschen könnten sich einige die Bürokratie oder die angeborene Überkorrektheit schon mal aus den Cordhosen klopfen. Wer mit gehäkeltem Unterarmkissen am Fenster sitzt und Falschparker aufschreibt, der wird in diesem Leben wohl keinen Bauchtanzkurs mehr besuchen. Schade eigentlich.

Deutschland.

Das war mein Zuhause.

Und meine Heimat, ohne Frage.

Aber hier – wartete jetzt auch der Rollstuhl.

Ich bin nicht depressiv, ich lieg nur gern im Bett, wenn draußen die Sonne scheint

Eine Depression ist kein Beinbruch, sagen die Leute, und das stimmt. Denn ein Beinbruch passiert unmittelbar. Niemand ist monatelang damit beschäftigt, sich das Bein zu brechen, und möge die Treppe noch so lang sein, die er oder sie ganz, aber wirklich ganz langsam hinunterfällt.

Eine Depression ist nicht plötzlich da wie ein blaues Auge, mit dem man noch mal davonkommt. Die Welt dreht sich weiter, wie die Leute sagen, und das muss sie auch – ehe die Depression sich richtig ausbreiten kann, braucht es viele Tage, viele Rotationen der Erde und des Verstandes um sich selbst. Eine Depression kommt schleichend. Wie über einen Dimmer geregelt, mit dem sich das Licht ganz sachte abschwächen lässt, legt sich ihre Dunkelheit auf deine Seele, kriecht bis in die hintersten Winkel deines Selbst. Und wenn du es endlich bemerkst, hängst du schon mittendrin.

Es gibt das Beispiel mit dem armen Frosch, den man in einen Kochtopf mit siedendem Wasser setzt – der Frosch rettet sich sofort mit einem Sprung das Leben. Aber setzt man ihn ins kalte Wasser und erhitzt es ganz langsam, dann bleibt der Frosch im Topf sitzen und stirbt. Ich kann nur hoffen, dass dies eine Metapher aus einem Standardwerk der Psychologie ist und kein Laborbericht, für den ein unschuldiger Frosch sterben musste. Auf jeden Fall illustriert dieses eindringliche Beispiel sehr gut, wie einen die Depression befällt, ohne dass man ihr dabei auf die Schliche käme. Nur fühlt sich das Ganze nicht heiß an wie allmählich aufkochendes Wasser, sondern kalt. Und leer.

Nach meinem Arzttermin vergingen einige Monate – und an deren Ende fand ich mich in einem mentalen Loch wieder, ohne verstehen zu können, wie ich überhaupt dort gelandet war. Ich würde behaupten, dass ich über eine eher robuste psychische Konstitution verfüge und in meinem Leben sicherlich das eine oder andere Mal zu wenig nachgedacht habe statt zu viel. Nun fühlte es sich aber plötzlich an, als fände ich den Ausgang aus meinem Kopf nicht mehr. Die Gedanken drehten sich im Kreis, ohne dass sie zu einem befriedigenden Ergebnis führten. Abends fiel ich erschöpft ins Bett, die Glieder bleischwer, als hätte ich mich den ganzen Tag lang wie ein Wilder abgearbeitet. Dabei hatte ich kaum das Nötigste auf die Reihe bekommen.

Morgens fragte ich mich, wozu die Socken anziehen und die Schuhe, wenn ich sie am Abend doch eh alle wieder würde ausziehen müssen. Ich zerbrach mir minutenlang den Kopf darüber, warum man erst Socke, Socke und dann Schuh, Schuh anzog, und warum eigentlich nicht Socke, Schuh und dann noch mal Socke, Schuh? Dass ich mich so in der Komplexität der Socke-Schuh-Anziehreihenfolge verlor, war ein Zeichen dafür, dass ich eventuell ein klitzekleines Problemchen hatte. Eines, das man nicht einfach im Handumdrehen abstreifen konnte wie etwa eine Socke, mit der man in etwas Nasses getreten ist. Mein unsichtbares Problem hatte sich in meinem Kopf breitgemacht, aber es fühlte sich erschreckend ähnlich an wie eine nasse Socke im Schuh. Wie eine Wimper im Auge. Wie eine wunde Stelle im Mund, an die man immer wieder mit der Zunge rangeht. Es war wie Kopfschmerzen und Magenschmerzen und Boxershorts in die Kimme hochgezogen gleichzeitig – und zwar tagtäglich und ununterbrochen. Es war wie alle schlechten Gefühle dieser Welt zusammen, schlicht und ergreifend zum Decke-über-den-Kopf-Ziehen.

Trinken? Keinen Durst.

Essen? Hab ich doch gestern.

Atmen? Wenn's sein muss.

Der Tag fällt aus, ohne mich, tschüs. Und morgen? Dasselbe.

Depressionen sind keine schlechte Laune. Sie haben nichts mit irgendeiner Laus zu tun, die einem über die Leber gelaufen, oder dem falschen Fuß, mit dem man aufgestanden ist. Schließlich sind mehr als 80 Prozent der Weltbevölkerung depressiv. Zumindest kommt es dir so vor, wenn du es selbst bist.

Zweifellos ist Depression eine ernst zu nehmende Erkrankung, die sich nicht einfach wegkiffen lässt. Ich weiß, wovon ich spreche. Während meiner depressiven Episode kam ich auf die Idee der pflanzenbasierten Selbsttherapie, aber ich ließ bald wieder die Finger davon. Wurde eher schlimmer statt besser.

Wenn du depressive Tendenzen entwickelst, fühlst du dich wie auf links gedreht. All deine negativen Eigenschaften, die sonst im Verborgenen bleiben, kommen zum Vorschein. Ich verbrachte Stunden damit, über alles Mögliche zu grübeln, sah vor meinem geistigen Auge das gesamte Elend der Welt an meine Zimmerdecke projiziert und war der Auffassung, ich müsste die Lösung finden. Aber natürlich kam nichts Gescheites dabei herum. Mein Gehirn benahm sich, als wollte es sich selbst abstoßen. Schwierig, mit so viel Matsche im Kopf einen klaren Gedanken zu fassen.

Der Übergang in den Rollstuhl war ebenso fließend wie das Abrutschen in die Depression. Es gab nicht den einen Tag, an dem ich mich zum ersten Mal in den Rolli fallen ließ, um mich danach nie wieder daraus zu erheben – so wie mein Opa es mit seinem Schaukelstuhl gemacht hatte. Und meine grüblerischen Gedanken kreisten auch gar nicht vornehmlich um das Rollstuhlproblem. Eher war ich erpicht darauf, mich mit dem großen Ganzen zu befassen und dahinterzusteigen, was die Welt in ihrem Innersten zusammenhält.

Das ist ja an sich nichts, wofür man sich schämen müsste. Viele vollkommen gesunde Menschen suchen nach Antworten und landen auf ihrer Suche bei der Philosophie, den Naturwissenschaften oder bei Astro-TV. Nur erkannte ich nicht, dass die vordergründige Frage nach dem Sinn des Lebens bloß ein Vehikel war, um etwas ganz anderes zu transportieren: Schwermut, Traurigkeit, Wut. Ein unverdünnter Cocktail aus den schärfsten Emotionen, von denen man jede einzelne nur mit Bedacht genießen sollte. Alle auf einmal können einem schon mal das Licht in der Birne ausknipsen. Und dann sieht man schwarz – ganz egal, ob die Rollläden oben oder unten sind.

Die Kontakte zu Freunden, die gemeinsamen Treffen wurden immer seltener und verliefen betrüblich. Ich erntete Unverständnis.

»Jeder hat mal einen schlechten Tag«, hieß es, »lass dich davon nicht unterkriegen!« Ich sah die Hilflosigkeit in den Augen der anderen, die Überraschung darüber, dass ich mich so hängen ließ. Was denn nur mit mir los sei, fragten sie sich. Denn was ich ihnen beschrieb, wollte nicht so recht zu dem passen, was sie sahen. Ich war ja immer noch der Alte, mir fehlte nichts, ich hatte keine schlimmen Symptome, ich war: gesund. Abgesehen von *Spina bifida*, aber damit war ich ja auf die Welt gekommen. Und ich gebe gern zu: Mir wäre es an ihrer Stelle höchstwahrscheinlich genauso gegangen. Wenn man keine Depression erlebt hat, kann man nicht wirklich verstehen, was das bedeutet und wie es sich anfühlt.

Je länger mir meine Kumpels gut zuredeten, verbunden mit der teils unterschwelligen, teils offenen Aufforderung, mich doch am Riemen zu reißen und wieder in die Spur zu kommen, desto mehr kam ich mir vor wie ein Simulant. Ich konnte mich ihnen nicht verständlich machen. Ich fühlte mich wie in einem dieser Angstträume: Man will schreien, hat aber keinen Mund. Es war schlimm.

Auch der Türkeiurlaub geriet in jenem »Depressionsjahr« zum Desaster. Ich fühlte mich von dem Moment an unwohl, als ich aus dem Flugzeug stieg. Alles wirkte auf mich, als habe jemand über Nacht die gesamte Stadt abgerissen und anschließend aus dem Gedächtnis fehlerhaft wieder aufgebaut. Es war nicht mehr so, wie ich es in Erinnerung hatte – aber ich konnte nicht beschreiben, was mich konkret störte. Ich ging mir selbst auf die Nerven. Und den beiden Achmets nach einer Weile auch. Zunächst hatte ich eine Erkältung vorgeschoben, um ihnen nicht unter die Augen treten zu müssen. Irgendwann, am dritten oder vierten Tag, stellten sie mich zur Rede. Ich versuchte, ihnen zu schildern, was in meinem Kopf los war.

»Tan, du hörst dich an wie ein Mädchen!«, meinte der eine Achmet.

»Sei ein Mann!«, sagte der andere und boxte mir gegen die Schulter.

Ich wusste, dass sie mich wachrütteln wollten, dass sie es nur gut meinten in ihrer direkten Art. Wehleidigkeit und »sich Gedanken machen«, das waren in ihrer Welt verweichlichte, weibische Attribute. Ich war ihnen nicht böse deswegen, sie wussten es ja nicht besser. Aber genau das war das Problem. Keiner wusste, was in meinem Kopf vor sich ging. Ich konnte es ja selbst nicht begreifen.

Für mich stand nur fest: Ich wollte wieder weg aus der Türkei. Nach Hause, nach Deutschland. In meinem eigenen Bett liegen. Oder auf der Couch. Wenn es mir richtig schlecht ging, verbrachte ich die Nächte am liebsten dort – und vertrieb meine Eltern so aus ihrem Wohnzimmer. Das gab mir das größtmögliche Gefühl von Rückzug und Geborgenheit, das ich mir vorstellen konnte: mit einer Decke auf der Couch liegen und ins große dunkle, leere Zimmer starren wie ein Jäger in seinem Versteck tief im Wald.

Ich brach den Urlaub ab und flog zurück nach Deutschland. Ich haute einfach ab. Das hatte ich noch nie zuvor getan. Ich liebte ja meinen Sommerurlaub in der Türkei! Aber in diesem Jahr bekam er mir nicht. Meine Eltern akzeptierten meine Entscheidung. Auch wenn mein schwerlich nachvollziehbares Handeln bei ihnen alle Alarmglocken schrillen lassen musste. Doch sie befanden sich in einer Art Teufelskreis. Seit meiner Geburt hatten sie sich darauf eingestellt, mir, dem manchmal launischen Tausendsassa, praktisch jeden Wunsch vom erhobenen Zeigefinger abzulesen. Sobald sie mir nun, meinem gereizten Empfinden nach, zu sehr auf die Pelle rückten, wies ich sie zurück. Und in ihrer grenzenlosen Liebe und Rücksichtnahme ließen sie mich gewähren.

In Deutschland verbesserte sich meine Situation höchstens am Tag meiner Rückkehr ein kleines bisschen. Danach verschluckte mich wieder die Resignation. Ich wusste nicht mehr weiter.

Das Schlimmste waren die Angstattacken. Atemnot, Kloß im Hals, verbunden mit dem Bedürfnis, den eigenen Körper zu verlassen, als sei er ein Raum, in dem man sich furchtbar unwohl fühlt. Aber der überstrapazierte Geist, der nach einem Ausweg sucht – er kann nirgendwohin. Dir wird heiß und kalt gleichzeitig. Panik. Kontrollverlust. Dein eigenes Betriebssystem schmiert ab wie ein Flugzeug, das wie ein Stein vom Himmel fällt, und du kannst nichts tun außer hoffen, dass es vorübergeht. Ein elendig beklemmendes Gefühl, das von der einen auf die andere Sekunde plötzlich da ist – ausgelöst durch irgendwas Kleines. Einen Reiz, der das Fass zum Überlaufen bringt. Dir geht es nicht gut, in dir ist etwas verrutscht, und dein Körper teilt dir das auf drastische Weise mit. Hilflos wie ein Kind habe ich mich gefühlt auf meiner Couch. Panikattacken – wirklich ein ganz übles psychosomatisches Feature!

Als ich merkte, dass ich diesen Attacken ausgeliefert war und sie mich überall und jederzeit heimsuchen konnten, begann ich endgültig damit, immer seltener das Haus zu verlassen. Eigentlich gar nicht mehr. Ich wurde krankgeschrieben (die Werbeagentur hatte den kostenlosen Azubi nach seiner mäßig motivierten Ausbildung tatsächlich übernommen, und der vollkommen überrumpelte Azubi – also ich – hatte nicht widersprochen) und nahm das als Freifahrtschein, um neue Langschläferrekorde aufzustellen. Und was der Horror war: Man kann sich kaum erledigter fühlen als nach zwölf Stunden traumlosen Schlafs, wenn man im zerwühlten Kissen aufwacht – dehydriert und platt wie eine leere Capri-Sonne. Häufig hängte ich dann noch ein Nickerchen dran, um klarzukommen. Ich verbarrikadierte mich in meinem Zimmer und wartete nur darauf, wieder müde genug zu werden, um einzunicken, nicht mehr da zu sein. Nicht mehr den fiebrigen Kopf am Laufen zu halten, sondern abzudriften – wohin auch immer.

Mein Tagesrhythmus verschob sich immer mehr zuungunsten der hellen Stunden. Wie ein Vampir wurde ich erst munter, wenn die Sonne untergegangen war. Nachts wollte niemand etwas von mir, ich hatte meine Ruhe. Ich glotzte die Wiederholungen, die im Fernsehen liefen, bis mir die Augen wehtaten.

Meine Eltern waren zwar nach wie vor darauf bedacht, mich zu animieren und bei Laune zu halten, doch sie drangen nicht zu mir durch.

»Wie fühlst du dich heute, mein Sohn?«, erkundigte sich mein Vater.

»So wie gestern, nur einen Tag älter«, fasste ich zusammen.

Freunde traf ich jetzt nicht mehr. Ich meldete mich nicht zurück, wenn sie vergeblich versuchten, mich zu erreichen. Nach ein paar weiteren, zähen Wochen der Melancholie und der Antriebslosigkeit hatte sich die Abwärtsspirale derartig beschleunigt, dass ich die Notbremse ziehen musste. Ich musste. Aber es fühlte sich an, als müsste ich alle Kraft dieser Welt dazu aufbringen, um den Mund aufzukriegen. Jeder hat da vermutlich seine eigene Schmerzgrenze. Als ich mich selbst dabei ertappte, nach dem Aufwachen mehrere Minuten lang darüber nachzudenken, welchen Sinn und Zweck es ergab, die Augen aufzuschlagen, wenn man sie am Abend doch sowieso wieder zumachen musste, da wusste ich, dass es an der Zeit war, aus diesem Teufelskreis auszubrechen.

»Ich glaube, ich muss mal mit jemandem reden, der sich einfach alles anhört«, sagte ich beim Abendbrot im elterlichen Zuhause in mein kaum angerührtes Essen hinein, »und damit meine ich nicht Juri, unseren Friseur.«

»Ja, das denken wir auch«, vernahm ich von der anderen Tischseite, begleitet von einem langen Ausatmen. »Das ist gut. Es ist keine Schande, sich Hilfe zu holen!«

Ich fühlte, wie sich etwas in meiner Brust löste, jetzt, da ich es ausgesprochen hatte. Endlich hatte ich einen Versuch unternommen, den Panzer zu durchbrechen, der mich gefangen hielt. Aber wie fand man jemanden, mit dem man über alles reden konnte? Sollte ich mich auf ein Brückengeländer stellen und abwarten, wer mich als Erstes zurück auf die sichere Seite zog? Um dann ein ehrliches Männergespräch unter zwei völlig Fremden zu führen? Oder sollte ich die Telefonseelsorge anrufen, deren Plakat ich in der Straßenbahn gesehen hatte?

Über die guten alten Gelben Seiten landete ich schließlich bei einem Psychologen und in einer Gesprächstherapie.

Und das bedeutete die Wende.

In meinen trübsten Stunden hatte ich nachvollziehen können, warum Menschen sich das Leben nahmen. Ich war nicht selbst suizidal – aber allein die Erkenntnis, dass ich glaubte, den Schritt der Selbsttötung nachempfinden zu können, schockierte mich. Ich hatte mich weit genug in die falsche Richtung treiben lassen. Nun wollte ich umkehren.

»Dann erzählen Sie mal.« Die Stimme des Therapeuten klang warm und sanft. Und ich folgte seiner Aufforderung.

In den Therapiestunden lernte ich vor allem einen Menschen kennen, von dem ich gedacht hatte, er sei mir eigentlich schon mein Leben lang ganz vertraut: mich selbst. Hier kapierte ich viel mehr über meine Denkmuster und meine Verhaltensweisen, als ich zuvor hätte benennen können. Bei dem Stichwort »Psychotherapie« denken viele ja zunächst an einen Fremden, der einem in der Seele herumstochern will. Dabei ist der Therapeut nur ein Moderator. Oder ein Weggefährte. Die zentrale Person ist immer man selbst, und wenn man sich behutsam vorwagt, sich rantastet, gibt es nichts, wovor man sich dabei fürchten müsste.

Abends fiel ich weiterhin erschöpft ins Bett – aber nicht, weil mir die depressive Verstimmung die Kraft raubte, sondern weil es schlicht und ergreifend anstrengend ist, sich so intensiv mit sich selbst zu beschäftigen. Es war eine gute weiche Müdigkeit, wie nach einer langen Waldwanderung, und morgens wachte ich optimistisch auf.

Einen Psychologen zu kontaktieren ist, als ließe man die Seele durch einen Reinigungsfilter laufen, um sie von all dem Ballast zu befreien, den man mit sich herumschleppt. Ich gestattete mir, wütend zu sein auf den Rollstuhl, wütend auf mein Schicksal – aber ich lernte auch, nicht in dieser Wut zu verharren und mich nicht bis in alle Ewigkeit in Groll und Frustration einzumauern, sondern nach vorn zu blicken. Um schlussendlich meinen Frieden zu machen mit mir selbst und meiner Situation.

Zusätzlichen Schwung gab die Veränderung, die es bedeutete, als wir aus der Wohnung meiner Kindheit auszogen. Aber vor diesem Erneuerungsschub stand ein tränenreicher Abschied.

Unten im Haus wohnte, seit ich denken konnte, unsere Hauswirtin. Sie war die gute Fee des Hauses und hatte mich praktisch mit aufgezogen. Das Verhältnis zu ihr war so herzlich und innig, dass meine Eltern sich lange Zeit schlichtweg nicht trauten, ihr den bevorstehenden Umzug zu beichten. Weshalb sie mich vorschickten. Ihren Sohn, den Rollifahrer, der ja seit Neuestem auch nicht mehr alle Ayranbecher im Kühlschrank hatte! Wie hätte sie mir einen Vorwurf machen können?

Das Gespräch wurde herzlich. Jedes Staffelfinale einer türkischen Telenovela hätte reserviert gewirkt im Vergleich zu unserer Verabschiedung. Wir waren beide nah am Wasser gebaut an diesem Nachmittag.

»Mein Gott, ihr zieht weg? Irgendwann musste das ja einmal passieren. Ich weiß noch genau, wie ihr hier eingezogen seid!«, stammelte sie. Und dann machte die mütterliche Dame uns einen Tee und hob an, ausschweifend von damals zu erzählen, als unsere kleine Familie in ihr Haus eingezogen war.

»Deine Eltern wussten ja nicht, ob du das 30. Lebensjahr erreichen würdest.« Während sie das sagte, nestelte sie an ihrem Pullover herum. Und mich haute diese Info von den Socken. Jetzt zahlte es sich aus, dass ich neuerdings mehr und mehr Zeit im Sitzen verbrachte.

»Bitte, was?!«

Ich war 29 Jahre alt, befand mich demnach im 30. Lebensjahr und war, vorsichtig formuliert, etwas irritiert, auf diese Weise und aus purem Zufall vom errechneten Ende meines Daseins zu erfahren.

Wie sich herausstellte, hatte man meinen Eltern damals tatsächlich diese ernüchternde Prognose mit auf den Weg gegeben. Ein potenzielles Nierenversagen als Begleiterscheinung meiner Erkrankung hätte die Ärzte in den 80ern noch vor wesentlich größere, kaum zu lösende Probleme gestellt. Inzwischen sind neue Medikamente und Behandlungsmöglichkeiten entwickelt worden, sodass man die runtertickende Uhr, die meine Restlebenszeit anzeigte, hatte verschrotten können.

Die Erinnerung trieb meiner Gastgeberin so viele Tränen in die Augen, dass ich mich fragte, wer von uns beiden denn eigentlich das türkische Temperament hatte – die preußisch angehauchte Hauswirtin oder ich.

Der Umzug ins neue Haus, in dem ich die komplette obere Etage bewohnte – sozusagen eine eigene kleine Wohnung –, während meine Eltern die unteren Zimmer bezogen, machte mich zum Treppenliftfahrer. Um das Hindernis der Stufen zu überwinden, wurde im Treppenhaus ein sündhaft teurer Sitz installiert, wie ich ihn bisher nur von den Werbeanzeigen auf der Rückseite der kostenlosen TV-Programmzeitschrift *Prisma* kannte. Die Rückseite schien dauerhaft gepachtet zu sein vom Hersteller des Treppenlifts, auf dessen Werbeanzeige ein älteres Doppelherz-Pärchen über alle acht Backen strahlte, als hätte ihnen der im Hintergrund wartende Stufenporsche gerade zum besten Sex ihres Lebens verholfen. Hatte der etwa eine eingebaute Vibrationsfunktion?

Am Tag, als der Lift bei uns installiert wurde, hatte ich nach längerer Zeit endlich mal wieder ein paar alte Schulfreunde getroffen. So kam ich erst hinzu, als der Installateur den Sitz gerade in Betrieb nahm. Sein Maurerdekolleté grüßte verschwitzt, aber freundlich – und dann kam auch sein Gesicht hinter dem Fahrgerät zum Vorschein. Er musterte mich, den jungen Türken mit Dreitagebart im Rollstuhl, sah wieder zum Treppenlift und dann erneut zu mir, und gab, ohne dass ich einen Mucks gemacht hätte, bekannt:

»Nein, den kann man nicht schneller machen!«

Ich hatte lange nicht mehr so gelacht. Der Installateur, wohl für eine Sekunde erschrocken über seinen unaufgefordert rausgehauenen Spruch, wirkte erleichtert, als er sah, wie ich mich schüttelte.

»Was fährt der denn Spitze?«, fragte ich, um die Blödelei fortzuführen.

Der Installateur kratzte sich am Kopf: »Vier bis fünf Kilometer pro Stunde in etwa?«

»Verstehe, und dann riegelt er ab?«

»Jep ...« Der Installateur grinste immer noch.

»Macht keinen Unterschied, ob bergauf oder bergab?«

»Nee.«

»Na, immerhin haben Sie uns einen mit Elektromotor installiert und keinen Diesel.«

»Haha, genau.«

»Gut«, schloss ich ab, »eine Unterbodenbeleuchtung kann ich mir aber schon dranbauen, oder? Es ist ja unwahrscheinlich, dass ich mit dem Ding in eine Verkehrskontrolle komme.«

Der Installateur packte mit amüsiertem Nicken seinen Kram zusammen, und ich machte meine erste Fahrt mit dem Treppenlift. Oben angekommen, war ich überzeugt, dass das strahlende Werbepärchen im Lift sitzend tatsächlich viel miteinander angestellt haben musste: Candle-Light-Dinner, Kinofilm, ausführliches Vorspiel, gemütlichen Sex, Zigarette und Gespräch danach. Zeit genug hatten sie ja auf der gemeinsamen Fahrt.

In den folgenden Wochen stelle sich relativ rasch heraus, dass es sich bei dem Lift nicht allein um einen simplen Personentransporter handelte, sondern dass sich auch Güter aller Art damit befördern ließen.

»Tan, Essen ist fertig!«

»Stell's auf den Lift!«

»Tan, wieso ist King Kong der Zweite bei uns in der Küche?«

»Lift!«

»Tan, ein Einschreiben für dich, der Bote braucht deine Unterschrift!«

»Lift!«

Der Treppenlift machte mit der Zeit mehr Strecke als ein Ford Transit von Hildesheim zum Bosporus. Ich glaube, viele Kumpels, die ich monate- beziehungsweise jahrelang nicht gesehen hatte, kamen nur vorbei, um eine Runde zu drehen.

Die neue Energie, die ich im neuen Zuhause verspürte, brachte mich auch dazu, mein altes Tattoo loszuwerden. Also das Missgeschick, das mir als Jugendlicher im Türkeiurlaub widerfahren war.

Dazu muss man wissen, dass sich unsere dortige Ferienwohnung direkt in der Fußgängerzone befand und über eine hübsche Dachterrasse verfügte. Von dort fiel der Blick auf die gegenüberliegende Straßenseite und auf ein Tattoostudio. Der Besitzer kannte mich und wusste, dass ich gleich gegenüber wohnte. Also ließ er keine Gelegenheit ungenutzt, mich anzubaggern, um mich als neuen Kunden zu gewinnen. Und er war tatsächlich auf neue Kundschaft angewiesen, denn von der alten setzte niemand ein zweites Mal einen Fuß in seinen Laden. Aber das wusste ich damals noch nicht.

Eines Tages hatte er mich so weit gebracht, dass ich mich auf einen seiner Sessel fallen ließ. Ich war 17 Jahre und beeindruckt von dem Film *American History X*. Darin spielt Edward Norton einen amerikanischen Neonazi, der im Laufe des Plots den Ausstieg aus der Szene schafft. Die Hauptfigur fiel auf durch eine durchtrainierte Physis plus ein monströses Hakenkreuz auf der Brust und einen Reichsadler auf der Schulter. Außerdem trug er ein eintätowiertes Stacheldrahtband über dem Bizeps. Ich spielte Ene, mene, muh mit den drei Motiven und landete beim Stacheldraht! Das sollte es sein! Ich hielt dem Tätowierer meinen rechten Arm hin. Und damit nahm das Unheil seinen Lauf.

Stacheldraht hatte ich bestellt – aber was ich bekam, ähnelte eher einer Rosenranke. Einer Rosenranke, die schon bessere Tage gesehen hatte. Die Linien gerieten viel zu dick. »Filigran« hielt der Tätowierer wohl für einen Badreiniger. Auch geizte er nicht mit Farben. Er erschuf den ersten Stacheldraht, der gleichzeitig grün, blau und braun schimmerte. Immer und immer wieder korrigierte er die Konturen. Zum Schluss stieg ich mit einer Art verunglücktem Tribal am Arm vom Stuhl. Wobei ja bereits ein sauber gestochenes Tribal einem mittelschweren Unglück gleichkommt.

Meine Mutter war fassungslos.

»Tan, was ist das? Nur Matrosen und Knackis laufen mit so einer Grässlichkeit herum!«

»Nein, Mutter, du verstehst nicht. Das soll Stacheldraht sein!«

»Und das macht die Sache besser? Was hast du dir bloß dabei gedacht?«

»Stacheldraht. Ich habe dabei gedacht: Stacheldraht.«

»Der Tätowierer offensichtlich nicht!« Mein Vater blickte nur kurz von seiner Zeitung auf. Er wusste, für die Aufregung war es zu spät. Es war mein ganz persönliches Arschgeweih am Bizeps, welches ich mit nach Hause brachte. Eine Sünde aus der Jugend, die über die Jahre wohl oder übel ein Teil von mir wurde.

Aber nun wollte ich diesem ästhetischen Schandfleck endlich

beikommen. Die Weiterentwicklung der Lasermedizin musste es doch möglich machen, das Monstrum wieder loszuwerden! Und so fand ich mich im Behandlungszimmer einer Praxis in Hildesheim wieder, die die Entfernung von Tattoos anbot. Ich sah mich in dem kalten Raum um, der am Boden und an den Wänden mit Fliesen ausgekleidet war, und überlegte eine Weile, welcher Teil von *Saw* hier noch mal genau gedreht worden war? Ich war mir nicht mehr ganz sicher, bei den zahllosen Fortsetzungen.

»Und wie weh wird das ungefähr ...«, setzte ich an.

»Ungefähr so, wie wenn man ein Gummiband gegen den Arm flitschen lässt!«, lautete die Antwort des Arztes. Na dann. Die Prozedur begann. Und genau wie vorhergesagt tat es ungefähr so weh, wie wenn man ein Stück Stacheldraht gegen den Arm flitschen lässt! Alle drei Sekunden. Stundenlang. Mit Schmackes.

»Aua!« Vor Schreck und Überraschung musste ich laut auflachen. »Das geht nicht, das tut ja furchtbar weh!«

»Ja, das stimmt!«, bestätigte der Arzt und machte unbekümmert weiter. Es zischte und brutzelte, als würde jemand rohes Fleisch auf einen Grill legen. Blöd nur, dass es mein Fleisch war, das da gegrillt wurde. Ich biss die Zähne zusammen. So weh, wie das tat, würde ich das Tattoo zumindest schnell los sein. Und den Arm gleich mit.

Zu Hause besah ich mir am nächsten Tag das Ergebnis, indem ich den Verband anhob. Der Arm war noch da.

Der Stacheldraht auch.

»Entschuldigung, Tan Caglar hier, ich war gestern bei Ihnen zum Lasern«, informierte ich am Telefon die Sprechstundenhilfe. »Ich wollte fragen, wie viele Sitzungen denn nötig sind für mein Tattoo?«

»Einen Augenblick.« Sie legte den Hörer für einen Moment zur

Seite, dann nahm sie ihn wieder auf und sprach weiter. »Das werden bei Ihnen bis zu acht Sitzungen sein.«

»Was?! Und wie lange muss ich dazwischen jeweils pausieren?«

»Sechs Monate.«

Ich beendete das Gespräch ohne weitere Nachfrage. Bei dem Tempo konnte ich mir das Tattoo auch gleich selbst wegstreicheln! Ich brauchte eine andere Strategie. Manchmal ist weniger mehr – aber manchmal ist mehr auch weniger: also mehr Tattoo weniger schlimm.

Ich ergoogelte mir diverse Motive, die sich Leute hatten stechen lassen, und fand nach einer Weile, dass es mich gar nicht so schlimm getroffen hatte. Am denkwürdigsten waren die verunglückten Sprüche:

»Never don't give up!«

»It it's my life!«

»No regrats«.

Die Liste der unbeholfenen Dummheiten war schier endlos. Andererseits entdeckte ich auch viele wunderschöne Beispiele für permanenten Körperschmuck und landete dabei auf der Seite eines Dortmunder Studios, bei dem ich einen Termin vereinbarte.

In der ersten Sitzung ließ die Tätowiererin eine Rose auf meinem Arm erblühen, ergänzt um das Datum meiner Geburt in römischen Ziffern. Allerdings war damit das vorherige Stacheldraht-Tribal noch nicht vollständig verschwunden. Ein Spruch sollte das Gesamtkunstwerk komplettieren. Sprüche, die ich nicht wollte, hatte ich zur Genüge gesichtet. Aber es musste ja auch irgendwas geben, das man gern mit sich herumtrug. Beim Zappen durch die Kanäle landete ich bei *Das kleine Fernsehspiel* im öffentlich-rechtlichen TV, in dem ein Schauspieler den Satz aufsagte: »Omnia vincit amor!« – Die Liebe besiegt alles! Ein Satz, dem ich voll und ganz zustimmen konnte. Okay, bis auf die Gegner bei *Call of Duty* natürlich. Denen muss man schon ordentlich mit einer Drei-Schuss-Salve aus dem G3, einem Präzisionsschuss aus einem HK28 oder gleich mit dem wütend gegen den Bildschirm geworfenen Controller einheizen. Aber ansonsten kommt man mit Liebe ziemlich weit, finde ich.

Der Spruch war gefunden. Nur die Schreibweise bereitete mir Kopfzerbrechen. Über Google landete ich bei verschiedenen Varianten. Ich wollte am Ende nicht dastehen wie die Pechvögel, die glaubten, sie trügen die chinesischen Schriftzeichen für »Mut« und »Stolz« auf dem Arm, obwohl dort in Wirklichkeit stand: »Zimt« und »Zucker«.

Was ich jetzt brauchte, war: einen Lateinlehrer.

Ich schätze, ich bin der erste Mensch, der diesen Satz zu Papier gebracht hat. Aber nur ein studierter Mensch mit Lateinkenntnissen würde mir die richtige, also wirklich richtige Reihenfolge der Wörter nennen können. Das Problem: Ich kannte niemanden, der Latein beherrschte. Allerdings wusste ich, wo man Leute antraf, die es konnten: in Hogwarts!

Oder zur Not auch: in einer ganz gewöhnlichen Schule.

Ich rief also kurzerhand im Sekretariat meiner alten Schule an und sorgte für einige Verwirrung. Wen ich sprechen wolle? Einen Lateinlehrer! Und wen genau? Egal! Und wer ich noch mal sei? Auch egal!

Nach ein paar Minuten gab die Dame im Schulsekretariat überfordert nach: »Sie haben Glück, hier kommt gerade Herr Härtner vorbei!«

Ich überfiel Herrn Härtner mit der Frage nach der richtigen Satzstellung, worauf er mir antwortete: »›*Omnia vincit amor*‹ ist korrekt, ›die Liebe überwindet oder besiegt alles‹.«

»Besten Dank!«

»Moment, worum geht es denn, wer ist am Apparat?«

»Ein glücklicher Türke ohne Lateinkenntnisse. Danke und einen schönen Tag noch!«

Wenige Tage später kehrte ich mit dem fertigen Kunstwerk auf dem Arm nach Hause zurück. Die frische Tätowierung war eingecremt und sorgsam unter einer Schutzfolie verborgen, über die ich den Ärmel meines Pullovers gezogen hatte. Nichts war zu sehen.

Am nächsten Morgen platzte meine Mutter bei mir in die Wohnung, ohne sich vorher anzukündigen. Ich war gerade erst aufgestanden, hatte die Nacht aber in einem langärmligen T-Shirt verbracht. So konnte meine Erzeugerin keinen Verdacht schöpfen. »Ah, du bist schon auf? Das freut mich, mein Sohn!« Sie kam strahlend auf mich zu und wollte mir den Arm tätscheln. Reflexartig drehte ich mich zur Seite. Meine Mutter starrte mich an.

»Du hast dich tätowieren lassen!«

Mir fiel beinahe die Kinnlade runter. Wie kam sie denn darauf? Es stimmte. Aber wie kam sie darauf? Hätte es nicht tausend Gründe gegeben, weshalb ich mich kaum merklich ein Stückchen abwandte? Eine Verletzung oder einfach keine Lust auf so viel überschwängliche mütterliche Zuneigung am frühen Morgen? Ich konnte ihr offensichtlich nichts vormachen.

»Zeig her!«, seufzte sie.

Ich zog mir das T-Shirt zur Hälfte über die Schulter. Meine Mutter betrachtete, was zum Vorschein kam. Sie hatte Schlimmeres befürchtet, das konnte ich sehen. Ihr Entsetzen schlug in Neugier um.

»Was bedeutet das denn?«

»Das ist mein Geburtsdatum. Erinnerst du dich? Du warst dabei!«

»Scherzkeks! Nein, das darunter?«

»Ach das. Das ist Latein und bedeutet: Schwacher Körper, großer Hass!«

Meiner Mutter quollen die Augen über.

»Ein Spaß. Da steht: Die Liebe besiegt alles.«

Meine Mutter sagte nichts. Dann hatte sie plötzlich etwas ins
Auge bekommen und wischte sich eine Träne weg. Ich grinste sie
an. Sie erwiderte das Grinsen. Dann ließ sie mich wieder allein
und zufrieden.

Das neue Zuhause verbinde ich im Nachhinein auch mit der Zeit,
in der ich anfing, die Dinge zum ersten Mal im Rollstuhl zu tun.
Und zwar – alle Dinge. Morgens die Haare schön machen?
Schwierig, wenn man statt in den Spiegel zu blicken plötzlich auf
den Rand des Waschbeckens glotzt. Hose anziehen im Sitzen?
Das ging noch irgendwie. Am Hintern kratzen im Rollstuhl?
Schon umständlicher. Aber ganz und gar aus den Fugen schien
die Welt, sobald ich das Haus verließ. Nachdem ich mich im Haus
an den beräderten Stuhl gewöhnt hatte, drehte ich ein paar kleine
Spazierfahrten durch unser ruhiges, wenig belebtes Viertel. Aber
es war über Nacht zu einem einzigen Hindernisparcours geworden. Ich erinnere mich, wie ich das erste Mal an einer flachen
Bordsteinkante scheiterte. Ich dachte, mit genügend Schwung
könnte ich die Kante nehmen, doch die Vorderräder des Rollstuhls prallten daran ab. Auch bei den nächsten Versuchen
titschte ich immerzu gegen den Bordstein. Ich war gefangen wie
eine schlecht programmierte KI-Figur in einem Konsolenspiel der
Nullerjahre, die immer wieder hilflos gegen eine Wand rennt. Da
spürte ich einen Ruck von hinten – und plötzlich stand ich auf
dem Bürgersteig. Hopsa! Ein Mann in einer Regenjacke nickte mir
im Weggehen zu. Er hatte mir geholfen, aber es kam mir trotzdem
vor wie ein unmittelbarer Eingriff in meine Privatsphäre. Von nun

an würde ich also von jedermann herumgeschoben werden wie ein Getränkewagen im Flugzeug? Oder wie ein im Weg herumstehender Einkaufswagen? Ich muss dazusagen, dass ich es in diesem Anfangsstadium des Rollstuhlgebrauchs wohl noch aus dem Sitz herausgeschafft hätte, um den Rolli zu bewegen. Nun war mir der Herr zuvorgekommen – und mir graute ein wenig vor der nahen Zukunft, in der ich manchmal unausweichlich auf fremde Hilfe angewiesen sein würde.

Die Veränderung, die mir am stärksten auffiel, betraf die skeptisch guckenden Omis, die sich immer etwas stärker an ihre Handtasche geklammert hatten, wenn sie früher in einer einsamen Straße allein an mir vorbeigegangen waren. Sie waren allesamt verschwunden – so als seien sie über Nacht von einer Seuche dahingerafft worden. Stattdessen gab es in der gesamten Stadt nur noch freundlich lächelnde Omis, die mir Platz machten und mich beim Bäcker in der Schlange vorließen. Nicht, dass ich vorher je beabsichtigt hätte, einer älteren Dame oder sonst wem die Handtasche wegzunehmen, aber fast kränkte es mich, dass sie es mir nun von vornherein nicht mehr zutrauten!

Das wollten wir doch mal sehen! Ich kramte mein Gangsterkopftuch heraus, das ich mir mit 16 Jahren in einem Army-Shop gekauft hatte, klebte mir wie der Rapper Nelly ein Pflaster ins Gesicht (ich fand nur ein rundes, für Hühneraugen) und rollte in der Morgendämmerung durch die Straßen, auf der Suche nach einem Opfer. Als mir auf dem Weg zum Bäcker eine passende Oma entgegenkam, setzte ich meine finsterste Miene auf. Ich zog die Oberlippe hoch und fletschte die Zähne, als hinge noch ein Stückchen Spinat daran fest. Die arme Omi, sie würde bestimmt gleich die Straßenseite wechseln wegen des wahnsinnigen Hühneraugengesichts, das da mitten auf dem Bürgersteig auf sie zugerollt kam!

»Hallo! Fehlt Ihnen was?« Sie blickte mich besorgt an. Da erkannte ich die nette Oma, die mich am Tag zuvor beim Bäcker vorgelassen hatte.

»Ich, äh, nein! Ich bin heute nur mit dem falschen Rad aufgestanden«, quoll es aus mir heraus. Dann wechselte ich ohne Grund die Straßenseite.

Die kurzen Testausflüge mit dem Rolli durch die Nachbarschaft waren das eine. Mich mit dem Rollstuhl in eine Menschenmenge hineinzubegeben war dagegen ein ganz anderes Manöver! Ich musste meine Komfortzone verlassen. Ich wurde sichtbar als der, der ich nun war. Ein Rollstuhlfahrer. Also so richtig mit den ganzen Tag bloß 1,20 Meter groß sein, Aufzug statt Treppe nehmen, trotzdem Muskelkater haben (in den Armen) und allem Drum und Dran.

Mein erster offizieller Einsatz als Mensch mit Rotationshintergrund ergab sich auf einer Messe in Düsseldorf, der *RehaCare*. Das ist eine der weltweit größten Fachmessen für Menschen mit körperlicher Beeinträchtigung. Ich wollte sie gern besuchen, um mir einen generellen Überblick zu verschaffen. Aber mich dabei den ganzen Tag auf Krücken halten? Mittlerweile war das leider ausgeschlossen. Laienhaft ausgedrückt: Meine Beine hatten den Job als tragende Figuren im Gesamtkörpergefüge quittiert. Stabilität, sicherer Halt, alles passé. Es fehlte an ausreichend Muskeln, die in meinem Krankheitsbild leider auch nicht weiter stimulierbar sind. Wenigstens ging das Ganze ohne Schmerzen einher. Also überwand ich mich, packte den Rolli ins Auto und fuhr schnurstracks von Hildesheim zum Messegelände am Rhein. Dieses war barrierefrei, wie ich der Beschreibung im Internet entnommen hatte, außerdem gab es für Menschen im Rolli Rabatt beim Eintritt. Das mit dem ermäßigten Ticket traf voll und ganz zu. Das mit der Barrierefreiheit? So mittel. Die Rolltreppen zu den Hallen, in denen die Aussteller gastierten, waren schon aus kilometerweiter Entfernung sichtbar. Aber wo ging es denn für diejenigen lang, die den Boden unter den Füßen verloren hatten? Ich rollte ratlos im Erdgeschoss umher, bis ich einen Lageplan erspähte. Aha! Ich musste einmal außen rum. Um den Lageplan – und um das gesamte Gebäude gleich mit. Irgendwann fand ich tatsächlich die eine Stelle, die barrierefrei war und mich zu den Aufzügen führte. Was hatte ich auch anderes erwartet? Wortwörtlich gesprochen ist ja nur ein glatt asphaltierter Parkplatz wirklich barrierefrei, ein Flughafenrollfeld oder meinetwegen noch die 175 Kilometer lange, vor einiger Zeit vom Larsen-C-Schelfeis abgebrochene Eisplatte A68. Aber im Internet als barrierefrei beworbene Einrichtungen gelten natürlich schon dann als solche, wenn überhaupt nur irgendetwas an ihnen – und sei es noch so gut versteckt – für Rollstuhlfahrer zugänglich ist.

Als ich oben angekommen war und die umherwandernden Menschenmassen registrierte, die sich hier tummelten und mir ausweichen mussten, erfasste mich ein Gefühl von Scham. Ich war doch gar kein waschechter Rollifahrer. Also nicht querschnittsgelähmt oder so. Die paar Meter zum ersten Ausstellerstand hätte ich auch noch so geschafft. Ob man es mir ansah, dass ich eigentlich nur ein Teilzeitrollstuhlfahrer war? Verriet mich irgendetwas? Langsam setzte ich mich in Bewegung. Für gewöhnlich nimmt man ja an, dass die Menschen einen Rollifahrer seltsam angucken. Jetzt jedoch war ich ein Rollifahrer, der all die anderen Menschen komisch anstarrte. Gerade hatte ich mich beinahe an die neue Situation gewöhnt, da erblickte ich den ersten anderen Rollstuhlbesitzer des Tages. Er hielt geradewegs auf mich zu. Ich fühlte mich so sehr ertappt, wie man sich überhaupt ertappt fühlen kann. Fast wäre ich dem Impuls erlegen, aufzuspringen und laut zu rufen: »April, April!« Aber ich unterdrückte diese blöde Idee zum Glück. Der andere starrte mich einen Augenblick lang an. Ich spürte, wie mir die Wangen heiß wurden. Doch in der nächsten Sekunde wandte er den Blick ab und rollte an mir vorüber, ohne mich weiter zu beachten. Ha! Entweder war ich soeben als souveräner Rollstuhlfahrer durchgegangen, oder aber der andere Typ war auch bloß ein Halbrollianer.

Ich war mir da wirklich nicht so sicher.

Nach ein paar Stunden hatte ich das gesamte Messeareal abgefahren, an den futuristisch designten Ständen begutachtet, was ich zu sehen gehofft hatte, aber dabei das sonderbare Gefühl nicht gänzlich abstreifen können, mich auf einer verwegenen Undercover-Mission zu befinden, die jederzeit auffliegen konnte.

Bond, Tan Bond, mit der Lizenz zum Erröten.

Ich rollte auf der Messe umher wie Falschgeld. Wie eine lebensgroße Drei-Euro-Münze. Hätte nur noch gefehlt, dass zwei ausgefuchste Berliner Gangster aufkreuzten, um mich in eine Schubkarre zu laden und abzutransportieren und mich einschmelzen zu lassen. Heiß genug dafür war mir jedenfalls. Und natürlich glotzten mich die Besucher an.

Hier möchte ich etwas vorgreifen. Denn was ich damals in Düsseldorf auf der Messe erlebte, entschlüsselte sich mir erst Jahre später, mit vielen Rollikilometern in den Armen. Die Leute gafften nicht wegen des Rollstuhls. Davon gab es schließlich mehr als genug in der Ausstellung – sowohl an den Ständen wie unter den Besuchern. Ich hatte dieses Event ja nicht zufällig ausgewählt, um mich in aller Öffentlichkeit in das Gefährt zu kauern. Nein, die Leute guckten wegen mir – weil ich mehr Unsicherheit verströmte als ein alter Diesel Stickoxide. Ich fühlte mich nicht so recht wohl in meiner Haut, und so benahm ich mich auch. Aus der Perspektive von heute kann ich sagen: Die Blicke lassen nach, sie verschwinden beinahe vollständig, sobald du mit dir im Reinen bist und dich gut fühlst. Dann bleibst du da unten auf deinen 1,20 Metern praktisch unbehelligt.

Letztlich verließ ich die RehaCare und Düsseldorf erleichtert, weil ich meine Feuertaufe bestanden hatte. Ich war einen ganzen Tag lang offiziell als Rollifahrer durchgegangen. Aber ich würde noch eine Weile brauchen, bis es sich normal anfühlte, das Haus im Sitzen zu verlassen. Und davor kamen noch einige lehrreiche Erfahrungen.

Am denkwürdigsten war vielleicht der Besuch mit meinen Kumpels im Freizeitpark, etwa ein Jahr nach der RehaCare. Ich hatte die beiden länger nicht gesehen und freute mich enorm auf die Abwechslung. Der Heidepark Soltau war unser Ziel. Ich packte meinen Rucksack am frühen Morgen, um schon da zu sein, wenn der Park seine Tore öffnete. Das Wetter spielte auch mit. Es war zwar Regen angesagt, doch kein Tröpfchen fiel. Die perfekte Voraussetzung für einen ruhigen Tag im halb leeren Park. Wenn Sonnenschein angekündigt war, war er immer völlig überfüllt. Das dachten sich wohl auch all die Tausende anderer Menschen!

Für die Hauptattraktion, die neue Achterbahn, mussten wir uns, also die anderen, über eine Stunde die Beine in den Bauch stehen, während ich im Rolli herumlümmelte. Ich hätte nun nicht mehr ohne Weiteres aufstehen und mich neben sie stellen können. Doch das Warten lohnte sich, wir ergatterten drei Sitze in der ersten Reihe. Die Kumpels halfen mir beim Einsteigen, indem sie mich in den Sitz wuchteten, während mein Rollstuhl von einem Mitarbeiter des Freizeitparks in einer nicht weiter einzusehenden Ecke verstaut wurde.

Die Fahrt wurde ein wilder Ritt! Auf dem Stahlkoloss mit seinen schnellen Kurven, endlosen Abstürzen in die Tiefe und waghalsigen Spiralen über Kopf wurde ich ordentlich durchgeschüttelt. Als wir wieder in den »Achterbahnhof« einfuhren, fühlte ich kurz mein Frühstück anklopfen. Aber ich schluckte den Brechreiz hinunter.

Während unserer Fahrt war nun jedoch Folgendes passiert: Ein Platz in der Warteschlange für die erste Reihe war frei geblieben, weshalb ein Mitarbeiter ein Mädchen, das weiter hinten gewartet hatte – und den Rollstuhlfahrer in der Schlange vor sich nicht bemerkt haben konnte –, nach vorne gelotst hatte. Was sie jetzt zu Gesicht bekam, sah so aus: Die Bahn fährt ein, die Schulterbügel klappen nach oben, und zwei Typen heben einen dritten – einen blassen Türken, der »Mir ist schlecht. Mir ist schlecht« murmelt – aus dem Sitz und tragen ihn aus ihrem Blickfeld. Den entgeisterten Blick des Mädchens, dieses blanke Entsetzen, habe ich bis heute nicht vergessen. Ob sie sich dennoch todesmutig in die Achterbahn gewagt hat, ist leider nicht überliefert.

Im neuen Zuhause angekommen, hatte ich genügend Drive, um die längst überfällige Physiotherapie in Angriff zu nehmen. Angesichts meiner Beeinträchtigung war es superwichtig, meinen Körper, so gut es ging, auf die neue Situation einzustellen und vor allem: so aktiv und selbstständig wie möglich zu bleiben. Zweimal die Woche fuhr ich in die Praxis, um mein Gesicht, auf einem großen Hüpfball liegend, gegen das geriffelte Gummi des Sportgeräts zu pressen, während der Therapeut meine Beine dehnte. Ich ließ den Blick durch den etwas zu gut temperierten Raum schweifen – über den grünen Linoleumboden, auf dem quietschgelbe Schaumstoffmatten ausgebreitet lagen, die Sprossenwand entlang und rüber zu dem Barren und dem kleinen Regal mit allerlei physiotherapeutischem Gerät. Es sah aus wie beim Treffen der anonymen Kriegsveteranen – so stellte ich mir das zumindest vor. Ein Grüppchen Versehrter, die sich alle des Wiederaufbaus ihres täglichen Lebens annahmen. Obwohl jeder mit seinem Handicap zu kämpfen hatte, hing Optimismus in der schweißgesättigten Luft. Und obwohl es nicht zur Reha gehörte, entdeckte ich Klimmzüge für mich, weil es eine Übung war, für die meine Beine nichts weiter tun mussten, als etwas zu wiegen! Den Rest machten Arme und Oberkörper.

Die regelmäßige Reha spornte den Sportler in mir an, mich Woche für Woche weiterzuentwickeln, Fortschritte zu machen und mich wieder wohl in meiner eigenen Haut zu fühlen. Die Übungen weckten meinen verloren geglaubten Ehrgeiz auf. Auch wenn es nicht die Welt war, was ich bewerkstelligte, es war allemal besser, als zu Hause rumzusitzen – fahrender- oder nichtfahrenderweise – und Löcher in die Luft zu starren.

Sport ist Mord? Manchmal ist er auch eine Wiedergeburt.

Nach einer der Stunden kam ein Rehateilnehmer auf mich zu, weil er glaubte, mich erkannt zu haben. Und er lag richtig damit.

»Du bist doch Tan, die Streetball-Legende ...«, setzte er an, und dieses Kompliment versetzte mir einen Stich. Und schmeichelte mir gleichzeitig. Basketball, das war lange her. Eine gefühlte Ewigkeit. Er hatte zu Schulzeiten ein paar Partien gegen mich gespielt und nicht viel Land gesehen, wie er bereitwillig einräumte. Auch wenn ich sein Gesicht nicht auf Anhieb wiedererkannte; so zuvorkommend, wie er mir die Tür aufhielt, musste ich ihn wohl ordentlich nass gemacht haben.

»Na ja, ich hatte sonst nicht viel zu tun damals, weißt du?«, versuchte ich, meine Basketballambitionen ein wenig einzusortieren.

»Und? Jetzt schon am Rollstuhlbasketball dran?« Er sah mich gespannt an.

»Äh ... nein?!«, hätte ich fast laut ausgerufen. Fünf Behinderte, die sich gegenseitig den Ball an den Kopf schmeißen? Nee, lass mal. Wahrscheinlich lag es daran, dass ich meinen Lieblingssport so schmerzlich vermisste, aber ich hatte damals wirklich keine besonders hohe Meinung vom Rollstuhlbasketball. Es kam ja auch niemand auf die Idee, sich in den Rolli zu setzen, um eine Runde Elfmeterschießen nachzustellen! Oder warum nicht gleich Stabhochsprung im Rollstuhl? Oder Synchronschwimmen! Wobei das schon wieder sehenswert wäre – wie vier Klammernasen kopfüber ihre beräderten Hintern aus dem Wasser halten. Aber Basketball im Rolli? Ein provisorisches Imitieren meiner Leidenschaft – so weit entfernt von der wirklichen Erfahrung wie nur irgendwas und den Arsch hilflos an den Stuhl getackert?

Nein danke!

Aber von wegen.

Schon bald sollte ich meine Vorurteile ablegen wie ein verschwitztes Trikot nach einem aufreibenden Match.

Wie man sich manchmal irren kann.

Klingt komisch, ist aber Rollstuhlbasketball

Die Olympischen Spiele 2008 in Peking, oder genauer: die anschließenden Paralympics, krempelten meine negative Einstellung zur »Behindertenbespaßung mit Basketball« vollständig um. Es waren die 13. Sommer-Paralympics, die das IOC in Fernost ausrichten ließ. Die Spiele für Athleten mit körperlicher Behinderung hatte ich zuvor allenfalls als Anhängsel, als kleinen verhaltensauffälligen Bruder der großen Spiele mit den fünf bunten Ringen wahrgenommen. Wenn der schnellste Mann der Welt über 100 Meter gekürt, die beste Zehnkämpferin gefunden und der schnellste Geher (wer hat diese Sportart eigentlich erfunden, und weiß jemand, ob er's noch rechtzeitig bis zur Toilette geschafft hat?) belächelt worden war, durften anschließend die Gehandicapten ran, während sich das Interesse der Welt längst auf andere Dinge richtete. Das konnte man ungerecht finden. Aber dass Menschen mit Behinderung tagtäglich Benachteiligung erfahren müssen, ist ein offenes Geheimnis. Warum sollte es ausgerechnet beim Sport anders sein? Und wieder muss ich zugeben: Bevor ich selbst im Rollstuhl saß, haben die Paralympics auch mich eher nicht so interessiert.

Mehr aus Zufall landete ich beim Zappen in den Öffentlich-Rechtlichen, die die Paralympics übertrugen. Und als ich in Hildesheim in meiner Dachgeschosswohnung den Fernseher einschaltete, sah ich im weit entfernten Peking keine Bilder von Krüppeln auf Rädern auf dem Basketballfeld. Ich erblickte vielmehr durchtrainierte Athleten, die ihre wendigen Sportrollstühle gegeneinander krachen ließen, als wären sie bei der Stock Car

Crash Challenge. Ich war fasziniert. Eine Mischung aus Basketball und Autoscooter war das!

Insbesondere das Team aus den USA brachte mich wieder einmal zum Staunen. Das waren keine Behinderten, wie ich sie mir vorstellte, das waren: Basketballer. Die muskulösen Arme und kurzhaarigen oder glatzköpfigen Häupter kannte ich aus der NBA der »Fußgänger« – so nennen Rollifahrer die Menschen, die auf zwei Beinen laufen. Der Richtungswechsel von Angriff zu Verteidigung vollzog sich in atemberaubendem Tempo und konnte es glatt mit »normalem« Basketball aufnehmen. Aber da war noch etwas anderes, das mich wirklich überzeugte. Etwas, das man nicht sehen konnte, sondern nur hören. Zunächst entging es mir. Nachdem ich erwartungslos in die Partie reingezappt hatte, sah ich nur die Spieler und ihre schnellen Passstafetten. Aber nach einer Weile registrierte ich es: die Zuschauer. Sie waren aus dem Häuschen. Ich machte den Ton lauter, und noch lauter, und irgendwann hörte ich mehr der Halle zu, als dass ich das Spiel ansah. Ein Kameraschwenk auf die Tribüne bestätigte meinen Verdacht: Da saßen keine Leute, die sich das Spiel aus Mitleid ansahen, dort sprangen tobende Fans mit bunt angemalten Gesichtern und wehenden Fahnen von ihren Plätzen auf, sobald ihr Team einen Korb erzielte, und bejubelten den Erfolg! Okay, es waren alles Chinesen, und viele trugen Trikots von Mannschaften, die in diesem Match gar nicht dabei waren. Einer hatte sogar ein Eishockeytrikot übergestreift. Aber ein bisschen Verschnitt ist ja immer.

Die Amerikaner gewannen, wie nicht anders zu erwarten. Ich verfolgte das Match bis zum Schluss, und als ich mich am Ende zurücklehnte, hatte ich wirklich ganz und gar vergessen, dass es »bloß« Basketball im Rollstuhl gewesen war.

So entdeckte ich meinen Lieblingssport – zum zweiten Mal. Ich hätte es zwar nicht für möglich gehalten, aber jetzt hatte ich es selbst in Farbe und 16:9 gesehen: Es gab die Chance, wieder Sport zu machen, und zwar nicht irgendeinen Ersatz, nicht irgendeinen traurigen Versuch, sich abzulenken, sondern wirklich Basketball. Beim einzigen Versuch, den ich zuvor unternommen hatte, dem Internet etwas zum Thema Behindertensport zu entlocken, war ich jedes Mal beim Golf gelandet. Vielleicht hätte ich bei der Google-Suche nicht immer bloß »Sport« und »Handicap« eingeben sollen?

Ich erinnere mich noch sehr lebhaft an diesen Tag, an dem ich die Paralympics verfolgte, denn es war der Moment, in dem ich im Rollstuhl sitzend wieder so etwas wie wahrhaftige Freude oder gar kurzes Glück empfand. Es war ein regelrechtes Déjà-vu. Ich fühlte mich wie in den Nächten als Teenie, in denen ich die Chicago Bulls inhaliert hatte. Diese Offenbarung, wie gefesselt vor dem Fernseher zu sitzen und etwas aufzusaugen, das mich nicht wieder loslassen würde.

Ich handelte umgehend und rief meine Mutter eine Etage tiefer an. Sie möge mir bitte sofort den Basketball auf den Lift legen. Dann wiederholte ich den Anruf und wies sie an, nun bitte auch noch die Luftpumpe nach oben zu schicken. Es war lange her, dass ich mit dem Ball gedribbelt hatte – aber das würde sich nun ändern.

Gesagt, getan. Da war ich wieder auf dem Basketballplatz bei uns in Hildesheim. Sah alles noch so aus wie früher. Nur hatte irgendein Scherzkeks in meiner Abwesenheit die Körbe höher gehängt. Ach nein, halt. Das war ich – ich hatte mich tiefergelegt.

Ich hob den Ball seitlich an mein Gesicht, fixierte den Korb und ließ die Kugel mit einer nach vorn schnellenden Bewegung des rechten Arms und gleichzeitig angewinkeltem Handgelenk durch die Luft fliegen. In einem perfekten Bogen ging der Ball einen halben Meter unter dem Korb vorbei – und landete auf der schlammigen Wiese. Und ich hatte kein geländegängiges Profil auf den Reifen. Ich griff zum Handy: »Hi, hast du vielleicht Lust, ein paar Körbe zu werfen? Doch, ich sitze immer noch im Rollstuhl. Aber Werfen geht auch im Sitzen. Wie wir wissen, seit du aus der letzten Reihe mein Federmäppchen in den Mülleimer geworfen hast, als Herr Berger mit dem Rücken zu uns an der Tafel stand, du erinnerst dich? Ja, jetzt sofort, okay, bis gleich!«

Zwanzig Minuten später waren wir zu zweit unter dem Korb, und ich brauchte die verschossenen Bälle nicht mehr selbst einzusammeln. Nach einer Stunde intensiver Werferei gingen die Dinger dahin, wohin sie sollten: in den Korb. Und das Dribbeln im Sitzen? Kein Problem. Ich musste mir parallel ja nicht mal ein Nutellabrot schmieren! So vergingen ein paar Wochen mit dem intensiven Wurftraining auf dem Betonplatz, dann wagte ich den nächsten großen Schritt.

Die SG Oldenburg/Sünteltal. Bitte was? Genau – so hieß der Verein, in dessen Halle ich mein erstes Basketballspiel absolvieren sollte, bei dem ich nicht mehr unterbrechen musste, weil meine Schnürsenkel offen waren. Ein Verein aus der Region, den ich einfach geradewegs kontaktiert und bei dem ich mich kurz darauf persönlich vorgestellt hatte. Genauer: ein Vereinszusammenschluss unterschiedlicher Standorte. Es stand zwar Oldenburg außen dran, doch trainiert wurde in Achim, einem Örtchen südlich von Bremen.

Weil »Spielgemeinschaft Oldenburg/Sünteltal« aber nur mit Zeilenumbruch auf die Trikots passte, entschied später jemand (ich verrate nachher noch genauer, wie), den ganzen Klubnamen ins Englische zu übersetzen, und schon kam dabei raus: *Hannover United.*

Bitte, was? Na ... geht doch!

Für ähnlich sperrig wie den ursprünglichen Vereinsnamen

hielt ich den Rollstuhl, den ich von der Krankenversicherung bekommen hatte. Eine handbetriebene Planierraupe. Damit wollte ich mich nicht ins Getümmel stürzen. Also fuhr ich dorthin, wo man sich mit dem hippsten Hightech-Equipment auskennt: ins Sanitätshaus.

»Guten Tag, ich bräuchte einen Rollstuhl«, verkündete ich.

»Noch einen?« Der Herr am Tresen sah über seine Lesebrille hinweg.

»Ja, und wenn's geht, einen mit einem kleineren Wendekreis als ein Braunkohlebagger!«

Der Herr ließ von den Unterlagen ab, die er im Zeitlupentempo durchgesehen hatte, und verschwand im Lagerraum. Während ich am Sanitätshaustresen wartete, zwischen hornhautfarbenen orthopädischen Stützstrümpfen, hätte ich eigentlich ahnen müssen, dass ich an der falschen Adresse war.

Selbst schuld.

Ich verließ den Laden mit einem noch viel sperrigeren Monstrum von Rollstuhl. Einem echten AOK-Shopper – aber darin kam ich mir wenigstens vor wie Bowser bei Mario Kart, der die kleinen Luigis und Co. in ihren Bobby-Cars von der Straße putzt.

In Sünteltal wurde herzlich gelacht!

»Dein Rollstuhl-SUV wäre gar nicht nötig gewesen«, begrüßte mich ein Vereinsmitglied, »die Sportrollstühle werden vom Verein bereitgestellt. Guck mal, da hinten in der Ecke!«

Ich schaute mich um und entdeckte die Geräte, sauber aufgereiht wie Gokarts in der Boxengasse.

»Na gut? Wo ist denn bei euch in Sünteltal der Wertstoffhof, und wie lange hat der auf?«, wollte ich wissen. »Ich glaube nicht, dass sie den Panzer im Sanitätshaus überhaupt noch mal zurückwollen!«

»Immerhin hast du dir Gedanken gemacht, das zeugt doch

von der richtigen Einstellung.« Die freundliche Antwort wurde begleitet von einem erhobenen Daumen.

Etwas anderes überraschte mich bei diesem Basketballverein noch viel mehr. Als ich mich näher mit den Gegebenheiten vertraut machte, fielen mir nämlich die vielen Leute auf, die dort zu Fuß unterwegs waren.

Ich stoppte den Nächsten, der gerade vorbeigerollt kam: »Entschuldigung, aber haben die Spieler hier alle ihre Zivis dabei?«

»Nein, das sind keine Helfer, die spielen selbst Rollstuhlbasketball!«, erwiderte der Spieler amüsiert und brauste mit quietschenden Reifen davon.

Und tatsächlich: Ungefähr 20 Prozent der Amateur- und Profi-Rollstuhlbasketballer können im echten Leben eigentlich laufen. Das muss man sich ein bisschen wie beim HSV vorstellen – von den Spielern können ja auch eigentlich 20 Prozent kicken. (Aber über so arg Benachteiligte sollte man eigentlich keine Witze machen.)

Als ich zum ersten Mal in der schlanken Fiberglasschale des wendigen Sportrollis Platz nahm, fühlte ich mich wieder wie bei der Untersuchung in Stuttgart: als NASA-Astronaut. Oder als Kampfpilot. Ich schob die Reifen an und schoss los! Hopsa – das war kein »eingeschränkt in der Fortbewegung«, das war Sport, das ging sofort zur Sache. Die veränderte Körperhaltung und die kürzere Distanz von der Hand zum Boden beim Dribbeln beziehungsweise die größere Wurfentfernung zum Korb waren zwar nach wie vor noch etwas gewöhnungsbedürftig, dafür war ich eines zum ersten Mal – wirklich schnell. Mein früheres Defizit bei der Verteidigung? Verschwunden. Und der Rest? Reine Übungssache. Mit dem neuen Rollstuhl war es ein bisschen wie mit neuen Fußballschuhen, die man erst einlaufen musste. Später erhielt ich übrigens ein individuell auf meinen Körper zugeschnittenes Einzelstück.

Ich entdeckte Basketball jetzt zum zweiten Mal, in allen Facetten. Meinen Sport. Und ich war: besser. Der verdammte Rollstuhl, er machte mich besser. Ich muss das so hinschreiben, denn es ist die verdammte Wahrheit. Ich war angefixt. Von allem. Den fabrikneuen Bällen, die sie hier zuhauf auf Lager hatten. Dem Teamgeist, der mich von der ersten Sekunde an erfasste. Den Leuten, die den Verein und den Sport lebendig machten. Es passte einfach – wie der ausgefahrene Ellbogen in das Gesicht des Gegners. Ruppig war es, keine Frage. Ein körperloser Sport? Ein beinloser vielleicht!

Und so wurde Oldenburg/Sünteltal oder, wie wir sagten, die »SG Oldenburg« meine sportliche Wahlheimat. Die Turnhalle wurde mein neues, mein zweites Zuhause. Und um mich dort richtig pudelwohl zu fühlen, musste ich mich wieder auf Vordermann bringen. Die depressive Phase hatte meinen »Problemmuskel«, also den Teil des Gehirns, in dem der Selbstzweifel saß, austrainiert. Ansonsten aber war ich schlaff geworden, nicht mehr in Form – genau wie mein alter Basketball. Da kam das Trainingslager des Vereins gerade zum rechten Zeitpunkt. Es wurde jährlich zu Saisonbeginn abgehalten. Auf einem abgeschiedenen Trainingsgelände im Wald wurden wir in jugendherbergsartigen Unterkünften zusammengepfercht. Es war wie auf Klassenfahrt. Nur ohne den Spaß.

Unser Trainer war wie Felix Magath – aber in streng. Er ließ uns Tag um Tag rackern und arbeiten, eine Wiederholung nach der nächsten, nach der nächsten, nach der nächsten absolvieren. Mit der Mentalität eines guten alten Drill-Sergeanten wollte er mich und die anderen ganz offensichtlich brechen – nur schien ihn niemand darüber informiert zu haben, dass danach eigentlich

Wiederaufbauen an der Reihe war. Und nicht noch mal brechen! Und dann noch mal. Und gebrochen wurde viel in diesen Tagen – im wahrsten Sinne des Wortes.

»Und, bereust du es schon?«, fragte mich mein Zimmerkompagnon abends, nachdem die Hälfte der Zeit im Trainingslager verstrichen war.

»Ja, allerdings!«, seufzte ich.

»Hmm«, brummte er.

»Ich bereue, dass ich nicht schon viel früher bei euch eingestiegen bin!«, führte ich meinen Gedanken zu Ende. Dann schlief ich auf der Stelle vor Erschöpfung ein, als hätte mir jemand einen Schalter im Hirn ausgeknipst.

Nach drei Wochen war Schluss mit der Tortur. Sicherlich hätte der Trainer gern noch mehr aus uns herausgekitzelt, scherzten wir, aber vielleicht war er jetzt einfach von seinem früheren Arbeitgeber abkommandiert worden, zurück nach Guantanamo.

Ich saß in meinem Auto auf dem Parkplatz und wollte liebend gern nach Hause fahren – aber ich konnte nicht, denn ich war einfach zu schwach, um die Handbremse zu lösen. Und dabei hatte ich keinen Hebel in der Mittelkonsole, ich hatte nur einen Knopf mit »P« drauf! Aber der fühlte sich nach den drei Höllenwochen an wie aufgemalt. Unmöglich, ihn zu betätigen.

Aber so fertig ich war, so deutlich spürte ich es mit jeder Faser meines geschundenen Körpers: Rollstuhlbasketball war mein Ausweg aus der Krise. Sicherlich hätte es auch alles Mögliche andere sein können, dessen war ich mir bewusst. Gedichte schreiben, mir einen Hund zulegen, mit harten Drogen anfangen. Ich hatte einfach Mordsschwein gehabt (und das als Moslem), dass die für mich rettende Beschäftigung eine so gesunde und lebensbejahende war.

Ich will also niemandem, der in einer Sackgasse steckt, zurufen: Hey, mach Sport, und alles wird gut! Das hat beim HSV ja auch nicht geklappt. (Okay, das fällt jetzt wirklich unter Nachtreten.) Oder bei Mola Adebisi, als er sich damals zum Promiboxen getraut hat und von Daniel Aminati zerstört wurde. Es muss das Richtige sein, wenn du dich für den Sport entscheidest, und es muss zum richtigen Zeitpunkt passieren.

Ich blieb dabei. Ich richtete mein gesamtes Leben auf den Sport aus. Das bedeutete: Training, Training und ... Trainingsabsage, weil – keinen Bock mehr. Aber dann – wieder aufraffen, ackern, weitermachen. Nach ununterbrochener Plackerei stand ich ein halbes Jahr später endlich unmittelbar davor, vom anfänglichen Auswechselspieler in den Kreis der Stammspieler vorzurücken. Der Verein hatte sich zu dieser Zeit im Mittelfeld der zweiten Rollstuhlbasketballliga angesiedelt, doch die von allen heiß ersehnte Option auf die erste Liga rückte mit jedem Spieltag potenziell immer mehr in Sichtweite – als Ziel für die folgende Saison. Ich trainierte nun wirklich wie ein Besessener, um das große Ziel zu erreichen, machte nach dem Training Extraeinheiten unter dem Korb und studierte zu Hause wieder und wieder Videos von wichtigen Spielen. Nie zuvor hatte ich mich körperlich so fit gefühlt. Das muss ich noch mal wiederholen, um es selbst zu glauben: Ich hockte im Rollstuhl, aber ich fühlte mich fit wie eine ganze Turnschuhfabrik. Meine Ausdauer verbesserte sich. Alles verbesserte sich.

Dann ereignete sich Großartiges. Im ersten Spiel meiner zweiten Saison bei der SG Oldenburg – es ging gegen einen direkten Mitaufstiegskonkurrenten – durfte ich in der Starting Five ran; mein Name stand in der Startaufstellung. Ich war stolz und besorgt zugleich. Ich wollte abliefern. Und ich spürte Druck.

Und dann machte ich 20 Punkte in diesem Spiel. Ein ansehnliches Resultat, das, sagen wir, vielleicht mit zwei Toren in einem

Bundesliga-Fußballspiel vergleichbar ist. Sogar die Presse nahm davon Notiz. Die ortsansässige Zeitung brachte einen kurzen Bericht im Lokalteil: »Neuer Spielmacher der SG Oldenburg«. Sie meinten mich!

Meine Mutter fand genau die richtige Dosis, um meine Leistung zu würdigen, ohne mich gleich abheben zu lassen: Sie rahmte den Zeitungsartikel liebevoll ein und hängte ihn feierlich – auf die Gästetoilette.

Meine Mutter hatte recht. Ich hatte noch nichts gewonnen. Es lag noch viel Arbeit vor mir. Ein kleiner Zeitungsartikel war hübsch anzusehen, aber er war am nächsten Tag vergessen. Ich stellte mich der Aufgabe und wurde dafür belohnt. Im weiteren Saisonverlauf gelang mir der Durchbruch. Plötzlich wurde ich nicht nur in der Zeitung so genannt, sondern war es regelmäßig auch auf dem Feld: der Spielmacher.

Bei einem zusätzlich anberaumten Testspiel gegen den Erstligisten aus Hamburg gelang es mir, die Weichen abermals zu meinen Gunsten zu stellen. Das Match – ein echter Härtetest gegen einen in allen Belangen überlegenen Gegner – ging mit nur einem Punkt Differenz haarscharf verloren, und ich konnte der Mannschaft mit einer überdurchschnittlichen Leistung helfen, diesen Achtungserfolg zu erringen. Es kam einer Erlösung gleich. Denn ab da war es amtlich: Ich durfte mich ohne Wenn und Aber als Stammspieler bezeichnen.

Zu diesem Zeitpunkt ergab sich auch die überraschende Umbenennung des Klubs in »Hannover United« – was im Übrigen tatsächlich auf einen gedankenlos reingerufenen Vorschlag meinerseits zurückging.

Der Trainer hatte nach der allgemeinen Bekanntmachung, dass wir uns neu labeln wollten, flehend in die Runde geblickt:

»Irgendwelche Einfälle? Der Vorstand verlangt nach einem ein-
prägsamen Namen.«

Nachdem ich mich mit dem »vereinten Hannover« vorgewagt
hatte, kam noch »Hannover Cavaliers« als Idee – weil wir den Ham-
burgern so höflich die Punkte überlassen hatten. Ein Vorschlag,
der es nicht in die nächste Runde schaffte. Ich darf also in aller Bescheidenheit behaupten, aus Versehen einem ganzen Verein den
Namen verliehen zu haben, den er bis heute trägt.

In meiner dritten Saison glückte uns der Aufstieg in die erste
Liga. Bei Sünteltal, pardon, bei Hannover United herrschte der Ausnahmezustand! Ich meine, mich zu erinnern, dass ich Spieler aus
ihren Rollstühlen springen sah, von denen ich der Überzeugung
gewesen war, sie hätten eine Behinderung.

Dazu Bierduschen an jeder Ecke.

Party bis tief in die Nacht.

Der Verein scheute keine Kosten und Mühen und servierte uns
eine Feierlichkeit, die ihren Namen verdient hatte. Obwohl die
meisten Spieler beinahe durchweg abstinent lebten, ließen sie an
diesem Abend auch am Glas höchste Professionalität walten. 300
Liter Bier waren geordert worden, und die sollten nicht durch Ver-
dunstung beseitigt werden. Irgendwann konnte kaum mehr einer
noch aufrecht stehen. Auch nicht die zu den 20 Prozent Gehöri-
gen. Inklusion durch Alkoholexzess – eine nette Variante.

Womit wir zum klaren Vorteil für den Wirt kommen, der sich
ergibt, wenn beinahe alle Trinkfreudigen ab Werk ihren eigenen
Sitzplatz dabeihaben. Einschlafen in der Ecke und mühseliges
Aufwecken erübrigen sich. Wer nicht mehr kann, wird einfach
höflich und geräuschlos entfernt. Mir erging es nicht anders. So
gegen 4:30 Uhr muss ich für eine winzige Sekunde die Augen zugemacht haben. Ich schlug sie wieder auf, als ich einen kühlen
Windzug um die Nase spürte. Ich blinzelte in die Nacht und

brauchte einen Moment, um zu begreifen, dass ich (von wem auch immer) heimlich, still und leise nach draußen eskortiert worden war. In einer Reihe mit weiteren Spielern im Rollstuhl, artig hintereinander aufgestellt, fand ich mich am Taxistand wieder. Ich staunte nicht schlecht. Stell dir vor, es ist Rausschmiss, und keiner kriegt's mit! Ich war erstens zu verblüfft und zweitens zu betrunken für eine Umkehr, weshalb ich nichts anderes mehr unternahm, als ins Taxi zu gelangen. Gute Nacht!

Unser Aufstieg bedeutete: Wir spielten von nun an gegen die ganz Großen. Also: die Sitzriesen, sozusagen. Dazu muss man wissen, dass die deutsche Rollstuhlbasketballliga die stärkste, weil die am professionellsten betriebene in Europa, vielleicht sogar auf der ganzen Welt ist. Es war wie im Traum. Denn das veränderte noch einmal alles. Da gab es immer mehr Leute, die Eintritt bezahlten, um uns Basketball spielen zu sehen. Wirklich nicht wenige waren das – und niemand von ihnen hatte ein Eishockeytrikot von Nigeria an.

Mit dem Aufschlag in der ersten Liga trudelten auch Angebote von anderen Vereinen ein. Aber die behandelte ich wie Spam im Postfach. Mein Herz schlug für den Verein, der mich vom Fleck weg und so wohlwollend aufgenommen hatte. Die Idee, den Klub zu wechseln, wäre mir vorgekommen, wie das Land zu verlassen, in dem ich aufgewachsen war.

»Als Profi würdest du aber Geld verdienen.« Ein Kumpel legte den Finger in die Wunde. Ich hatte ihm beiläufig von den Anfragen erzählt, als er mich fragte, ob sich etwas verändert habe, seit ich in der ersten Liga spielte.

»Tja, das schon«, gab ich ihm recht.

»Wie viel fährst du bis nach Achim? 90 Kilometer für eine Strecke, dreimal die Woche, plus Spiel am Wochenende? Und die bieten dir dafür wie viel? Gar nichts?« Er rechnete mir vor, was ich selbst wusste.

»Können sie nicht. Außer Spritgeld. Sie haben keinen Sponsor. Die gesamte Vereinsstruktur in Oldenburg ist nicht zu vergleichen mit der eines Profivereins«, fächerte ich ihm den Sachverhalt auf.

»Es ist aber keine Schande, sich weiterzuentwickeln. Niemand wird dir das vorwerfen, wenn du den nächsten Schritt machst.«

Da hatte er natürlich nicht unrecht. Ich sah es bei Vereinskollegen, die den Absprung machten. Dafür kamen neue ins Team. *Hannover United* würde nicht untergehen, wenn ich ein Angebot annahm.

Der entscheidende Anruf kam aus Rahden. Das Team aus dem Dorf im nördlichsten Zipfel von Nordrhein-Westfalen war damals eine Zweitligamannschaft, hatte aber einen großen Sponsor an Land gezogen, und mit dem würde der Umbruch erfolgen. Das Geld war schon angekommen, also wollten sie jetzt reihenweise professionelle Spieler einkaufen.

»Du wärst unser erster Profi!«, eröffnete mir der Entscheidungsträger aus dem kleinen Örtchen nördlich von Bielefeld. Er erklärte mir alle Einzelheiten, die Perspektive, die sie mir bieten würden, und die Vertragskonditionen.

Ich erbat mir Bedenkzeit. Und dann fällte ich eine Entscheidung. Ich war 32 Jahre alt, als man mir bei dem Verein *Baskets 96 Rahden* einen waschechten Profivertrag anbot. Also richtig mit eigener Rückennummer. Als ganze Zahl. Keine »0,5« oder so. Plus Gehalt!

Welche Ironie des Schicksals. Ich mit meinen 1,78 Metern – wenn man das zur Veranschaulichung vom Basketball auf den Fußball überträgt, heißt das in etwa: mittelgroßes Einlaufkind –, der Türke mit der Gehbehinderung, das lustige Maskottchen –

mir wollten sie feierlich ein Papier zur Unterschrift vorlegen, damit ich mit meinem Lieblingshobby Geld verdiente. Ich konnte es nicht fassen.

Aber ich sagte zu. Schweren Herzens, einerseits, teilte ich bei *Hannover United* meinen Entschluss zum Wechsel mit, dankte den Verantwortlichen für alles, was der Verein für mich getan und mir bedeutet hatte – und bis heute bedeutet –, und fuhr, andererseits, voller Vorfreude nach Rahden.

»Willkommen bei den großen Jungs!«, gratulierte mir der Vereinsvorstand mit ausgestreckter Hand. Ich schlug ein und posierte für das obligatorische Foto für die Vereinsarchive. Auf einem Bild sitze ich im Trainingsanzug in der Mitte zwischen zwei stehenden Schlipsträgern und grinse über beide Ohren, als sei ich den beiden anderen gerade voll über die Füße gefahren. Was die Herren Vorstände nicht wissen konnten: Ich hätte das alles auch für weniger gemacht! So überwältigt war ich. Aber das behielt ich natürlich lieber für mich.

Der neue Verein lag, nur über eine Landstraßenverbindung zu erreichen, 150 Kilometer von meinem Zuhause entfernt. Mehrmals die Woche pendelte ich 300 Kilometer hin und zurück, nur um zum Training zu gelangen, ungefähr 5.000 Kilometer im Monat – aber das war's wert. Ich hätte es nicht auf mich genommen, wenn es mir nur eine Sekunde lang vorgekommen wäre wie Inklusion auf hohem Niveau. Aber das war es nicht. Es trafen die Spieler mit Behinderung auf die Spieler ohne Behinderung – was spätestens auf dem Platz überhaupt keine Rolle mehr spielte –, und dazu gesellten sich Trainer, Zeugwart, Vereinsvorstand und dergleichen, die allesamt ohne Behinderung waren. Aber daraus leitete sich keine Zweiklassengesellschaft ab, wir waren keine Kapuzineräffchen, die man aufs Fahrrad setzte, damit das Publikum sich daran vergnügen und sein Geld setzen konnte. Wir waren mindestens Schimpansen.

Ein Spaß! Rollstuhlbasketball in der zweiten und ersten Liga ist Leistungssport. Punkt. Über eine Sache reden lässt sich viel. Es gibt ja auch Leute, die Küheschubsen für eine echte Sportart halten. Aber was wirklich dahintersteckt, merkst du erst, wenn du darauf achtest, wie die Leute währenddessen – bei der Sache – reden. Beim Basketball in der Kabine fielen keine therapeutischen Sätze wie: »Schön, Tan, dass du dich nicht aufgegeben hast!« Sondern eher Dinge wie: »Was war los, dieses Spiel? Deine Trainingsleistungen gehen zurück. Mehr Einsatz, Junge, sonst geht das hier nicht mehr lange.«

Wir wurden nicht geschont, nur weil wir eine körperliche Beeinträchtigung hatten. Wir waren alle im selben Team, die 80 Prozent Keinbeinspieler und die anderen 20 Prozent, die ihren Rolli zum Auto schieben konnten. Wir warfen die Körbe und wurden dafür bejubelt. Sammelten die Rebounds, lieferten uns Abwehrschlachten und leiteten den Angriff ein. Ich tat das, was ich am liebsten machte – und es war mein Beruf. Das hatte ich wirklich nicht kommen sehen, nicht auf dem Radar gehabt bei der DAA oder in der Ausbildung, egal, wie sehr ich durch den ganzen Kaffee »auf Empfang« gewesen war.

In der Halle schaltete ich in eine Art Unbesiegbarkeitsmodus. Hintern in die Verschalung geklemmt, Hand an den Ball und ab dafür!

»Wer sind Sie?«

»Tan Caglar.«

»Und was machen Sie so?«

»Ich mache Leistungssport, ohne dafür aufzustehen.«

Ich war *das* Gesprächsthema auf jeder Cocktailparty in Hildesheim. Okay, das ist übertrieben. Ich glaube nicht, dass es in

Hildesheim Cocktailpartys gibt. Aber ich machte von mir reden in meiner Heimatstadt. Alte Kumpels kamen zu den Spielen und wollten danach Fotos mit mir machen, und sie brachten andere Freunde mit.

»Hier, das ist Tan, wir kennen uns aus der Schule!«, sagte ein Fleischklops von einem Kerl zu einem anderen. Ich hatte den Typen noch nie zuvor gesehen. Aber ich nahm die Bewunderung gern an. Narzissmus ist etwas ganz Natürliches, für das man sich, wenn man ihn in Maßen genießt, nicht zu schämen braucht. Da sind sich mein Spiegelbild und ich einig.

Ich schwamm in Adrenalin, wenn die Uhr in der Halle herunterlief und es galt, mit dem letzten Spielzug das Match zu entscheiden. Ausnahmezustand. Keinen hielt es mehr auf seinem Platz – abgesehen von uns Spielern natürlich. Ein schneller Angriff, in Position fahren, dann der Pass von der anderen Seite, Ballannahme und Schuss! Und dann nur noch das zappelnde Netz. Und aufbrandender Jubel.

Nach einer Siegesfeier rollte ich einmal gerade frisch geduscht in die kühle Nacht hinaus. Die Massen waren längst nach Hause gegangen. Der Parkplatz vor der Halle lag verlassen da. Nur ein einzelner Spaziergänger mit seinem Hund kreuzte meinen Weg. Ich war eben am Auto angelangt und sortierte meine Sachen, als ich eine freundliche Stimme hinter mir vernahm.

»Entschuldigung, kann ich Ihnen helfen?«

Ich drehte mich verwundert um:

»Bitte?«

»Ob Sie Hilfe brauchen. Soll ich Ihnen vielleicht ein Taxi rufen?« Der Hundebesitzer blickte mich mit großen Augen an. »Was machen Sie denn hier draußen allein um diese Uhrzeit?«

»Äh, nein danke, ich fahre mit dem Auto, das hier ist meins!«

Der ältere Herr musterte mich irritiert, dann betrachtete er den Wagen, dann wieder mich: »Aber wie funktioniert das denn?«

»Nun, das ist ganz einfach«, setzte ich zu einer ausladenden Erklärung an, »hierbei handelt es sich um ein Fahrzeug mit Otto-Motor, ein Verbrennungsmotor, der aus entzündetem Benzin Energie gewinnt, um die Vorderachse anzutreiben, welche ich durch Betätigung des Lenkrads im Innern des Fahrzeugs in die gewünschte Richtung lenken kann. Es ist ein bisschen wie Magie, aber eigentlich ist es ganz simple schwäbische Ingenieurskunst.«

»Aha?« Der Mann mit Hund schien überfordert.

»Aber danke Ihnen trotzdem für die Nachfrage, einen schönen Abend!«

»Ja, danke gleichfalls!« Und damit trollte er sich.

Wenig später, geborgen im dunklen Innern des Autos, blickte ich hinaus auf den unterbrochenen Trennungsstreifen in der Mitte der Landstraße. Rhythmisch wie ein Uhrwerk sausten die Balken leicht links unter mir hindurch. Vor nicht mal zwei Stunden hatte ich die Meute zum Ausrasten gebracht, ich war Nummer 7 und hatte die entscheidenden Punkte eingefahren – im wahrsten Sinne des Wortes. Ich war der Held des Tages gewesen. Und jetzt war ich in den Augen eines Fremden wieder bloß ein verirrter Behinderter? Ein Bedürftiger, dem man ein Taxi rufen musste – obwohl ich gerade dabei war, meinen eigenen Wagen aufzuschließen? Sicher, der Herr wollte nur hilfsbereit sein. Und das ist natürlich wesentlich begrüßenswerter, als sich nicht um seine Umwelt und die Menschen darin zu scheren. Trotzdem – nur für mich allein – überraschte es mich, wie schnell ich meine Rolle in den Augen der anderen wechseln konnte und meinen Status verlor.

Übrigens, falls die Frage dem einen oder anderen unter den Nägeln brennt: Ja, ich kann Auto fahren. Und ich es darf es sogar!

Das vielleicht kurz als Einschub: Meinen Führerschein habe ich gleich bestanden – in der zweiten Fahrprüfung. Sundermayer & Söhne hieß die Fahrschule, kurz: SS. Für das »&« im Schriftzug auf der Fahrzeugseite hatte das Geld wohl kaum noch gereicht, weshalb es unverhältnismäßig klein ausgefallen und aus der Entfernung kaum zu sehen war.

Als sei der Name Programm und strahle auf alle Beteiligten aus, begrüßte mich der übellaunige Fahrprüfer mit den Worten:

»Caglar – sind Sie Türke?«

»Ja?«

»Na, wo ist denn Ihr Schnurrbart?«

»Äh, wieso?«

»Na, Türken haben doch immer einen Schnurrbart!«

»Und wo ist Ihre Lederhose?«, wollte ich wissen, wobei ich kurz überlegt hatte, ihn stattdessen nach seiner Hakenkreuzarmbinde zu fragen.

»Wieso?«

»Na, Deutsche haben doch immer eine Lederhose!«

Und damit hatte ich: verkackt. Um es mal so deutlich auf gut Teutonisch zu sagen.

Ich rasselte durch die Prüfung.

Begründung: Spurwechsel zu langsam ausgeführt.

Das war lächerlich. Genauso gut hätte der Prüfer anführen können: zu dunkel geblinkt. Oder: zu leise gehupt. Der Deutsche in mir kam durch: Ich hatte das inbrünstige Bedürfnis, mich zu beschweren! Und das tat ich.

Bei der neu angesetzten Prüfung schien sich derselbe Prüfer wie durch ein Wunder nicht weiter an meiner unveränderten Schnurrbartlosigkeit zu stören. Er lotste mich einmal um den Block – dann hatte ich bestanden. Von nun an besaß ich die Erlaubnis, ein Kraftfahrzeug zu führen! Und dies war damals in der

Automatik-Version auch kein Problem. Allein mein türkisch geprägtes Verständnis der Verkehrsregeln – eher freundliche Empfehlungen als harte Vorschriften – sollte mir ein paar Problemchen bereiten.

So ereignete es sich einmal, dass ich als Führerscheinneuling mit zwei Kumpels eine Spritztour unternahm und wir einem weiteren Freund begegneten, der gerade den Zebrastreifen überquerte. Und wie es sich gehört, hupte ich. Zur Begrüßung. Davon fühlte sich allerdings ein weiterer Verkehrsteilnehmer angesprochen: die Polizei im Wagen direkt hinter uns! Einer der Beamten erklärte mir umgehend im persönlichen Gespräch, durch die geöffnete Seitenscheibe geführt, dass die Hupe nur zur Warnung vor Gefahren zu betätigen sei. Oder anders formuliert: »Das macht dann zehn Euro!« Ich hatte jedoch nur einen 20-Euro-Schein im Portemonnaie, und die Gesetzeshüter konnten nicht wechseln. Was tun? Ratlose Blicke allerseits. Also drückte ich ein zweites Mal auf die Hupe. Der Polizist direkt bei mir am Fenster starrte mich entgeistert an.

»Stimmt so!«, teilte ich ihm mit und übergab ihm den 20-Euro-Schein.

Eine Situation, die sich – ich schwöre es bei meinem Leben und bei allem, was mir heilig ist – genau so zugetragen hatte und die mir im Laufe der Jahre skurrilerweise immer wieder von anderen Leuten nacherzählt wurde, die bloß über Ecken davon gehört hatten. Aber meine beiden Kumpels und ich, wir legen wirklich unsere Hand dafür in die Shisha-Kohle, dass es uns genauso widerfahren ist. Und das alles nur, weil ich damals mit Einmal-um-den-Block-Fahren die Fahrerlaubnis erworben hatte.

Später, als ich im Rollstuhl landete, musste ich meinen Wagen dann auf eine Beschleunigungs- und Bremsfunktion umrüsten lassen, die man mit der Hand bedienen kann. Keine große Sache, es ändert sich ansonsten: nichts. Nur weil er bedient wird wie ein Motorrad, fällt der Wagen an der Ampel nicht plötzlich um.

Doch all das konnte der Hundebesitzer in der Nacht auf dem Parkplatz vor der Halle natürlich nicht ahnen – und er konnte es sich offensichtlich auch nicht vorstellen. An diesem einen Abend war da nur ein scheinbar hilfloser Behinderter auf einem leeren Parkplatz. Das Umfeld, der situative Kontext, in dem wir uns bewegen, er macht uns teilweise auch zu dem, was wir sind, oder zumindest zu dem, was andere in uns erkennen. Daran kann man nichts ändern.

Die Parkplatzgeschichte ist meine Lieblingsepisode – zwischen Bewunderung und Behinderung –, die ich gern zum Besten gebe, wenn man mich fragt, ob ich in meiner Zeit als erfolgreicher Profisportler Gefahr lief abzuheben.

Nein.

Das tat ich nicht.

Aber manchmal gab es schon Dinge, bei denen ich mich fragte, wo ich da reingeraten war. Man macht sich ja überhaupt keine Vorstellung, was einen professionellen Sportverein alles für abenteuerliche Anfragen erreichen. Der Sport zieht viele Bekloppte an. Im Normalfall bleiben die mit ihren abgefahrenen Ideen vor der Tür – oder sie werden Trainer beim FC Liverpool.

Es gibt tatsächlich Leute, die die Telefonnummer auf der Vereinswebsite wählen und sich erkundigen, ob die gesamte Mannschaft zu einem runden Geburtstag auflaufen könne. Oder ob es möglich sei, für eine Abschlussarbeit drei Tage lang ein Video mit uns zu drehen – gegen eine Runde Pizza und Kopien des Films auf DVD natürlich.

Als Sportler konzentrierte ich mich auf mein Training und die Spiele. Ich wollte immer besser werden. Denn wer sich zurücklehnt und auf seinen Erfolgen ausruht, der macht schon den ersten Schritt zurück. Meine Welt war die sportliche Herausforderung. PR-Anfragen wurden von unserer Pressestelle entgegengenommen. Nur ab und an erhielten die Mannschaft und ich einen indirekten Einblick, was dort tagtäglich aussortiert wurde. Dann nämlich, wenn es eine Aktion bis zur Realisierung schaffte.

Eines Abends hatte ich eine Mail mit dem Betreff »Guinness World Record« im Postfach. Darin stand zu lesen, dass wir – das gesamte Team – versuchen würden, einen 150-Tonnen-Truck zu ziehen. Nur mit der Kraft unserer Muskeln, im Rollstuhl sitzend. Ich lernte: War eine bekloppte Idee bekloppt genug und wurde sie groß genug aufgeblasen, war sie plötzlich nicht mehr vollkommen gaga, sondern sie wurde in die Tat umgesetzt.

Unser Team war aufgeregt wie die Teletubbies bei der Bestimmung ihres Body-Mass-Index. Wahrscheinlich kann man »Guinness World Record« überall davorsetzen – und die Leute sind begeistert. Guinness World Record Tütensuppen aufreißen, Guinness World Record Hüpfball aufpusten, Guinness World Record bekloppte Rekorde ausdenken und immer so weiter.

Der Parkplatz vor unserer Halle wurde für den großen Tag herausgeputzt. Fähnchen in den Vereinsfarben wehten im Wind, Hostessen in Vereinsfarben standen mit einer Zielflagge bereit, sogar die Feuerwehr – nicht in Vereinsfarben – war mit zwei Leiterwagen zugegen. Sollten wir etwa einen Tanklaster ziehen? Oder wurden die Reifen unserer Rollis für den größeren Showeffekt angezündet? Nichts von alledem. Dort stand nur ein Lkw mit Anhänger. Und davor in einer Zweierreihe: unsere Rollstühle. Geprobt hatten wir die ganze Sache: keinmal.

Wie beim Weihnachtsmann und seinen Rentieren waren die Rollis mit einer ausgeklügelten Vorrichtung aus Metallstangen und Seilen miteinander verbunden und vor den Truck gespannt.

Eine Markierung auf dem Asphalt zeigte die zurückzulegende Strecke bis zum neuen Weltrekord an.

Wir wechselten in unsere Sportrollis. Einige Mannschaftskameraden hatten sich extra Handschuhe für den besseren Grip besorgt. Ich wischte mir die feuchten Hände am Trikot trocken. Es war Hochsommer, und der Asphalt flimmerte in der Hitze. In einer größeren Ansammlung von Menschen neben der Rekordstrecke schwitzte ein einzelner Herr in einem Sakko vor sich hin: der offizielle Notar, der vom Guinness-Verlag geschickt worden war. Eine Druckluftfanfare ertönte, und ich schob meinen Rollstuhl an. Die ersten paar Zentimeter gingen kinderleicht, dann war es, als hielte mich jemand von hinten im Schwitzkasten. Das Seil war auf Spannung. Ich versuchte, weiter voranzukommen. Aber ich bewegte mich keinen Millimeter. Ich schielte nach rechts zu meinem Nebenmann. Er hatte ähnliche Probleme.

»Hey, Mr Guinness, sagen Sie dem Fahrer, er kann jetzt die Handbremse lösen!«, rief ich nach vorn. Die Teammitglieder in meiner Nähe prusteten.

»Caglar, schieb!«, kam von hinten.

Und plötzlich spürte ich Bewegung in den Rädern. Kaum merklich. Aber ich hatte die Hände an den Reifen um etwa einen halben Zentimeter nach vorn gebracht. Dann um einen ganzen Zentimeter. Und so setzte sich unser Tross in Gang. Die Menge jubelte auf, als sie bemerkte, dass wir uns vorwärts bewegten!

»Auf geht's, Baskets!«, hallte es über den Parkplatz.

Ich schwitzte. Aber bestimmt nicht so sehr wie der Guinness-Mann in seinem Sakko. Die Ziellinie kam in Sichtweite. Eine der Hostessen schwenkte überschwänglich die schwarz-weiß karierte Fahne. Dabei fehlten uns noch viele Meter bis zum Rekord! Wir ächzten vor uns hin. Ich habe von Physik ja ungefähr so viel Ahnung wie ein Typ, der sich die Kettensäge zum Anwerfen mit dem

Sägeblatt zwischen die Knie klemmt. Aber mir war klar, dass wir den Lkw in unserem Rücken in stetiger Bewegung halten mussten. Ein zweites Mal Anziehen würden wir sicherlich nicht zustande bringen. Wie Ruderer auf der Galeere mühten wir uns ab mit der schweren Last, die wir an den Hacken hatten. Dann passierten die beiden Vordersten die Ziellinie. Einer riss die Arme zum Jubeln nach oben. Das hätte er besser nicht getan. Wie die Bekloppten brüllten wir auf ihn ein: »Hände an die Räder!« »Merkst du noch was?«

Der Teamkollege bemerkte seinen Fauxpas und klammerte sich an seine Reifen. Wenn er uns den Rekord kostete, konnte er gleich aus dem Verein austreten. Oder sich bis ans Ende aller Tage etwas anhören!

Doch wir packten es. Siegesgeschrei. Geköpfte Champagnerflaschen. Urkundenübergabe.

Tan Caglar. Lässt sich gern mal vor Lkws spannen.

Halt so eine Story, die ich nicht unbedingt in meinem Lebenslauf erwartet hätte, aber die mich wohl bis in alle Ewigkeit begleiten wird. Noch heute melden sich Kumpels bei mir, wenn sie irgendwo mit dem Wagen liegen geblieben sind.

Schönheit kommt von innen auf dem Laufsteg bleiben – und nicht außen runterfallen

Unser Basketballteam, oder sollte ich sagen, unser Abschleppservice, war mindestens auf lokaler Ebene ein Aushängeschild geworden, weshalb von Vereinsseite darauf geachtet wurde, uns von unserer besten Seite zu präsentieren. Dazu gehörte die regelmäßige Aktualisierung unserer Homepage inklusive Mannschaftsfoto pro neu angefangene Saison.

Um uns nicht alle nebeneinander in einer Reihe abzulichten, und weil auch der kreative Vorschlag auf wenig Gegenliebe stieß, einige von uns könnten die anderen huckepack nehmen, wurde eigens eine Tribüne aus Sperrholz gezimmert, damit wir uns in drei Reihen hintereinander aufstellen konnten. Aber, Skandal: Die Tribüne war nicht behindertengerecht. Kein Quatsch. Der Verein hatte eine Firma für Messebau und Co. engagiert, und die konnte nur Tribüne mit Treppe, nicht mit Rampen. Es wurde also eine Veranstaltung für sich, bis wir alle auf die richtige Position gehievt werden konnten. Aber dafür gab es sehr schöne Fotos zur Belohnung. Na ja, zumindest saßen alle richtig herum.

Im Anschluss an den Fototermin schoss der ambitionierte Fotograf ein paar Einzelstudien von Spielern, die mit dem Rolli auf der Tribüne festsaßen und nicht schnell genug wegkamen. Ich gehörte dazu. Tan mit Ball im Rollstuhl, Tan ohne Ball im Rollstuhl – nur der Ball im Rollstuhl. So ging das den halben Nachmittag.

»Ih-ja!«, platzte es aus dem Fotografen hinter seiner Kamera heraus. »Ih-ja, sehr schön, auch sehr schön. Gib mir mehr Blick. Ih-ja!«

Er war sichtlich zufrieden, obwohl ich keine Miene verzogen hatte.

»Jan Schaller, du kommst gut rüber auf den Pics!«, sagte er zu dem Display auf der Rückseite der Kamera.

»Äh, danke. Mein Name ist ...«

»Ich hätte da was für dich. Ein Shooting, professionell gemacht, mit allem, was dazugehört. Mit dir als Model, ohne Stress, ohne Gage. Was sagst du?«

» ... Tan Caglar.«

»Ist eine aufstrebende Fotografiestudentin, die noch nach einem passenden Motiv für einen Wettbewerb sucht. Wenn du einverstanden bist, würde ich euch mal connecten?«

»Ja, okay, warum nicht?«, dachte ich laut. Das ganze Geknipse hatte mir die Birne aufgeweicht. Und ich wollte auch kein Unmensch sein. Keine Frage – wäre die Anfrage offiziell über die Pressestelle gelaufen, hätte sie mich wohl nie erreicht. Aber auf diesem Weg machte ich kurz darauf Bekanntschaft mit Sofia, drittes Semester und weit weniger nerdig, als ich mir eine Fotografiestudentin vorgestellt hatte. Sie war ausnehmend hübsch, und das ließ die Sache irgendwie falsch rum erscheinen, als sie das Objektiv auf meine Wenigkeit richtete. Diesmal versuchte ich wirklich, auf ihre klaren Anweisungen eine Reaktion erfolgen zu lassen. Sie machte es mir denkbar leicht, indem sie eine Körperpose verlangte, die ich jahrelang einstudiert hatte – hing sie doch bei mir quer über die halbe Wand: Michael Jordan auf dem berühmten Bild *Wings*: den Blick ernst und überlegen direkt in die Kamera gerichtet und die Arme zu »Flügeln« ausgebreitet. Ich hob die Arme selbstbewusst links und rechts neben meinem Körper in die Höhe, und Sofia begann zu knipsen. Sie feuerte ein ganzes Magazin auf mich ab. Zwischendurch passte sie das Licht an oder korrigierte minimal die Ausrichtung meines Kinns. Ansonsten brauchte ich nichts zu tun, als die Arme schön waagerecht zu halten. Was nach einer Weile ganz schön auf ebenjene ging – die Arme. Am Ende kam ich mit der Position des Kinns durcheinander, der Kopf sackte mir zur Seite ab, die Ellbogen hingen durch, die Hände verkrampften. Das sah nicht aus wie Tan »Jordan« Caglar mit »Wings«, das wirkte wie Tan »Jesus« Caglar mit »Kreuzigung«!

Aber Sofia war angetan.

»Du – du kommst gut rüber auf den Pics!«, sagte sie zu dem Display auf ihrer Kamera.

»Aber mein Name ist ... ach so, äh, danke dir! Darf ich die Arme jetzt runternehmen? Ich fühl die gerade weniger als meine Beine?«

»Oh! Aber ja, natürlich. Mein Fehler. Ich dachte, ihr Basketballjungs seid so durchtrainiert.«

»Ach – weißt du was, ich hab's mir überlegt, du kannst ruhig noch ein paar Fotos machen!«

Sofia knipste an dem Tag über 1.500 Bilder, und am Ende war eins dabei, das sie bei dem Wettbewerb einsandte.

Etwas später entstand dann noch ein Foto, bei dem die schöne Sofia endlich mit aufs Bild durfte. Es war bei der Preisverleihung einige Wochen später – bei der sie mit mir als Motiv den ersten Platz abgestaubt hatte. Und hätte ich die Arme schon wieder hochbekommen, ich hätte auch gejubelt.

Dank Sofia, die den Stein ins Rollen gebracht hatte, meldeten sich weitere Fotografen bei mir, die mich gern vor die Linse kriegen wollten. Ohne Bezahlung zwar, aber immerhin war einer dabei, bei dem es um ein Motiv mit einer Armbanduhr ging, die ich danach behalten durfte. Es war eine sportliche Uhr mit Klettverschlussarmband, die laut Hersteller »links wie rechts« getragen werden konnte. Donnerwetter. Und die Zeit zeigte sie auch noch an. Na, wenn das kein Deal war?

So kam eins zum anderen. Ich tauchte als modelnder Rollstuhlbasketballer in einer Zeitspanne von zwei, drei Jahren gelegentlich in verschiedenen Medien auf, und irgendwann hatte ich schon beinahe genug von dem ganzen Brimborium, als plötzlich eine Organisatorin der *Berlin Fashion Week* am Telefon war. Und zwar nicht an irgendeinem Telefon – sondern an meinem, mit mir, dem bekannten Jan Schaller, am anderen Ende der Leitung. Ich horchte auf!

»Lieber Herr Caglar, wir haben von Ihnen Notiz genommen und würden Sie sehr gern einladen, an der diesjährigen *Berlin Fashion Week* zu partizipieren«, flötete mir die Dame ins Ohr. Sie klang, als habe sie gerade in der First Class Lounge hektisch den letzten Champagner hinuntergestürzt und sei nun schon mit einem Bein in ihrem Privatjet. Nun eben noch diesen einen angesagten Herrn Schaller aus Hildesheim verpflichten, und dann: Abflug!

»Danke für Ihr Angebot, das klingt ja zunächst mal ganz interessant«, begann ich – und hoffte, dass sie meiner Stimme nicht anmerkte, welche Dollarzeichen in diesem Moment in meinen Augen aufblitzten. Die *Berlin Fashion Week*! Das sagte mir wohl oder übel was, schließlich war ich in den Wartezimmern dieser Republik häufig mit *Gala*, *Bunte*, *Frau im Strumpf* und wie sie alle hießen in Berührung gekommen. Ich blickte auf meine an diesem Tag frech am rechten Arm getragene Sportarmbanduhr und zählte die Sekunden, ehe ich fortfuhr:

»Was, äh, würden Sie mir denn, also, wie wäre denn die Kondensation, äh, die Konditionen, wie wären die denn?«

Woraufhin die Dame mir zuflötete, dass das Engagement unentgeltlich sei – ich zudem die Reisekosten zu tragen hätte –, aber eine große Außenwirkung mit sich brächte! Schlagartig verschwanden Champagner und Learjet. Da war bloß noch die quirlige Frauenstimme, die mir die Ohren vollflötete. Ich sah mich mit zehn anderen Rollifahrern auf dem viel zu schmalen Laufsteg auf und ab rollen. Drum herum zahllose Gaffer mit und ohne Kameras, in einem separaten Zelt, irgendwo am Rande der eigentlichen Fashion Week.

Ich räusperte mich und lehnte das Angebot dann freundlich ab.

Es vergingen gestoppte zehn Minuten – ich schaute dabei auf die Uhr –, dann klingelte das Handy erneut. An das Flöten in der Frauenstimme hatte ich mich bereits gewöhnt. Es rauschte bei ihr im Hintergrund. Hatten sie tatsächlich die Turbinen gestartet, oder saß sie bloß im Taxi?

»Herr Caglar, lassen Sie mich die Anfrage präzisieren. Sie wären das erste Model – ever –, das im Rollstuhl an der Berlin Fashion Week teilnähme. Sie wären allein, es gäbe keine weiteren Models im Rollstuhl. Nur Sie und die anderen nicht gehbehinderten Models, alle zusammen auf einem Laufsteg. Sie stünden ohne jede Frage im Mittelpunkt, wären das Highlight der Show! Was die Gage betrifft, halte ich Rücksprache und könnte Ihnen bei einer Zusage Ihrerseits einen angemessenen Betrag garantieren. Was meinen Sie? Sie würden für einen angesagten jungen Designer laufen – also fahren –, dessen Schwerpunkt sind in diesem Jahr, Augenblick, wo habe ich es – Lederjacken.«

Sie hatte mich bei: »Lederjacken«. Ich war dabei. Sie wollten mich auf dem Catwalk? Konnten sie haben! Mit den Hüften wackeln musste ich ja nicht. Und hatte ich nicht immer schon davon geträumt, einmal auf dem ganz großen Laufsteg zu stehen, im Blitzlichtgewitter, und mich für mein überragendes Aussehen feiern zu lassen? Nein, hatte ich nicht. Aber ich bin auch nicht verklemmt, also sagte ich dem Zirkus zu. Und okay – mein seit der Abschlussparty in der Jugendherberge vorhandener, nicht zu leugnender Sinn für Dramatik schlug an, als ich mir vorstellte, mich übertrieben modelmäßig über den Laufsteg zu schieben. Das würde doch sicherlich ein Spaß werden.

Aber vor allem ließ mich ein Gedanke nicht mehr los: Was war schon dabei, wenn ein Model im Rollstuhl saß? Wieso hatte es das nicht schon längst gegeben bei der *Fashion Week*? Oder sonst irgendwo? Interessierten sich Rollifahrer nicht für Mode? Oder waren etwa alle Menschen im Rollstuhl hässlich? Und wenn sie jetzt gerade mein ausgesprochen kosmopolitisches Hildesheimer Türkengesicht haben wollten, um den weltweiten Mangel an Rolli-Models zu kompensieren – warum nicht? Go for it, baby!

Tja. Allerdings hatte ich das Bohei unterschätzt. Und zwar gehörig. Seit Günter Schabowski auf der Pressekonferenz damals hatte sich wahrscheinlich keiner mehr so verzettelt! Wer schon mal bei *Germany's Next Topmodel* reingezappt hat, der kann erahnen, in welchen Hühnerstall ich geriet, um darin Rollstuhl zu fahren. Ich darf klarstellen: Das stimmt so nicht. Bei Heidi Klums Casting-Format schwächen sie das »Organisierte Erbrechen« in Wahrheit noch ab. Die Wirklichkeit ist tatsächlich noch greller, noch hektischer, noch bitchiger! Und: Die meinen das alles ernst. Das Gestöckel in stelzenartigen Schuhen, das Abgeklebe von minimalsten Fettpölsterchen, das Auftoupieren und Herumgescheuche. Ich hielt nur für einen Augenblick meine Nase in die haarspraygeschwängerte Luft der Berliner Garderobe und empfand sie als zu groß. Also meine Nase, nicht die Garderobe. Dieser allgegenwärtig verkörperte Schönheitswahn infiziert dich sofort! Fast wäre ich aufgesprungen, um ein paar Sit-ups zu machen. Allein meine Behinderung hielt mich davon ab. 20 Minuten unter hauptberuflichen Models, und du bist sofort gewillt, alle nur noch mit »Kinder« anzusprechen.

»Kinder, ich bin der Tan – hallöchen –, keine Panik, ich mach euch das, ich liefere die Show, die ihr von mir verlangt, das Beste ist gerade gut genug, auf, auf, auf!«

Allerdings ist das ganze Prozedere auch sportlicher und professioneller als angenommen. Genau wie beim Basketball gibt es Laufwege; jeder auf dem Catwalk muss wissen, wo sich die anderen um ihn herum befinden, damit man sich nicht gegenseitig über den Haufen läuft. Das will geprobt sein. Und so machten wir es!

Ich hatte angenommen, mir ein paar entspannte Tage in Berlin zu machen. Ich hatte in einem Hotel in der Nähe des Potsdamer Platzes eingecheckt und mich an dem luxuriösen Zimmer erfreut. Behindertengerechte Unterbringungen sind immer ein wenig geräumiger geschnitten. Die Dusche ist ebenerdig, überall findest du Griffe zum Festhalten. Es gibt Notknöpfe an jeder Ecke. Die perfekte Umgebung für einen Sturzbesoffenen. Oder für einen Gast mit Behinderung. Oder für beides zusammen.

Gerade hatte ich überlegt, was ich als Erstes unternehmen wollte. Bei *Madame Tussaud's* Prominente erraten? Zum Brandenburger Tor? Eine Currywurst? Oder lieber eine Currywurst mit Pommes? Da klingelte das Telefon. Wo ich denn bleibe, wollte man wissen, die Probe beginne gleich.

Eine gute Stunde später reihte ich mich hinter der so pompösen wie kühlen Kulisse der Show ein in die Schlange der wartenden lebendigen Schaufensterpuppen. Als solche kommst du dir nämlich vor, wenn vorher drei Leute gleichzeitig eine halbe Stunde lang damit beschäftigt sind, dich herauszuputzen und dir wahllos Klamotten überzustreifen, als seist du ein Objekt ohne eigenen Willen.

Sobald sich der Erste in der Reihe in Bewegung setzte, ging alles ganz schnell: Perfekt getaktet wie Fallschirmspringer im Einsatz verschwand einer nach dem anderen in Richtung Bühne. Schon war ich dran – schieben, schieben, ein klein wenig die Richtung korrigieren, weiterschieben, vorn anhalten, nach links drehen, nach rechts drehen, und wieder ab nach hinten, schieben, schieben, und nach links raus aus dem Blickfeld des Publikums.

Puh. Mir ging die Pumpe. Und dabei hatte ich noch nicht mal gelächelt. Das auch noch? Es durfte nicht aussehen, als sei ich zu spät dran und würde den Bus verpassen. Es musste kühl und einstudiert wirken, der Abstand zum Vordermann durfte um keinen halben Meter variieren, und dabei musste ich »Face zeigen!«, wie mich der gut duftende, aber streng dreinschauende Mode-Drill-Instruktor anwies, der es in puncto Unnachgiebigkeit locker mit meinem alten Basketballtrainer aufnehmen konnte.

»Ja, wie kann man denn *kein* face zeigen?«, wollte ich bei ihm in Erfahrung bringen. »Also ich hab meins seit der Geburt immer mit dabei! Ich habe es mir nicht eben erst aufmalen lassen, so wie die anderen hinten in der Garderobe.«

»Pff, deinen Humor wirst du noch brauchen, Schätzchen! Wenn der Laden hier erst mal voll besetzt ist, da wirst du auch noch ins Schwitzen kommen, lieber Tanell! Zeig mir bitte noch mal deinen Return, Hase, ja?«

»Äh, ich heiße aber – ach, egal, Sie meinen was?«

»Husch, husch, von vorne noch mal zurück. Spannung, wir brauchen Spannung!«

Ich hatte Spannung – von dem ganzen Rumgequietsche mit den Reifen auf der polierten Kunststoffoberfläche des Laufstegs hatte ich mich bis in die Haare am dicken Zeh elektrostatisch aufgeladen. Ich hatte in meinem Rolli mehr Power gespeichert als Iron Man in seinem Anzug! Das ist ein Fakt, der den meisten nicht so geläufig sein dürfte: Als Rollifahrer bist du nicht geerdet. Im Grunde sitze ich tagein, tagaus auf dem »elektrischen Stuhl«. Ganz besonders arg sind die Knöpfe im Fahrstuhl, häufig aus Metall. Für jemanden, der Fahrstühle gezwungenermaßen als sein zweites Zuhause bezeichnen kann, ist das blöd. Manchmal bitte ich die Leute tatsächlich darum, einen Schritt zurückzutreten, ehe ich meine Etage auswähle. Ich drücke den Knopf, es blitzt sichtbar, es surrt – und dann muss der Techniker kommen. Anders herum kann sich jeder doppelt glücklich schätzen, der mit seinem Auto liegen geblieben ist, wenn ich vorbeikomme: Entweder ich kriege die Batterie wieder zum Laufen, oder ich schleppe ab.

Am Ende meines dritten Returns klatschte ich mit der Drill-Queen ab: Bzzzz!

»Huch! Na, der Mann fackelt nicht lange, was? Steht immer unter Strom!«

Ich zwinkerte ihm zu. Nach zehnmal über den Laufsteg und zurück hatte ich jetzt das gute Gefühl, dass ich die Nummer schon wuppen würde. Macht euch keine Sorgen, Kinder – Tanell ist auf dem Posten.

Die Show selbst wurde dann noch hitziger als angenommen. Die Models waren »on fire«, die Luft brannte. Und das hätte sie wirklich getan, wenn man ein Feuerzeug entzündet hätte – bei dem ganzen Puder und dem ganzen Spray, das in der Luft hing wie der Frühnebel über den Feldern meiner Heimatstadt.

Es wurde geschubst, es wurde geschoben. Und das war nicht hilfsbereit gemeint. Nach der vierten von insgesamt fünf Runden – in fünf verschiedenen Outfits, versteht sich – hörte ich jemanden zischen:

»Der fährt uns unsere ganze Zeit weg!«

Das fand ich ganz lustig. Die Formulierung. Als wäre ich das

Safety Car, das alle anderen hinter sich ausbremst. Ich sah mich um: »Ihr dürft gern überholen, ich fahre auch rechts ran!«

Ein anderes Model, das dem Zischer beschwichtigend auf die Schulter klopfte, grinste mich an: »Er meint das nicht so. Oh, Achtung – du musst performen!«

Und damit rollte ich mich ein weiteres Mal ins gleißende Licht der Scheinwerfer und Fotoapparate.

Auf diese Weise verbrachte ich mehrere Tage im kunterbunten Trubel der *Berlin Fashion Week* und staunte nicht schlecht, was mein Erscheinen dort auslöste. Die Missgunst und der offen zur Schau gestellte Neid, der mir vonseiten einiger professioneller Models entgegenschlugen, auf der einen, und das nicht enden wollende Geknipse und die vielen Interviews auf der anderen Seite.

Der Neid der anderen – etwas Aufwühlenderes kannst du kaum erleben, wenn du im Rollstuhl sitzt! Mir war es bis dahin nicht vergönnt gewesen. Dass mich andere komisch ansahen – na klar. Aber weil sie mich beneideten? Noch nie! Das sollte wohl ein Witz sein? Die waren neidisch? Okay, das musste ich erst mal sacken lassen. Aber gleichzeitig ließ es mich auch ein Stückchen aufrechter im Rollstuhl sitzen.

Die Fragen der aufgekratzten Medienleute befeuerten meine seltsame Stimmung zusätzlich. Ich wurde behandelt, als sei ich geradewegs aus einem Ufo gestiegen. Und das in Berlin, wo dir doch viele Leute in der U-Bahn begegnen, die aussehen, als seien sie definitiv schon häufiger aus einem Ufo gestiegen – oder besser: gefallen, und das ziemlich tief. Und sehr unsanft gelandet – nicht auf dem Allerwertesten, sondern eher auf dem exakten Gegenteil!

»Wie fühlt es sich an, das erste Model im Rollstuhl zu sein?«

»Och, war eigentlich alles so, wie man es kennt, da oben auf dem Catdrive, hehe!«

»Haha, aber ernsthaft, was ist Ihre Botschaft, wollen Sie den Leuten etwas mitgeben?«

»Na ja, ich denke, es ist egal, ob einer laufen kann, wenn es ums Modeln geht. Wen interessieren schon die Beine? Die Mona Lisa hat's ja auch ohne Unterkörper bis ganz nach oben geschafft!«

»Köstlich! Und was haben Sie als Nächstes geplant?«

»Wie es aussieht, werde ich auch beim Finale der *Berlin Fashion Week* mit dabei sein dürfen. Ich wurde kurzfristig von mehreren Designern angefragt.«

Und das war nicht mal gelogen. In einer bekloppten Branche markierte ich für ein paar Tage den Oberkasper. Meine »Performance« hatte eingeschlagen wie ein Meteorit in eine Gruppe T-Rex, die sich eigentlich bloß auf eine Runde Schnick-Schnack-Schnuck treffen wollen. Kurz: alles völlig verrückt! Damit konnte niemand rechnen.

Am wenigsten ich selbst.

An einem der wenigen freien Tage rollte ich durch die City und versuchte, so viel wie möglich von der Hauptstadt aufzusaugen. Eben noch Hildesheim, jetzt plötzlich Berlin. Das lässt sich kaum vergleichen. Es geht ja schon damit los, dass beide Städte ganz unterschiedlich geschrieben werden. Und alles andere ist noch viel weiter voneinander entfernt als die Buchstaben des Namens. Für ein paar Tage tauchte ich ein in den Kosmos aus breiten Straßen mit gepflasterten Gehwegen und fünfstöckigen Wohnhäusern, Spätis und Club-Mate, Müll und Touristen, Druppis und Plätzen, die in Hildesheim das Zentrum der gesamten Region gebildet hätten, aber in Berlin nur irgendein Ort waren, den man achtlos passiert. Du bist so wunderbar, Berlin, heißt es in einer Brauereiwerbung, und das stimmt. So wunderbar einmalig in

Deutschland. Andererseits, das ist Hildesheim auch – auf seine Art.

Bei der finalen Show war ich mit von der Partie, und falls ich dachte, ich hätte bereits kapiert, wo der Hase langstöckelt, wurde ich eines Besseren belehrt. Es herrschte eine Anspannung auf den Gängen und in der großen Gemeinschaftsgarderobe mit den nebeneinander aufgebauten beleuchteten Schminkspiegeln, als bereite man eine OP am offenen Herzen vor. Gestresste Make-up-Künstlerinnen trugen lagenweise Schminke auf die Gesichter der blutjungen Models auf. Es wurde frisiert und toupiert, als hinge das Schicksal der Welt davon ab.

»Hey, du bist Tan, richtig?«

Ich drehte mich um und blickte in ein engelsgleiches Gesicht. Umfasst von blonden gelockten Haaren. Mit hohen Wangenknochen und einem perfekten Mund, der sich zur Andeutung eines einnehmenden Lächelns wölbte.

»Ja, genau.«

»Isa ist mein Name, freut mich.«

»Hi Isa, freut mich auch! Laufen wir heute zusammen in der Show?«, wollte ich wissen.

»Haha, nein, ich bin von der Produktion und für das Wohl der Models zuständig. Darf es noch etwas zu trinken für dich sein?« Ihr Lächeln hatte sich nun voll entfaltet.

»Ach, ich dachte, du wärst ...«

»Model? Nein. Zu klein.«

Ich versuchte auf die Schnelle, ihre Größe abzuschätzen, was nicht ganz einfach war, da Frauen, wenn sie unmittelbar vor meinem Rolli stehen, für mich alle aussehen wie 2,10 Meter. Welcher Depp hatte nur das Mindestmaß von 1,75 Metern für weibliche Models durchgesetzt? Tja, dafür ging ihnen nun Isa durch die Lappen. Selbst schuld.

So rollte ich ohne ihre Begleitung über den Laufsteg und erntete am Ende Standing Ovations. Das war ein Ding. Vergessen die
Sorge von einem kleinen Extrazelt mit ein paar traurigen Rollifahrern am Rande – das hier war das Epizentrum des Fashionbe-
bens. Und auch wenn ich mir einredete, nichts weiter darauf zu
geben: Es wirkte. Als ich mich dort oben beglückt umsah – ange-
steckt von der ganzen hysterischen Euphorie –, da war ich wohl
ganz kurz davor, noch etwas mehr Face zu zeigen. Das gebe ich zu.
Nur die Lippen ein wenig schürzen, die Wangen sanft einsaugen,
und das Ganze dann halten, mit dem Blick in die imaginäre Ferne
gerichtet, hinweg über all den Zirkus. Aber das überließ ich dann
doch lieber den Profis.

Die ganze Aktion schlug jedenfalls meterhohe Wellen. Oma, Opa,
Tanten – und noch mal Oma – riefen mich an. Hätte mich nicht
mal gewundert, wenn der Hildesheimer Bürgermeister persönlich
und feierlich eine nach mir benannte Behindertentoilette eingeweiht hätte – oder hat er das sogar getan?

Ich hatte definitiv meine 15 Minuten Ruhm.

Als ich dem Berliner Trubel entkommen war, auf dem Weg zurück nach Hause, klingelte mein Telefon. Ich nahm ab und hörte
interstellares Rauschen:

»Hallo, Tan? Hier ist Philipp!«, vernahm ich die Botschaft aus
einer anderen Welt. Dabei war es bloß eine andere Zeitzone. Mein
Kumpel Philipp meldete sich geradewegs aus Brasilien.

»Was ist denn da los?«, fuhr er fort, wobei er klang wie ein
Roboter mit Wortfindungsstörungen. Die Verbindung war miserabel. »Du warst auf der *Berlin Fashion Week*, haben wir gehört; muss
man dafür nicht schön sein? Oder wenigstens sportlich?«

»Doch, oder man sitzt im Rollstuhl, dann nehmen sie einen
auch so!«, lachte ich ins Handy. Philipp quittierte das mit schal-

lendem Gelächter, offensichtlich befand er sich gerade irgendwo, wo einem das Bier ständig nachgereicht wurde.

»Junge, nicht schlecht«, schaukelte sich sein betrunkenes Roboter-Ich weiter auf, »da ist man einmal weg, und schon machst du in Mode? Du fährst da mit bei den ganzen Kleiderständern?«

»Ja, ja«, stimmte ich mit ein, »und nicht nur das! Eine Lederjacke haben sie auch noch mit draufgelegt. So eine kurze, weißte? Die hinten nicht über die Hose reicht, wo immer so dämlich das T-Shirt rausguckt wie das letzte Blatt aus einem Serviettenspender – ist gerade Trend. Aber ganz ehrlich, fällt bei mir im Rolli nicht auf.«

»Haha, top! Wir feiern dich hier!«, kam aus Brasilien, ehe die Verbindung kurz einknickte. Was mir Zeit gab zu überlegen, woher die Herrschaften an der Copacabana überhaupt Wind davon bekommen hatten.

Als die Verbindung wieder stand, fragte ich: »Woher haben die Herrschaften an der Copacabana überhaupt Wind davon bekommen?«

»Dpa. Du warst eine Nachrichtenmeldung, Alter!«

Ach so? Okay. Ich kam mir vor wie ein tatsächliches Erdbeben. Eine Eilmeldung, die um die Welt ging. Achtung, Türke im Rollstuhl auf der *Berlin Fashion Week* gesichtet. Na, das war ja offensichtlich eine Meldung wert, sodass selbst die Kumpels in Brasilien aus ihrer Hängematte kippten! Wir blödelten noch ein bisschen herum, eher wir uns so herzlich verabschiedeten, wie es die Verbindung zuließ.

Der mangelhaft zugeschaltete Freund aus Brasilien war nicht der Letzte, der mich nach meinem wilden Fashion-Ausritt zu kontaktieren versuchte. Die abenteuerlichen Angebote flatterten nur so herein. Eine lokale Modenschau hier, eine Firmen-Abendveranstaltung da. Aber ich sagte alles ab – genau wie im ersten Moment die *Berlin Fashion Week*. Was sollte ich bei irgendeiner Eröffnung eines Möbelhauses herumfahren wie der schöne August, Sektchen schlürfen und Hände schütteln?

Das erstklassige Engagement in Berlin war ein Volltreffer gewesen, aus dem Nichts passiert, einfach so! Und zum Nichts wollte ich zurückkehren – was meine Modelambitionen betraf. Ich hatte ja nicht mal welche. Vor meinem geistigen Auge sah ich die flötende Modelagentin in ihren Privatjet steigen und davondüsen zu neuen Shows, zu neuen Cases, zu neuen Faces – aber ohne mich. Ich posierte in meiner neuen, zu kurzen Lederjacke zu Hause vor dem heimischen Spiegel, drehte den Rolli nach links und nach rechts, und war froh, dass kein Neider um die Ecke darauf wartete, dass ich den Weg frei machte.

»Gut gemacht, mein Sohn!«, ließ mich mein Vater über seine Zeitung hinweg wissen. Ich betrachtete ihn. Den blendend aussehenden alten Mann. Mein Vater ist Jahrgang 1939, aber das lässt er sich nicht anmerken. Immer gepflegt und akkurat, wie ein Hugo-Boss-Anzug, nur als Mensch.

»Sag mal, wie machst du das eigentlich, hier so zu sitzen in deinem Alter? Was ist dein Geheimnis?«, überfiel ich ihn. Er faltete seine Zeitung zusammen, überlegte, ob er meine Frage richtig verstanden hatte, und dann antwortete er:

»Na, ich will doch so lange wie möglich für dich da sein, hier!«

Ich fühlte ein ganz bisschen, wie mir das Pipi in die Augen einschießen wollte. Aber ich kniff es weg. Mein alter Herr und meine mit backsteinschweren Tüten vor der geschlossenen Tür ausharrende Mutter: Sie liebten mich wohl beide sehr. Und ich sie. So etwas in den kleinen Gesten des Alltags immer wieder urplötzlich festzustellen, das ist es doch, was das Leben ausmacht, oder?

Aber noch mal als Model im Rollstuhl? Na ja, wer weiß – vielleicht in einem anderen Leben.

Deutscher mit Motivationshintergrund

Sofia, die talentierte Fotografin, war nicht die Einzige, die mich vom Fleck weg für neue Aufgabengebiete engagierte. Der professionelle Basketballsport entpuppte sich als Plattform, über die verschiedenste Leute auf mich aufmerksam wurden. Ich kam aus dem Staunen nicht mehr heraus – und kaum noch dazu, zum Training zu erscheinen.

So fand etwa die Telekom, dass ich ihr Mann sei. Nicht, um als erster Türke im Rollstuhl Smartphones zu verticken, sondern um im Rahmen der Workshop-Reihe »Neue Sporterfahrung« den Rollstuhlbasketball an Schulen mit und ohne Inklusion in den Sportunterricht zu bringen.

»Aha, frei nach dem Motto, sind wir nicht alle ein bisschen behindert?«, scherzte ich beim Meeting mit der Telekom.

»So ähnlich. Aber eigentlich wollen wir den Kindern natürlich die Möglichkeit bieten, über ihren Tellerrand hinauszuschauen, und den Rollstuhl als ein Sportgerät vorstellen, das Spaß macht, anstatt ein Gegenstand zu sein, der einschränkt«, lautete die Antwort.

Eine großartige Idee, die klang, als wäre ich selbst darauf gekommen, und die mich deshalb logischerweise sofort überzeugte. Im sportverrückten Deutschland war es an der Zeit, dass sich was dreht, wie Herbert Grönemeyer gesungen hat – und zwar: das Rollstuhlrad! Und so wurde der Albtraum, der mehr Leute verfolgt, als man glaubt, wahr: Ich musste plötzlich wieder in die Schule gehen! Mit 33 Jahren!

Eine Gesamtschule in Hannover war meine erste Station. Und es war ein äußerst komisches Gefühl, plötzlich wieder in so einer typischen Schulturnhalle zu stehen. Die Umkleidekabinen, die Gänge, die Halle selbst – alles riecht identisch. Egal, in welche Schule man kommt. Oder nach wie vielen Jahren man wieder-kommt.

Doch allzu grausam gestaltete sich meine Rückkehr nicht – im Gegenteil. Ich war ja kein Schüler mehr, aber auch kein Lehrer. Mehr so ein Vermittler, eine Schnittstelle dazwischen. Mir schlug von allen Seiten Wohlwollen entgegen. Von den Schülern, weil sie keine normale Sportstunde machen mussten. Und von den Leh-rern, weil sie keine normale Sportstunde machen mussten.

Eine Win-win-Situation.

»Wir sind begeistert, dass Sie da sind, Herr Caglar«, begrüßte mich die Direktorin der ersten Schule, in der die Aktion stattfand. »Heutzutage sind viele Kinder durchgehend vom Sportunterricht befreit, oder sie fehlen einfach dauernd. Wenn sie links das Tablet haben und rechts den Big Mac, wie soll da noch Platz sein, die Beine in die Hand zu nehmen? Wir verzeichnen einen eklatanten Bewegungsmangel, gerade bei den Zehn- bis 15-Jährigen!«

»Und sobald sie hören, dass sie im Sportunterricht ausnahms-weise mal sitzen bleiben dürfen, sind sie überzeugt?« fragte ich grinsend.

»Ob Sie's glauben oder nicht: Heute fehlt kein einziger Schü-ler!«

Zack, da war er, der Druck. Ich kam mir nun doch vor wie der Neue in der Klasse. Gut, ich war knapp 20 Jahre älter als der Rest – aber es fühlte sich, verdammt noch mal, nicht so an, als ich wenig später vor die wartende Gruppe rollte.

Der gut gelaunte, weil für diesen Tag praktisch beurlaubte Sportlehrer machte mich mit den Schülern bekannt: »Aufgepasst, das ist Herr Caglar, aber ich glaube, ihr dürft ihn Tan nennen. Ihr habt's natürlich schon gesehen, etwas ist beim Tan ein wenig anders als bei euch?« Er blickte in die Runde.

»Ja – er zupft sich die Augenbrauen!«

Wuuums! Herzlich willkommen zurück an der Schule! Ein kleines Kerlchen im Bayerntrikot grinste sich einen Ast, begleitet vom lachenden Chor der anderen.

»Hör mal, weißt du eigentlich, was ich unten unter meinem Rollstuhl drunter stehen habe? ›Wer das liest, ist doof!‹ Glaubst du nicht? Kannst du gleich selbst nachgucken, wenn ich dich überfahre!«, wandte ich mich an den Frechdachs, der den falschen Verein liebte.

Ein zweites Mal Gelächter. Diesmal zu meinen Gunsten. Na, das Aufwärmen, das Kurven um aufgestellte Pylonen, konnten wir uns jedenfalls sparen – diese Kinder hier waren schon auf Betriebstemperatur. Mit viel Tamtam ging es in die vom Sponsor bereitgestellten Rollis. Manche Kinder sind ja heutzutage tatsächlich zu blöde, sich ohne fremde Hilfe auf ihren Allerwertesten zu setzen! Aber nach ein, zwei Minuten war es geschafft, dass sich alle in ihre Rollstühle gezwängt hatten. Und damit veränderte sich etwas: Als alle im Rollstuhl saßen, wirkte die Klasse auf einen Schlag viel homogener. Es war krass. Mädchen, Junge, Migrationshintergrund, kein Migrationshintergrund, Bayernfan, kein Bayernfan – vollkommen egal. Sie saßen alle zusammen das erste Mal in einem Rolli, sausten durch die Halle und hingen förmlich an meinen Lippen, wenn ich eine neue Aufgabe verkündete.

Diese verdammten Rollstühle? Sie schwächten die Unterschiede ab, sie machten die Kinder gleicher, ebenbürtiger. Und vor allem: Das war ein großer Spaß hier – und keiner kam zu kurz! Wer hätte das je vom Bockspringen behauptet?

Das Erlebnis in den Schulen motivierte mich dranzubleiben. Weitere Workshops mit anderen Partnern – wie zum Beispiel dem Deutschen Roten Kreuz – ergaben sich in den Monaten darauf. Ich tourte regelrecht durch die Republik und das benachbarte Saarland, um Leuten zu erklären, wie sie den Arsch hochbekamen – beziehungsweise eben nicht. So kam es auch, dass ich mich mit einem Mal im tiefsten Süden der Republik vor einer Gruppe steifer Anwälte wiederfand, die zu einem Seminar zusammengetrommelt worden waren. Anders als vor meiner allerersten Workshop-Stippvisite in der Schule hatte ich vor dieser Zusammenkunft miserabel geschlafen. Ich hatte mich von einer Seite auf die andere gewälzt: Was sollte ich irgendwelchen Anwälten erzählen? Wo ergab sich eine Schnittmenge von Erfahrungen?

Zu allem Überfluss war ich an diesem Morgen auch noch spät dran. Das Navi hatte mich an der Nase beziehungsweise um den Zielort herumgeführt. Ich irrte durch die Straßen des wie ausgestorben daliegenden Wohngebiets. Keine Menschenseele weit und breit. Bis ich schließlich, nur dem puren Zufall geschuldet, in die richtige Straße abbog und den Veranstaltungsort erreichte, kurz bevor man beschließen konnte, den Workshop mangels Dozent abzusagen.

»Na, Herr Caglar, den ganzen weiten Weg aus Hildesheim mit dem Rollstuhl angereist?« Der verantwortliche Chef, der mich gebucht hatte, versuchte sich an einem Witz. Ich versuchte, ihm mit einem Lächeln zu antworten – und scheiterte ebenfalls. Dann führte er mich zu den wartenden Anwälten. Die Stimmung war eisig. Hier hatte keiner Bock auf irgendwas. Ungefähr 30 Teilnehmer, die mich aus leeren Gesichtern anstarrten. Und ich sollte denen jetzt erzählen, wie man das Gemeinschaftsgefühl und die Gruppendynamik stärkt?

Aber »zum Glück« saß ich ja auch an diesem Tag im Rollstuhl. Und die Rollstühle für die Anwälte standen schon bereit. Die Besitzer der versteinerten Gesichter klemmten sich in die Rollis und rollten los – und prompt geschah dasselbe, was ich bei den Schülern beobachtet hatte. Ich konnte es kaum glauben. Die Atmosphäre wandelte sich in dem Augenblick, in dem auch der Letzte Räder unter dem Hintern spürte. Hierarchien? Vergessen. Berührungsängste? Verschwunden. Die Gruppe rollte kreuz und quer durch die angemietete Halle. Ich musste eigentlich nur »Guten Morgen!« sagen und den Ball reinwerfen. Danach war mein Job erledigt. Im Grunde war ich jetzt also ausgebildeter Sportlehrer.

Das Schwierigste an der Sache war am Ende, die Herrschaften zum Aufhören zu bewegen.

»Können wir nicht noch fünf Minuten?«, rief ein Mann Mitte 50.

»Und wenn nicht – verklagen Sie mich dann?«, fragte ich zurück.

»Sie verklagen? Als Türke und Rollifahrer? Wo denken Sie hin – ich bin Anwalt, kein Monster!«, japste er.

Und ich nahm seine launige Antwort einfach mal als Kompliment. Ich hatte ihn und die anderen in Windeseile dazu gebracht, so aus sich herauszukommen. Zum Abschied hatte der Chef ein echtes Lächeln im Gesicht. Glück gehabt, und damit: Nichts wie weg!

Als nächster Schritt folgten echte, also rein theoretische Seminare, die ich abhielt, ohne dass die Teilnehmer in den Genuss einer Rollstuhlfahrt kamen. Man hatte in mir, dem behinderten Leistungssportler, einen Motivationscoach ausgemacht, von dem ich gar nicht gewusst hatte, dass er in mir schlummerte. Okay, oder anders formuliert: Ein Veranstalter, der mich für einen Workshop gebucht hatte, konnte keine passende Halle finden. Gleichzeitig hatte er aber auch schon eine beachtliche Anzahl von Anmeldungen. Absagen kam für ihn demnach nicht infrage. Er rief mich an, um sich zu erkundigen, ob ich meine Geschichte, meine positive Einstellung und die daraus erfolgende Motivation nicht auch ohne Rollstühle rüberbringen könne. Ich war einigermaßen skeptisch.

Natürlich wollte ich der Einladung gern nachkommen – aber was sollte ich den Leuten erzählen? Bis dahin war der Kern der ganzen Veranstaltung ja gewesen, die nicht behinderten Menschen in den Rolli zu kriegen, um ihnen einen Eindruck davon zu vermitteln, wie es sich anfühlte, darin umherzufahren und dabei gleichzeitig einen Ball zu kontrollieren. Schon das war leichter gesagt als getan. Und zum Schluss sollte dann auch noch ein Spiel zweier Mannschaften dabei herauskommen, das vorzeigbar war. Dabei musste ich nie auf die Uhr sehen – die Zeit verging wie von selbst. Aber ohne Rollis? Das Publikum in Stuhlreihen und ich allein auf der Bühne davor? Da konnten schon fünf Minuten zu einer Ewigkeit werden.

Ich setze mich an den Schreibtisch und machte mich an die Recherche. Ich schaute mir Videos von Motivationsseminaren an, die es im Internet gab. Was machten die Kollegen? Entweder PowerPoint-Massaker oder ausladende Körpersprache, wie eins dieser flatternden Aufblasmännchen vor dem Autohaus. Sie lieferten eine echte Show, formulierten Leitsätze, die sie mantraartig wiederholten, und sprangen dabei auf der Bühne umher wie Rumpelstilzchen. Kam für mich eher nicht so infrage.

Ich stand vollkommen blank da. »Hi, ich bin's, der Tan.« Das war mein ganzes Manuskript. Der Rest hatte sich bisher immer von selbst ergeben.

Ich klemmte mich hinter den Schreibtisch, öffnete ein Word-Dokument und wartete darauf, dass mir ein paar markige Headlines zu meinem Thema einfielen. Zu irgendwas musste meine

Ausbildung doch gut gewesen sein! Was wollte ich den Leuten verkaufen? Was klang schneidig genug, damit es Aufmerksamkeit weckte?

»Sie drehen am Rad? Willkommen im Klub!«, tippte ich in das jungfräuliche Dokument hinein. Dann löschte ich die Zeile wieder. Der gerade schwarze Cursor blinkte mich erwartungsvoll an. »Das kannst du besser«, schien er in Morsezeichen durchzugeben. Aber da kam nix.

»Lebenslänglich sitzen bleiben! Tan Caglar berichtet aus der Schule des Lebens«, versuchte ich es erneut. Der Cursor blinkte empört. Ich löschte die Zeile noch schneller als beim ersten Mal. Ich bekam Panik, dass gleich Karl Klammer, die freundliche Büroklammer, aufploppen würde, um mich zu fragen, ob ich Hilfe benötigte. Denn das war offensichtlich. Meine Verzweiflung war so groß, dass sie die Klammer sicherlich aus dem Tiefschlaf reißen konnte, damit diese sich kurzerhand selbst in die neueste Word-Version hineinaktualisierte. Ich strengte meine Birne an. Was gab es denn für Motivationssprüche, die jeder kannte und die ich für meine Zwecke entlehnen könnte? Mit spitzen Fingern bearbeitete ich die wehrlose Tastatur:

»Du kannst alles schaffen, du brauchst nur genug Grip!«

»Wo ein Wille ist, da ist auch eine Rampe!«

»Rollstuhl? Tan passieren!«

Entnervt klickte ich auf das kleine Kreuzchen oben rechts in Word. Ein Hinweis informierte mich: »Wenn Sie jetzt schließen, gehen nicht gespeicherte ...« Ja, verdammt! Weg mit dem Scheiß!

Das brachte nichts. Mit dem Holzhammer erzeugte Sprüche brachten nichts. Ich sah mich selbst nicht als durchgestylten Edutainer, als fäusteballenden Motivationscoach – ich hatte bloß meine eigene Geschichte zu erzählen. Das war's. Aber ... vielleicht lag genau darin ja der Schlüssel?

Ich beließ es also bei der üblichen Vorbereitung, sprich: dem Skript »Hi, ich bin's, der Tan«, und ging das erste Seminar ohne Rollstühle so locker wie möglich an. Und es funktionierte! Ich brauchte mich gar nicht zu verstellen. Eigentlich setzte ich mich einfach vor die Zuhörer und erzählte geradeheraus aus meinem Leben. Um das Eis zu brechen, kamen die Absurditäten zuerst an die Reihe. Etwa die Tatsache, dass so ein Rollstuhl im Alltag auch viele Vorteile mit sich bringt. Und schon genoss ich die volle Aufmerksamkeit der Anwesenden. Kostprobe gefällig?

Der Rollstuhl macht mich zum Beispiel viel jünger, als ich bin. Doch, tatsächlich! Ich bin 38, aber viele Fremde reden mit mir wie mit einem Kind. Sie sehen den Rolli und denken automatisch, der Kerl darin habe bloß Smarties im Kopf anstelle von Gehirnzellen. Wenn sie wiederum ein Kind dabeihaben, tue ich dafür als Revanche gern so, als hätten sie ein Baby dabei.

Dann schnallen sie's – meistens.

Einmal hielt mir eine Mutter, Kategorie »*Desperate Housewife*«, mit ihrem etwa 15-jährigen Sohn in Hildesheim vor *Kaufland* an der Rampe unaufgefordert ihr ausgeleiertes Dekolleté mitten ins Gesicht. Es gibt ja diese Menschen, die die angemessene Distanz, die man bei einem Gespräch für gewöhnlich einhalten sollte, vollkommen falsch abschätzen.

»Hör mal, du, soll ich dich nicht lieber schieben, das ist doch viel zu steil für dich, hm-hm?«, dröhnte sie mir mit ihrer tiefen Stimme übermütterlich ins Ohr.

Ich fühlte mich ganz und gar nicht wohl bei der Sache und erwiderte: »Nein danke, sparen Sie Ihre Kräfte. Der Kleine muss ja nachher noch gestillt werden, und wie ich sehe, fahren Sie auf dem letzten Tropfen!«

Wie gesagt, sie schnallen es – meistens.

Okay, *sie* schnallte es nicht. Und ich habe seitdem wegen sexueller Nötigung Hausverbot bei *Kaufland* – aber das ist nun wirklich eine andere Geschichte.

Nicht nur bei den Seminaren, aber gerade auch dort zeigten sich die Leute neugierig und verwundert, wenn der liebe Herr Rollifahrer mal ausnahmsweise nicht klischeemäßig nett daherkam und -redete. Ich konnte die Leute förmlich denken hören: Wie jetzt? Er ist gar kein Opfer? Er kann auch austeilen? Ja, natürlich. Und gemeinsam mit dem Publikum wollte ich gern der Frage nachgehen, woher diese grundsätzliche Annahme kam. Warum müssen denn alle immer klein, brav und sympathisch sein, die Räder an den Hacken haben?

Segwayfahrer sind doch auch sch***! Denn ebenso wie das Liegefahrrad wurde auch das Segway vom lieben Allah nur erfunden, damit Rollstuhlfahrer auch mal was zu lachen haben! Wenn ich einen dieser Asphaltkasper, dieser hüftsteifen Sightseeing-Zombies so körperklausmäßig leicht vornübergekippt an mir vorbeibrausen sehe, denke ich immer: Ach guck – ist doch gar nicht so schlimm, dass ich nicht stehen kann. Wozu noch schwimmen mit Delfinen, um mich gut zu fühlen, wenn ich auch einen Tag lang mit einer Gruppe Segways mitfahren kann?

Diese humorvoll dargebotenen provokanten Alltagsbeobachtungen verfehlten ihre Wirkung auf die Seminarteilnehmer nicht. Sie waren meine Eisbrecher. In dieser Atmosphäre ließ sich ganz unbekümmert und frei von der Seele weg über mein Leben sprechen – und über das Ziel, sich niemals unterkriegen zu lassen. Die Leute waren entweder mucksmäuschenstill und folgten konzentriert meinen Ausführungen, oder sie lachten herzlich über die Gags, mit denen ich meinen Vortrag anreicherte, um die fast unheimliche Stille aufzubrechen.

Von der Belegschaft eines Friseursalons bis zur Firmenveranstaltung eines großen Elektronikfachmarkts war wirklich alles an kritischem Seminarpublikum dabei, was man sich so vorstellen kann. Und aus dem anfänglichen Desinteresse vereinzelter Teilnehmer, denen vielleicht durch den Kopf ging, sie könnten jetzt auch schon genauso gut Feierabend haben, wurde meistens rege Beteiligung: Indem ich das Publikum aufforderte, selbst von Erfahrungen mit behinderten Menschen oder persönlichen Lebenskrisen zu berichten, entfaltete sich über die Dauer des Seminars ein echtes Gemeinschaftsgefühl.

Das Kontroverseste, das ich dabei zur Diskussion beitragen konnte, war die unumstößliche Tatsache, dass mich mein Schicksalsschlag dazu gebracht hatte, Profisportler zu werden. Eine Begebenheit, welche die Leute ein ums andere Mal in ihren Bann zog. Und ich war froh, ihnen vermitteln zu können, dass nicht automatisch alles vorbei ist, wenn man mal in eine wirklich aussichtslos scheinende Situation gerät.

Was die Leute preisgaben, indem sie entweder von sich selbst oder von Freunden und Bekannten erzählten, konnte ich wiederum mitnehmen ins nächste Seminar. Mit der Zeit hatte ich einen ganzen Katalog an Einzelschicksalen, aus denen die Betroffenen das Beste herausgeholt hatten und die ich alle als positive Beispiele anführen konnte. Und gegen Ende jedes Seminars erfüllte mich stets das befriedigende Gefühl zu wissen, dass die Teilnehmer Rollstuhlfahrer ab sofort mit anderen Augen sehen und sicherlich an unser Aufeinandertreffen zurückdenken würden, wenn sie einem begegneten.

Kohlemäßig kam bei der ganzen Sache für mich kaum mehr herum als eine Aufwandsentschädigung, für die ich mir ein schickes Signalfähnchen für den Rollstuhl gönnen konnte. Dafür tat es mir gut, in unmittelbaren Kontakt mit Menschen zu kommen – und zwar mit so vielen wie noch nie zuvor in meinem Leben. Es war die Fortsetzung der Gesprächstherapie mit anderen Mitteln. Je öfter ich mich selbst meine Geschichte erzählen hörte, desto wohler fühlte ich mich in meiner eigenen Haut.

Das gesamte Seminar und auch die motivierende Wirkung auf mich und andere entstanden einfach und direkt aus mir selbst heraus. Es war meine Geschichte. Aber wollte ich das alles, mit allen pikanten privaten Details, wirklich erzählen, ein ums andere Mal? Da es nicht nur mir selbst weiterhalf, sondern ganz offensichtlich auch den Zuhörern, lautete die Antwort: Ja, auf jeden Fall!

Am Ende quittierten die Leute meine Ausführungen mit regelrecht enthusiastischem Applaus. Im Anschluss folgte dann gern noch eine offene Fragerunde, in der ich die Teilnehmer gar nicht groß anspornen musste – die üblichen Fragen kamen beinahe wie von selbst aus ihnen herausgeschossen, als hätten sie bloß bis zum Schluss darauf gewartet!

»Darf man betrunken Rollstuhl fahren?«, wollte einer wissen.

»Nein«, entgegnete ich, »da hält einen die Polizei an, und dann muss man zu Fuß weiterlaufen!«

So ging das oft noch eine Viertel- oder halbe Stunde lang. Mir wurde klarer und klarer: Humor war das perfekte Vehikel, um eigentlich unhandliche Inklusionsthemen zu transportieren. Wenn die Leute mitbekamen, dass ich nicht bierernst daherredete, sondern auch über meine eigene Geschichte lachen konnte, dann förderte das den allgemeinen Austausch und das individuelle Erlebnis des Seminars ungemein.

Nach einem Vortrag kam irgendwann jemand auf mich zu. Ich weiß gar nicht mehr, in welcher Stadt es war. Aber ich habe bis heute nicht vergessen, was er mir zu sagen hatte:

»Herr Caglar, danke für Ihren Beitrag heute – das war zwischendurch ja reine Comedy!«

»Ach, ehrlich?«

»Ja, Sie kommen mit Ihren Themen ganz natürlich rüber und bringen die Leute auch noch zum Lachen. Aber nicht mit der Brechstange, man nimmt es Ihnen einfach ab, was Sie da tun.«

»Wissen Sie, das ist auch keine Verkleidung mit der Karre hier«, ich drehte mich im Rolli geschickt nach links und rechts, wie ich es auf der *Fashion Week* gelernt hatte, »ich ›lebe‹ meine Rolle, könnte man sagen! Beziehungsweise, ich rolle mein Leben.«

»Ganz genau das ist es, was ich meine. Sie könnten doch auch ein größeres Publikum unterhalten, denken Sie nicht?«

Tja. Dachte ich das?

Bei Yvonne damals hatte es ja irgendwie funktioniert. Und hier versprühte und verspürte ich auch gute Laune. Aber wollte und sollte ich meine Möglichkeiten diesbezüglich ausbauen? Nächster Halt: Comedy-Auftritt?

Nun, dazu muss ich etwas weiter ausholen.

Stand-up-Comedy – jetzt neu im Sitzen!

In der Reha war ich ja – zwischen Gummiball und Sprossenwand – Fan des Klimmzugs geworden. Die Herausforderung, das
Kinn an die Kante zu kriegen, hatte den Gorilla in mir herausge-
lockt. Scheitern gab's nicht – und wenn ich dabei brüllen musste
wie ein Silberrücken bei der Revierverteidigung. Ich zog mich
hoch. Weil ich auch danach bei dieser Trainingsmethode geblieben war, hatte ich meine Routine erweitert und probehalber den
Basketballrollstuhl dazugenommen. Ich konnte mir das Sportgerät mit einem Gurt um die Hüfte schnallen, sodass ich im Rolli sitzend Klimmzüge machte.

Warum?

Weil ich es konnte.

Und weil ich einfach blöde genug war, es auszuprobieren.

Amüsierte Mannschaftskameraden hielten bei einer Trai-
ningseinheit die Kamera drauf – und schon stand der Klimmzüge
machende Rollitürke im Netz. Diese Rubrik war bis dahin spärlich
bis gar nicht mit Content gefüttert worden. Für mich persönlich
vollkommen unverständlich! Warum war da noch niemand vor
mir draufgekommen? Das Video sammelte jedenfalls fleißig
Klicks. Und irgendwo in dieser Republik saß ein anderer Türke vor
dem Bildschirm und fand meine Aktion so bemerkenswert, dass
er zum Telefonhörer griff. Oder besser, zum Telefonhörer greifen
ließ.

Eine Dame aus dem Produktionsteam der Sendung *Bülent und
seine Freunde*, mit Bülent Ceylan als Gastgeber, fand meine Nummer heraus und lud mich ein, Gast zu sein in der Rubrik »Tolle
Türken«, um dort die ganze Nummer noch einmal vor großem

TV-Publikum vorzuturnen. Mir war es, wie gesagt, inzwischen nicht mehr ganz fremd, dass mich diverse Leute kontaktierten, um abseits des Basketballfeldes verschiedenste Dinge umzusetzen. Aber dass das Fernsehen anrief, um mich zu einer Showaufzeichnung einzuladen, das war dann doch noch mal eine ganz andere Hausnummer!

Mein erster Reflex: absagen! Was, wenn ich vor Aufregung keinen einzigen Klimmzug hinbekäme? Festgewachsen am Boden, als sei der Rollstuhl solide verschraubt? »Schwachsinn!«, meldete sich der Trainingsgorilla. »Die wollen mich an der Reckstange hängen sehen? Können sie haben!«

Und schon war ich auf dem Weg nach München, wo mein Gastauftritt aufgezeichnet werden sollte. Fühlte sich ähnlich an wie die Reise zur *Berlin Fashion Week*. Mit dem kleinen, aber feinen Unterschied, dass ich diesmal flog. Meistens nehme ich das Auto oder die Bahn, oder beides, wie beim Autozug nach Sylt. Fliegen läuft für mich nämlich nicht wie für alle anderen. Klar, ich rechne mir die nötige Ankunftszeit aus wie jeder andere. Ich ärgere mich über die außer Kontrolle geratenen Gastronomiepreise am Flughafen wie jeder andere. Ich habe wegen des Klimas ein schlechtes Gewissen wie viele andere. Und ich suche vergeblich nach einer Ladestation für mein Smartphone wie jeder andere. Aber sobald es ans Einsteigen geht, weicht der Ablauf vom Gewöhnlichen ab. Ich werde nämlich ins Flugzeug eskortiert – und dazu nehmen sie mir vorher den Rollstuhl weg! Jedes Mal. Das ist Sperrgepäck. Als mir das zum ersten Mal widerfuhr, dachte ich: He, haben die mich gerade fett genannt? Ich hab eine schlanke Hüfte, und mein Rollstuhl ist ja wohl auch kein Traktor. Ich krieg damit in der Umkleidekabine bei H & M problemlos den Vorhang zu, das kann ja auch nicht jede Shoppingqueen von sich behaupten.

Der Mitarbeiter in seiner gelben Weste reagierte auf meine

Nachfrage ganz zuvorkommend: »Tut uns leid, Herr Caglar, das ist so vorgesehen, der Rolli passt beim besten Willen nicht als Handgepäck in den Flieger.«

Damit ich trotzdem ins Flugzeug gelange, platzieren sie mich stattdessen stets in so einem Teil, mit dem sonst höchstens der Vorarbeiter auf dem Bau Kies und Sand umherschiebt. Eine Schubkarre mit Eurowings-Aufkleber! Einmal schoss mir durch den Kopf: Tan, sei froh, dass es nicht regnet, sonst würden sie dich wohl für den Weg zum Flugzeug in einen Betonmischer stopfen.

Womit wir zum großen Vorteil bei der Sache kommen: Den Mitarbeitern der Airline ist wichtig, dass ich – in der Schubkarre – vor allen anderen im Flugzeug ankomme. Hauptsache, der Rollifahrer ohne Rollstuhl – was sich für mich im ersten Augenblick immer anfühlt wie Schildkröte ohne Panzer – sitzt im Flugzeug, ist angeschnallt und kann nicht mehr abhauen. Ich bin ja der Überzeugung, dass sich die Stewardessen anschließend jedes Mal ein High five geben: »So, der ist drin. Und jetzt wecken wir den Piloten!«

Der Nachteil für mich beim Fliegen? Aufs Aussteigen muss ich immer bis ganz zum Schluss warten. Ich komme als Allererster, wenn noch überhaupt nichts los ist, und bleibe bis ganz zum Schluss, bis sie mich zusammen mit dem Müll rauskehren wie einen übermotivierten Partygast. Man kennt ja diese Typen, die sofort nach der Landung aufspringen und sich in den Gang stellen. Mach ich nicht ... Ich bleibe brav sitzen, bis sie mich raustragen. Und das kann dauern. Manchmal vergessen sie mich auch ganz. Mein letzter Flug nach Istanbul ging Hamburg–Istanbul, Istanbul–Hamburg, Hamburg–Istanbul. Und das alles ohne Umsteigen!

Die Stewardess trällerte durchs Mikro: »Herzlich willkommen in Istanbul!«

Ich antwortete: »Sie wiederholen sich!«

Und sie kam angelaufen: »Oh! Das tut uns schrecklich leid!«

»Mhmpf.«

»Und wir dachten, heute fliegen aber viele Türken im Rollstuhl!«

Was war ich froh, endlich wieder in meiner Schubkarre zu kauern, um mich wie Bauschutt durch den Flughafen schieben zu lassen. Tja. Jedenfalls ist das der Grund, warum ich Flugangst kriege, sobald ich irgendwo *Bob der Baumeister* sehe.

Auf diese abenteuerliche Weise gelangte ich also nach München, checkte im Hotel ein und wurde für den Probedurchlauf abgeholt. Ab jetzt lief wirklich wieder alles wie in Berlin. Die TV-Welt war wie geschaffen für einen Rollstuhlfahrer! Herr Caglar hier, Herr Caglar da, wenn Sie mir bitte folgen würden, hier kommt das Ansteckmikro, hier kommt das Wasser – bitte, bleiben Sie ruhig sitzen! Im Fernsehstudio umsorgen sie dich wie einen Wachkomapatienten. Du musst überhaupt nichts mehr tun, außer stillzuhalten, während sie dein Gesicht abpudern, und zu lächeln, sobald es losgeht. Und ich war nicht allein in der Maske! Die weiteren Gäste der Sendung, neben Bülent als Gastgeber: Kaya Yanar und Stefan Raab. Letzterer war wohl der Quotendeutsche in der ansonsten türkischstämmigen Runde. Mein Aufeinandertreffen mit ihm, dem Godfather of Entertainment, dem Meister, dem Metzger unter den Sprücheklopfern, dem Idol seit Jugendtagen, werde ich nie vergessen.

Ich so: »Hallo!«

Und er so: »Hallo!«

Der Hammer. Stefan Raab! Schon wieder konnte ich nicht glauben, was mir widerfuhr.

Die anschließende Probe mit Testklimmzug verlief störungs-
frei. Ich spannte die Ärmchen an, zog mich hoch, machte meine
Übung, und niemanden interessierte es. Beim Fernsehen haben
sie einfach schon alles gesehen. Da fragt keiner nach, wenn plötzlich in der Ecke einer im Rollstuhl an der Reckstange hängt. Volks-
musik spielen, Schwiegertochter suchen, für die AfD sein – im
Fernsehen kannst du machen, was du willst, solange dein Ansteckmikro nicht verrutscht.

Später verfolgte ich die Aufzeichnung aus meiner eigenen Garderobe. Auf einem Bildschirm nahm das Treiben seinen Lauf, und
ich versuchte, nicht zu viele der bereitstehenden Häppchen zu ver-
schlingen, um nachher nicht zu träge zu sein. Je länger die Sendung lief, desto nervöser wurde ich. Also beschloss ich, ein paar
Liegestütze zu machen, um mich in Form zu bringen. Ich erhob
mich also kraft meiner Arme aus meinem Rollstuhl – ja, das geht
einfach so – und landete, abgestützt am Tisch und der Lehne des
Sessels, auf dem Boden, wo ich ein paar Liegestütze absolvierte.
Ich war gerade fertig und ruhte mich für einen Moment aus, als
die Tür aufflog. Darin stand eine Assistentin, für die sich folgendes Bild ergab: Die Garderobe war leer. Da standen nur ein Rolli,
ein Sessel und ein Tisch mit einem umgekippten Glas Salzstan-
gen darauf, welches ich bei meinem Ausstieg aus dem Rolli mit
dem Allerwertesten gestreift hatte. Erst als sie ihren Blick schweifen ließ, entdeckte sie den behinderten Türken, auf dem Boden in
der Ecke liegend.

»Oh mein Gott, Herr Caglar, alles in Ordnung? Fehlt Ihnen etwas?«

»Ja.«

»Was denn – was fehlt Ihnen denn?«

»20.«

»20 was?«

»Liegestütze!«

Ich rappelte mich auf, robbte zum Rolli zurück, genehmigte mir auf halber Strecke eine heruntergefallene Salzstange und wuchtete mich in mein Gefährt.

»Danke, alles bestens, ich wäre dann so weit!«, lachte ich die besorgte Assistentin an.

Ich wurde aus der Garderobe heraus ins Studio eskortiert, wo Bülent Ceylan kurz davor stand, meinen Auftritt anzukündigen. Meinen allerersten TV-Auftritt, mit Publikum im Studio und produziert für noch mehr Publikum vor den Bildschirmen! Ich hätte geschwitzt, wenn sie mich nicht so mit Make-up zugekleistert hätten. Ich bereute die Liegestütze. Würde meine Energie reichen? Aber da kannte ich den Trainingsgorilla schlecht.

» ... habe ich im Internet gesehen, mit einer unglaublichen Aktion, und deswegen heute hier bei uns bei den ›Tollen Türken‹: Tan Caglar!«, schloss Bülent seinen Monolog und ich rollte ins Sichtfeld der Kameras, geradewegs auf die aufgebaute Stange zu.

Es folgte ein etwa einminütiger Plausch mit dem Gastgeber, woran ich mich beim besten Willen nicht mehr erinnern kann. Ich hörte nur noch mein Herz pochen, wie es mir bis hoch in den Hals schlug. Kurz hatte ich Angst, der Tonmann käme im Laufschritt, gebückt wie der Glöckner von Notre-Dame, angehastet, um an meinem Ansteckmikrofon herumzufummeln, weil der Bass meines Herzens meine dünne Stimme übertönte. Aber nichts dergleichen geschah.

Dann kam der Augenblick, in dem ich den Gorilla von der Leine ließ. Ich ergriff die Stange und machte Klimmzüge, als hinge der EU-Beitritt der Türkei davon ab. Das Publikum applaudierte, die anderen Gäste applaudierten. Irgendwann ließ ich die Stange los und klatschte mit Bülent ab. Er setzte zu einem neuen, euphorisierten Monolog an, und ich hatte große Sorge, sein Redeschwall würde in eine weitere Frage an mich münden. Mit einem Puls wie Neil Armstrongs damals bei der Mondlandung hätte ich kaum noch etwas herausgebracht, was ohne Untertitel verständlich gewesen wäre. Aber mein Landsmann gratulierte bloß noch einmal in meine Richtung – und damit war der Spaß auch schon wieder vorbei. Ich rollte ins Off.

Hinter der Bühne erwartete mich schon die Assistentin, die wieder Farbe bekommen hatte: »Vielen Dank, Herr Caglar, toll gemacht. Ihr Fahrer steht auch schon bereit.«

»Okay, aber ich habe noch eine Sache vergessen.«

Ich fuhr mit dem Aufzug zurück in die Garderobe – und machte die letzten 20 Liegestütze. Damit war auch der Gorilla zufriedengestellt, und ich konnte das Studiogelände mit reichlich Endorphinen in der Brust verlassen. Ein verrücktes Gefühl, aufgekratzt, surreal. Schon im Auto fragte ich mich, ob ich gerade wirklich im deutschen Fernsehen Klimmzüge im Rollstuhl gemacht hatte.

So verlief mein erster TV-Auftritt, der mir einfach so widerfuhr. Nichts daran war geplant oder beabsichtigt. Es ging so schnell wie eine ambulante Operation. Und ähnlich viel habe ich auch noch davon behalten. Zu dieser Zeit hatte ich den Comedy-Gedanken noch längst nicht gefasst. Aber ich hatte eine Ahnung davon bekommen, wie es sich anfühlt, im Rampenlicht zu stehen.

Schweiß und Make-up. Das war Fernsehen.

Und eine Assistentin hinter jeder Tür.

Als ich zu Hause den Kühlschrank aufmachte, war ich ehrlich froh, in kein fremdes Gesicht zu blicken.

Das nächste Mal Fernsehen war noch eine Nummer größer – und es kam ebenso überraschend. Diesmal ging es nicht um einen Gastauftritt, sondern gleich um eine ganze Serie, in der ich für einige Folgen mitwirken sollte. Mein lieber Mann! Allerdings dürfte dieses Intermezzo an den allermeisten vollkommen unbemerkt vorübergegangen sein. Die Serie, um die es geht, kennt wirklich niemand weit und breit. Ich kenne jedenfalls niemanden, der sagt, dass er sie sich jemals angeschaut hat. Seltsam, dass sie nicht gleich wieder abgesetzt wurde. Na ja, sie fuhr ja lange Zeit beachtliche Quoten ein.

Die Serie, von der ich spreche, heißt *Hauptstadt, hell und dunkel*. Oder so ähnlich. Es kann auch gewesen sein: *Berlin – Tag & Nacht*.

Abermals begann alles mit einem Anruf. Eine Dame, eine Produktion, ein Datum für die Aufzeichnung. Fast glaubte ich, es wieder mit genau derselben Person zu tun zu haben, die mich zu Bülent Ceylan eingeladen hatte. Gingen Produktionsassistentinnen denn alle zum selben Sprachunterricht? So wie Fußballer, die auch alle immer den einen, identisch intonierten Text aufsagen? Auf meine Nachfrage verneinte die freundliche Frau, bestätigte aber, die Bülent-Show sei tatsächlich der Grund gewesen, dass man auf mich aufmerksam geworden sei. Vor meinem geistigen Auge sah ich, wie sich der Gorilla auf die Brust trommelte!

Vor meiner Zusage zum ersten Drehtermin sollte aber noch ein Kennenlerngespräch stattfinden. Also packte ich – als alter Showhase, der ich mit meinen eineinhalb gesendeten Minuten ja nun war – meinen Koffer. Der auch danach praktisch vollkommen leer war. Sie würden mir ja ohnehin alles anreichen, was ich benötigte.

Das Meeting fand im Konferenzraum der Produktionsfirma in Berlin statt. Anwesend war neben meiner Wenigkeit ein verantwortlicher Produzent. Und eine Assistentin. Natürlich. Ich verzichtete darauf, vor dem Gespräch aus dem Stuhl zu fallen und mich auf dem Boden aufzuwärmen. Stattdessen griff ich zu einem auf dem Tisch stehenden Wasserfläschchen, das sich nicht aufschrauben ließ. Ich nahm den Apfelsaft daneben, der sich ohne typisches Knacken des Deckels öffnete. Ich stellte den Apfelsaft weg und lehnte mich, so lässig es mir möglich war, zurück.

»Herr Caglar, schön, dass Sie da sind! Meine Assistentin hatte Ihnen am Telefon ja bereits ausführlicher geschildert, was wir mit Ihnen vorhaben«, setzte der Produzent an, der kaum älter als ich selbst sein konnte.

»Hmm-ja, hat sie!«, antwortete ich.

Hatte sie nicht.

»Das freut mich, dann ist ja so weit eigentlich alles klar, was das Fiktionale angeht.«

»Hmm-ja, alles klar!«, bestätigte ich.

Nichts war klar. Ich nahm stark an, ich sollte einen Türken im Rollstuhl mimen – aber darüber hinaus tappte ich vollkommen im Dunkeln. Ich hatte keinen blassen Schimmer. Aber nach der missglückten Flascheneinlage wollte ich mir keine weitere Blöße geben. Nach ein paar Minuten des Plauschens, das zu nichts Rechtem führte, wagte ich einfach den Sprung ins kalte Wasser: »Ich bin dabei, unter einer Bedingung.«

»Ja?«, der Produzent schien fast erleichtert, endlich Tacheles zu reden.

»Meine Figur soll einen Bezug zum Basketball haben, so wie ich im realen Leben. Ich würde gern vorführen, dass mit einem Rollstuhl nicht ausschließlich eine Benachteiligung einhergehen muss.«

»Ich wüsste nicht, was dagegensprüche ...?« Der Produzent blickte seine Assistentin an.

»Ich auch nicht. Finde ich gut«, stimmte sie zu.

Und damit war ich Teil einer der am wenigstens gesehenen und zugleich bekanntesten Serien im deutschen Fernsehen überhaupt. Die Aufregung in meinem Freundeskreis war – wie sag ich das ohne Übertreibung? – bombastisch! Einer aus Hildesheim, einer von uns, im Fernsehen bei *Berlin – Tag & Nacht*?! Ich blieb dabei noch vergleichsweise entspannt. Aber insgeheim staunte ich natürlich auch Bauklötze. Nie war es meine Absicht gewesen, im Fernsehen zu landen. Mein Fokus hatte immer auf dem sportlichen Erfolg gelegen, und dort hatte ich mich mächtig reinhängen müssen. Nur um immer wieder auf ähnlich dramatische Art und Weise zu scheitern wie der Kieferchirurg von Ronaldinho – beim Fußball, beim Tischtennis und beim Fußgängerbasketball, überall war ich abgeblitzt. Aber das Fernsehen, das ich überhaupt nicht auf dem Schirm hatte, das rief einfach so an und wollte mich haben. Wie viele Leute versuchten da reinzukommen, hatten den großen Traum von der TV-Karriere – und mir war es eigentlich egal, und ich roll-spazierte da einfach so rein? Verrückt, wie leicht die Dinge manchmal sein können, wenn man sie nicht mit aller Gewalt zu erzwingen versucht. Und wie schön, wer sich alles bei mir meldete. Die allerletzten Verbindungen, die während meiner depressiven Episode gekappt worden und noch nicht wieder heile waren, erlebten ihre Auferstehung. Ich war wieder voll und ganz zurück im Leben. Und das hatte noch ein bisschen was mit mir vor.

Nach dem ersten Kennenlernen in Berlin trudelten die weiteren Fakten ein. Mein Mitwirken in der Serie war auf zehn Folgen à 30 Minuten ausgelegt. Gedreht wurde fast ausschließlich in Berlin – aber das war's auch schon, was an der Serie echt ist. Fans wollen ja nur zu gern glauben, die Charaktere seien Originale, und das Drehteam halte bloß die Kamera drauf. Aber natürlich handelt es sich dabei um Laiendarsteller, die ein grobes Skript ihrer Rolle vorgegeben bekommen – und dann geht's los!

Meine Figur, Devin, 30 Jahre, Deutscher mit türkischem Migrationshintergrund und Rollstuhlfahrer, sollte bei einem Mädchen, Michelle, landen, das zunächst wenig von ihm überzeugt war. Erst als Devin sie mit zum Rollstuhlbasketball nimmt, erkennt sie sein wahres Potenzial und nähert sich ihm an. Im Übrigen sei vielleicht noch erwähnt, dass Michelle von einer schwarzen Darstellerin verkörpert wurde. Die Autoren hatten bei dieser Storyline mit uns beiden ganz besonders tief in die Randgruppentrickkiste gegriffen.

So weit, so schnell erzählt. Doch wer jemanden kennt, der jemanden kennt, der mal von einem gehört hat, der die Sendung gesehen haben könnte – aus Versehen –, der weiß: Bei *Berlin – Tag & Nacht* wird selbst das Rüberreichen des Salzstreuers an der Pommesbude zum großen Drama Hamlet'schen Ausmaßes aufgebauscht. Um ein Gespür für die Tonalität der Serie zu entwickeln, hier ein ganz klassischer Dialog – den ich aus Copyright-Gründen frei erfunden habe:

»Salz oder nicht Salz, das ist hier die Frage. Alter, gib mal den Streuer!«

»Ey, dir geht es immer nur um dich und deine Pommes, und ich bin gerade gut genug, dir das Salz rüberzureichen? Weißt du was, verpiss dich, Alter, pfui!«

»Was laberst du denn?«

»He, guck mir gefälligst in die Augen, wenn ich dich anspucke! Dein Ernst? Das war's mit uns!«

»Was? Nur wegen dem Salz?«

»Es geht nicht um das Salz, das Salz ist nur eine, wie sagt man, eine Allergie für das, was im Leben zwischen uns steht, weiß' was ich mein?!«

»Okay, okay.«

»Hast du verstanden?«

»Ja.«

»In echt!«

»Ja.

»Okay. Ich liebe dich!«

»Ich liebe dich auch. Gib mal das Ketchup!«

Und so sollte es naturgemäß ein langer Marsch werden, ehe ich – Pardon –, ehe Devin Michelle würde überzeugen können. Während Devin auf die zunächst unerwiderte Liebe von Michelle hofft, vertreibt er sich die Zeit damit, andere Mädels anzubaggern. Mit der Aufmerksamkeitsspanne eines Eichhörnchens fährt der schüchtern angelegte Typ, der es allerdings faustdick hinter den Ohren zu haben scheint, im Zickzackkurs durchs Drehbuch. Ihn zu verkörpern war eine amüsante, bekloppte, unnachahmliche Erfahrung. Einen anderen Menschen darzustellen gab mir ungeahnte Freiräume, aus mir herauszukommen. Vor der Kamera wurde ich einfach dieser Devin und hatte jede Menge Spaß dabei. Denn was er fabrizierte, konnte man mir, Tan, ja hinterher schwerlich anlasten.

Mit der Darstellerin der Michelle verstand ich mich einwandfrei. Spaßeshalber blieben wir bei Michelle und Devin, auch wenn die Kamera aus war. Wenn die Zeit ausreichte, sprachen wir bei einem Kaffee vom Catering die einzelnen Szenen durch, ehe wir sie drehten. Wir wärmten uns im Dialog-Sparring auf, sozusagen, um hinterher nicht zu gestelzt rüberzukommen. Das funktionierte mit den Drehtagen immer besser, und wir wurden ein richtiges Team, das sich nach den gelungenen Aufnahmen abklatschte. Ich begann, Michelle und den untreuen Devin ins Herz zu schließen, als seien sie zwei reale Freunde. Und so fieberte ich dem großen Finale beim Rollstuhlbasketball entgegen, als ginge es um eine wahrhaftige Liebesgeschichte.

Und da hatten sich die Macher der Sendung nicht lumpen lassen. Wir drehten komplett bei *Alba Berlin* in der großen Max-Schmeling-Halle. Nicht schlecht. Die Kulisse passte, die Atmosphäre war authentisch, sogar die Dialoge sprudelten aus uns heraus wie im wirklich wahren Leben.

So konnte Devin also Michelles Herz erobern. Und mir war es gelungen, Rollstuhlbasketball als große Nummer in die Sendung zu implementieren – anstatt als bemitleidenswerte Existenz daraus hervorzugehen. Mich machte das sehr, sehr glücklich. Dem Sport verdanke ich meine Genesung. Ohne Rollstuhlbasketball hätte ich von der Nacht nicht zurück in den Tag gefunden, wenn man so sagen will, und deshalb war es mir eine besondere Herzensangelegenheit, dem Sport – und allen, die sich dafür engagieren – durch die Präsenz bei Berlin – Tag & Nacht ein klein wenig zurückzugeben.

Aber damit sollte der eigentliche Spaß erst richtig losgehen. Plötzlich fiel nämlich sehr vielen Menschen wieder ein, dass sie die Serie ja doch schon mal gesehen hatten. Also manchmal guckten. Also immer. Auf der Straße wurde ich wie jemand angesprochen, der sich eine blaue Hose und ein gelbes Poloshirt anzieht und sich einen Tag lang bei IKEA reinstellt. Fremde Leute redeten auf mich ein, sobald sie mich entdeckten – beziehungsweise auf Devin. Irgendwann war ich fast so weit, einfach jedem Hallo zu sagen, dem ich begegnete, um ihm zuvorzukommen. Meine plötzliche Prominenz durchzog sämtliche Schichten: Vom Berliner Taxifahrer bis hin zum Kölner Taxifahrer befragte man mich, wie es denn mit Michelle laufe. Aber auch ein Apothekenbesitzer erkundigte sich einmal danach. Nicht selten kostete es einige Überzeugungsarbeit, mein Gegenüber davon abzubringen, in ihr und mir ein tatsächliches Pärchen zu sehen. Im echten Leben heiße ich ja Tan, bemerkte ich.

»Egal, kann sich ja eh keiner merken, wie ihr ganzen Türken heißt!«, lachte der freundliche ältere Herr.

Und da mein Rassistenradar bei ihm nicht anschlug, antwor

tete ich: »Da haben Sie recht, wir heißen wirklich nicht alle Hans oder Kunibald, so wie ihr!«

Der Apotheker giggelte in seinen Rauschebart hinein.

Zu der Sache mit dem Rassistenradar muss ich vielleicht eine etwas großräumigere Bemerkung anhängen: Als Mensch mit Migrationshintergrund entwickelst du automatisch einen sechsten Sinn, mit dem du eine fremdenfeindliche Person zumeist schon auf zehn Meter erkennst. Natürlich gibt es diese Extremfälle von Leuten, die dir vorkommen wie die geborene Unschuld selbst, und plötzlich lassen sie die Maske fallen und hauen dir Sprüche um die Ohren, dass dir Hören und Laufen vergeht! Aber dieses Phänomen gibt es ja selbst im erweiterten Bekanntenkreis, und da bist du dann ein Stück weit machtlos. Aber bei völlig Fremden habe ich nach wenigen Sekunden ein Gefühl dafür, ob jemand ein Problem mit mir hat, beziehungsweise mit sich selbst, oder ob derjenige bloß einen Scherz machen will. Und dann darf der Witz auch gern etwas gröber sein, solange klar ist, in welchem Kontext oder mit welcher Intention er gemacht wird.

Dabei habe ich zum Glück persönlich noch keine wirklich harte Ausländerfeindlichkeit erleben müssen. Egal, ob Russen, Italiener, Polen oder Deutsche: Ich beleidige niemanden!

Aber auch umgekehrt bin ich von drastischen Anfeindungen verschont geblieben. Mag sein, dass mir dabei der Rollstuhl eine Unterstützung ist. Wie schon erwähnt: Zwei Randgruppenattribute bringen die Leute durcheinander. Sie müssen sich für eines entscheiden. Und beim Randgruppenattributequartett sticht der Rollstuhl den Türken. Von Tan, dem Rollstuhlfahrer mit türkischem Migrationshintergrund, bleibt nur: Rolli-Tan! Harmlos wie eine putzige Figur aus einer Kinderzeichentrickserie. Diese Denke ist so simpel wie verblüffend. Aber sie scheint aufzugehen.

Damit wir uns nicht missverstehen: Mir ist bewusst, dass Rassismus kein erfundenes Schreckgespenst ist, von dem man sich hinter vorgehaltener Hand erzählt. Rassismus und Diskriminierung von Menschen aufgrund von Abstammung, Religion, Geschlecht, Sexualität oder Vereinsfarbe sind bittere und traurige Realität. In Deutschland und überall auf der Welt. Trotzdem will ich nicht verschweigen, dass ich als Mensch mit Behinderung insbesondere darauf reduziert werde und weniger mit Vorurteilen gegenüber meinem Migrationshintergrund zu kämpfen habe.

Man könnte also schlussfolgern: Rollstuhlpflicht für alle Migranten – und der Rassismus ist passé! Neukölln wird zum barrierefreien Naherholungsgebiet, und die rechten Hochburgen in Sachsen werden bunt statt braun. Aber so einfach ist es natürlich nicht. Die Ursachen für Diskriminierung werden stets in den Köpfen derjenigen bekämpft werden müssen, die sie ausüben – und nicht, indem man das Erscheinungsbild der diskriminierten Menschen umkrempelt.

Wie viele Hirnblockaden manche Menschen mit sich herumschleppen wie quer sitzende Fürze, erlebte ich einmal live und in Farbe bei einer Podiumsdiskussion. Die Idee hinter der Veranstaltungsreihe war, jeweils zwei möglichst konträre Weltanschauungen zusammenzubringen, um die voneinander abweichenden Standpunkte vor Publikum genauer auszuloten.

Ich saß bei einer der Veranstaltungen auf dem Podium – und mir gegenüber ein bekennendes AfD-Mitglied aus Dresden. Damit, dass sie ihm einen Migranten zulosen würden, hatte er wohl gerechnet. Damit, dass der im Rollstuhl auf die Bühne fuhr, wohl eher nicht. Ich konnte die Verwunderung in seinen Augen sehen, als wir uns begrüßten. Die Diskussion wurde von einem Moderator angeschoben, dann sollten wir selbst übernehmen. Doch es lief schleppend. Mein Gegenüber wich allen Fragen aus, die ich an es richtete. Die Kombination Türke plus Rolli schien zu viel für ihn zu sein. Leise summte ich in einer Pause, die mein Gesprächspartner machte, das Kampflied der sozialistischen Arbeiterbewegung, *Die Internationale*, vor mich hin, um ihm den Rest zu geben. Er geriet ins Stocken.

»Warum finden Sie denn, dass ich nicht deutsch bin?«, half ich seinen ins Wanken geratenen Ausführungen auf die Sprünge. »Ich bin doch in Deutschland geboren.«

»Ober Ihre Vörfahr'n, die gömm'n aus der Dürgei!«, protestierte er in breitestem Sächsisch.

»Das stimmt. Aber ich persönlich habe trotzdem den Eindruck, dass wir beide gleich deutsch sind. Vielleicht bin ich ja sogar noch deutscher, als Sie denken, vielleicht bin ich deutscher als Sie!«, stachelte ich ihn auf. Diese unverschämte Behauptung blieb nicht ohne Wirkung.

»Wie gömm'n Sie denn blöß darauf?«, eiferte er sich.

»Wie alt sind Sie denn?«, wollte ich wissen.

»32«, erwiderte er. Aha, ich hatte ihn altersmäßig also ungefähr richtig eingeschätzt.

»Sehen Sie«, ich lehnte mich zurück, »dann wohne ich schon mal drei Jahre länger in Deutschland als Sie!« Der arme Kerl, den Schlag wusste er nicht zu nehmen. Jetzt blieb mir nichts, als den Deckel draufzumachen.

»Ich würde mich sogar so weit aus dem Fenster lehnen zu behaupten, dass ich außerdem auch noch besseres Deutsch spreche als Sie!«, rief ich ihm zu.

Das Publikum applaudierte heftig, ein Orkan der vernichtenden Zustimmung für meine Sache erging über den Mann aus Dresden.

Als sich der Sturm gelegt hatte, fügte ich hinzu: »Das war diskriminierend. Dafür möchte ich mich entschuldigen. Sie können nichts für die Sprache, die Sie sprechen. Aber jetzt erfahren Sie auch mal, wie sich das anfühlt!«

Beinahe tat er mir leid. Aber nur beinahe. Er hatte sich offen zu seinen Ansichten bekannt – und ich zu meinen. Er vertrat die Position, dass Menschen wie ich keine Deutschen seien und doch dahin zurückkehren sollten, woher ihre Vorfahren gekommen waren. Er präsentierte die These, dass es zu viele Migranten in Deutschland gebe, und dabei kam er aus einem Bundesland mit einer bundesweit vergleichsweise geringen Anzahl an Mitbürgern mit Migrationshintergrund. Und er verstieg sich darüber hinaus zu der haltlosen Behauptung, »die Ausländer« seien an den größten Problemen in unserem Land schuld. So einem wollte ich keinen Raum geben. Und für Mitleid war da auch kein Platz. Unsere Podiumsdiskussion endete damit, dass der Dresdener aufstand und die Bühne verließ, ehe die vereinbarte Gesprächszeit vorüber war.

Nach Meinung des Publikums hatte ich meine Sache sehr gut gemacht. Wenn ich allerdings an mein Gegenüber dachte, war ich mir ziemlich sicher, dass ich nicht viel zur Annäherung hatte beitragen können. Der Kerl würde wohl schnurstracks zu seinen gleichgesinnten Freunden rennen und sich dort vermutlich ganz gehörig auskotzen über den Kommunisten-Türken im Rolli, den man ihm vorgesetzt hatte. Und falls ihn einer fragte: »Warum hast du denn nicht mehr dagegen unternommen?«, dann würde er wohl antworten: »Was sollte ich denn machen? Die waren zu dritt!«

Ich konnte über den Typen lachen, aber er selbst konnte es vermutlich nicht. Das ist das Seltsame daran. Er schleuderte mir in aller Öffentlichkeit Anfeindungen entgegen. Machte keinen Hehl daraus, dass es ihm besser gefiele, wenn ich das Land verließe und alle mitnähme, die aussehen wie ich. Kurz, er warf mir nicht zu rechtfertigende Ungeheuerlichkeiten vor die Füße. Aber sobald er Gegenwind bekam, und sei es in Form von ein bisschen Humor, hörte für ihn der Spaß auf. So konnte es natürlich keine Basis geben, um auf gleicher Augenhöhe unter zwei Erwachsenen zu diskutieren und um sich konstruktiv zu streiten. Ich hatte zwar einen argumentativen Sieg errungen, aber gleichzeitig nicht erreicht, dass die Fronten hinterher weniger verhärtet waren als zuvor. Und das bedauerte ich sehr. Allein, an dieser grundsätzlichen Verhärtung der Situation lässt sich wohl schwerlich etwas ändern. Man kann sich zwar auf den jeweiligen Gesprächspartner einstellen, aber man muss sich vermutlich von der Vorstellung verabschieden, allzu versessen auf ihren Ansichten beharrende Menschen umstimmen zu können.

Der kauzige Apothekenbesitzer jedenfalls kam ganz sicher nicht aus der rechten Ecke, sondern wollte mich mit dem gewürzten Spruch bloß ein wenig aus der Deckung locken. Und da wir uns eh gerade so nett unterhielten, nahm ich das zum Anlass, bei ihm auch einmal nachzubohren:

»Warum gucken Sie als studierter Mensch denn eigentlich *Berlin – Tag & Nacht*, wenn ich fragen darf?«

»Sind hübsche Mädels dabei!«, platzte es aus ihm heraus.

Na also. Eine Erfahrung, die ich auch schon häufiger gemacht habe. Spricht man offen und »frei nach Schnauze« mit den Leuten und weiß einen herausfordernden Spruch angemessen zurückzuspielen, dann halten sie sich mit der Wahrheit nicht mehr großartig zurück. Die Mädels, also, und der Apotheker, na guck.

Ein anderes Mal, in einer Shopping Mall, kam ein junges Pärchen auf mich zu. Sie kannten die Serie – das konnte ein Blinder erkennen. Für sie war *Berlin – Tag & Nacht* praktisch geschrieben worden. Und gleich ging's los:

»Hey, bist du nicht ...«

»Jepp, bin ich!«, verkürzte ich den Einstieg, den ich x-mal mit den unterschiedlichsten Leuten durchgespielt hatte. Allerdings war ich nicht gefasst auf das, was danach kam!

»Ach krass«, meinte er, »aber sag mal, sitzt du denn im echten Leben auch im Rollstuhl?«

Ich blickte ihn fragend an – aus meinem Rollstuhl.

»Hä? Na klar!«, sprang sie mir zur Seite, »sonst wäre er doch nicht jetzt auch im Rollstuhl?!«

Ich sah das Lichtlein hinter seinen Augen erlöschen. Und wollte ihn nicht als den Blöden in der Runde zurücklassen. Also erklärte ich: »Nee, du hast recht. Ich will mich nur richtig auf meine Rolle vorbereiten – deshalb sitz ich hier im Rollstuhl!«

Das Licht ging wieder an. »Ah, korrekt, das ist ja cool, dass du das so ernst nimmst!« Und damit setzte er sich in Bewegung. Ich zwinkerte ihr noch kurz zu, dann rollte ich in die andere Richtung davon. Voll in meiner Rolle. Und meinem Rolli.

Ein paar Monate später, die Folgen mit mir waren sämtlich ausgestrahlt, saß ich in einem Café und gönnte mir eine Shisha mit meinen Kumpels. Da stupste mich einer von ihnen an und deutete zu einem Felsen von einem Mann, der in unsere Richtung steuerte. Der Kerl sah aus, als hätte jemand die beiden Klitschko-Brüder zu einem einzigen Boxer zusammengemorpht! Ein Endgegner. Es war der große böse Bruder des Hulks, der da auf uns zustapfte. Ich blickte auf unsere Getränke – und wunderte mich, dass sie nicht mit jedem Schritt des Riesen vibrierten.

Es wurde spürbar dunkler im Raum, was bedeutete: Der Koloss musste jetzt unmittelbar neben mir stehen. Ich sah zur Seite, das Kinn hinter der Schulter verborgen, und zog die Augenbrauen hoch.

»Hey, du bist Devin, oder?« Seine Stimme klang wie Donnergrollen.

»Nein, ja, eigentlich heiße ich, ja – ich bin's!« Ich beschloss, den Muskelliebhaber nicht unnötig hinzuhalten.

»Darf ich mich setzen?«

»Äh, ja?«, fragte ich zurück, während der Kumpel neben mir aufsprang, um Platz zu machen.

»Hey, alles gut, ich nehm mir einen Stuhl von hier drüben«, beschwichtigte unser neuer Freund in der Runde den alten. »Ich wollte nur loswerden, dass ich selbst einen Bruder habe, der im Rollstuhl sitzt. Und er war immer der Außenseiter. Aber seit du im TV aufgetaucht bist, wird er plötzlich akzeptiert. Ganz im Ernst, die anderen nennen ihn ›Devin‹ in der Schule! Er gehört jetzt mit dazu. Du kannst dir nicht vorstellen, was mir das bedeutet für mein Brüderchen. Also, danke, Mann!« Er hielt mir die Pranke hin. Und ich schlug ein. Die Jungs sahen uns beide mit offenen Mündern an.

Okay ...?!

Die Rolle zu spielen war für mich kein lang gehegter Traum gewesen, der in Erfüllung gegangen war. Aber das jetzt?

Gänsehaut!

Das große Krabbeln auf Armen und Rücken.

»Ja – sehr gern. Danke dir für die Worte. Und viele Grüße an deinen Bruder.« Wir verabschiedeten uns, und ich blickte in die Runde. Und es war einer der seltenen Momente, in denen keiner von uns irgendeinen Stuss daherredete, sondern mich alle versonnen und fast verlegen anblickten. Als fiele den Jungs erst jetzt auf, dass einer von ihnen im Rollstuhl saß. Dabei kannten sie mich ja so.

Was der Typ im Rollstuhl allerdings jetzt auslöste – das war neu.

Ich hatte also bereits meine Erfahrungen mit dem Fernsehen gemacht und wusste, wie es sich anfühlte, Menschen zu berühren. Ich hatte in den Seminaren versucht, lustig zu sein – und auch damit oft ins Schwarze getroffen. Deshalb war der eine Gedanke irgendwann so weit gereift, dass ich ihn fassen konnte:

Warum nicht als Comedian im Rollstuhl auf die Bühne?

Okay, Gegenargumente gab es genug:

Weil ich überhaupt kein Material hatte!

Weil Leute zum Lachen zu bringen das Schwierigste überhaupt ist!

Weil ich doch froh sein konnte über das, was ich hatte. Warum jetzt schon wieder das Nächste?

Es hätte noch viele Gründe gegeben, es als fixe Idee abzutun. Aber ich wollte mich nicht mehr von dem Gedanken lösen. Es gab offenbar auch einen künstlerischen Gorilla in mir.

Comedians hatte ich schon viele im Fernsehen gesehen, und ein, zwei auch live. Aber ich war vollkommen ahnungslos, was die Vorgehensweise betraf, falls man selbst auf die Bühne wollte. Komiker – kann man das studieren? Oder vielleicht eine Ausbildung dazu machen? Und lautet die offizielle Berufsbezeichnung dann nicht: Busfahrer bei der BVG?

Keine Ahnung.

Aber: Selbst ist der Türke! Dazu kam der deutsche Drang zur Tat – und schon hing ich vor dem Laptop, um ein paar Comedians und ihre Managements zu googeln. Ich landete bei Serdar Somuncu. Dem Bluterguss unter den Comedians. Sprüche wie Kugeln aus der Gummigeschossflinte. Ein Genie. Und ein Wahnsinniger. Und dahinter steckt System. Oder zumindest ein Management, das ihn auf Tour schickt. Eine Agentur in Köln – der Schaltzentrale nicht nur des karnevalesken, sondern auch des allgemeingültigen Humors in Deutschland. Mit einem Telefonanschluss. Und – was für ein Zufall – ich besaß auch einen. Also wählte ich kurzerhand die Nummer.

»Agentur 190a, Oli Meske«, meldete sich eine hochdeutsche Stimme.

»Hallo, äh, ich bin der Tan aus Hildesheim, ich bin Rollstuhlfahrer und ich würde gern Comedy machen!«, sagte ich auf, was ich mir überlegt hatte.

Gefühlte 20 Sekunden lang hörte ich in ein leeres Nichts hinein, dann vernahm ich ein röchelndes Lachen auf der anderen Seite und stimmte mit ein.

»Da haben wir ja schon den ersten Gag!«, erklärte der Agenturchef Oli höchstpersönlich und musste husten.

Am Ende des vielleicht zehnminütigen Gesprächs vereinbarten wir einen Termin und trafen uns wenige Tage später in Köln in einer Bar.

Ich betrat neues Terrain; entsprechend unsicher fühlte ich mich. Oli wartete in der Kneipe schon in einer Ecke, begrüßte mich und bestellte einen Gin Tonic. Ich bestellte gleich einen hinterher – obwohl ich mit dem Auto da war!

In der Bar im typisch kölschen Viertel Eigelstein – denn in Köln ist jedes Viertel typisch kölsch – wiederholte ich innerhalb von zwei Stunden ungezwungenen Beisammenseins bei einem Gin Tonic plus zwei weiteren stillen Wassern eigentlich nur eines: Ich war Tan, Rollifahrer und wollte als Comedian auf die Bühne. Für mich sprachen die Seminare, weil ich damit nicht vollkommen ohne Bühnenerfahrung war, und die TV-Präsenz, die ich mitbrachte. Oli musste also nicht bei null anfangen – und so kamen wir ins Geschäft.

Es war 2016, ich hatte verschiedenste Ideen für Stand-up-Nummern im Kopf, aber noch überhaupt keine Erfahrung, wie man das alles auf die Bühne bringt. In den Seminaren war der Humor nettes Beiwerk gewesen, doch nun ging es darum, ihn zur Hauptsache zu machen. Natürlich wollte ich aus dem Leben eines Rollstuhlfahrers erzählen. Aber wo sollte ich ansetzen? Oli hatte mir mit auf den Weg gegeben, dass Dinge, die jeder kennt, es dem Publikum leichter machten, meine Gedanken aufzunehmen und einer lustigen Geschichte zu folgen. Nur, welche Dinge aus dem Leben eines Rollifahrers sollten das sein – die jeder kennt? Ich konnte mich ja nicht hinstellen wie Mario Barth: »Kennste, kennste, kennste?« In meinem Fall hätte es viel mehr gepasst, wenn ich mich hingestellt hätte mit: »Kennste nicht, kennste nicht, kennste nicht?«

Ich musste also rauf auf die Bretter, die die Welt bedeuten, und rausfinden, wie's geht: Wie reagieren die Leute, wenn ein Rollstuhlfahrer auf die Bühne kommt? Ernte ich Lacher oder Mitleid? Und wie komme ich überhaupt auf die Bühne, wenn der Klub – wie die meisten kleinen Theater – nicht bis auf den letzten Meter behindertengerecht ist? Fragen über Fragen.

Die erste Antwort erhielt ich in Berlin im berühmt-berüchtigten Comedy-Club *Kookaburra*.

Sie lautete: Lass es sein!

Es ging voll in die Hose.

Mit allem, was dazu gehört.

Etwa 20 Leute hatten sich an diesem Abend eingefunden, um sich von verschiedenen Kleinkünstlern bespaßen zu lassen. Es gab einen Zauberer und einen Jongleur – und einen Türken im Rollstuhl. Fehlten eigentlich nur noch die Seeelefanten! Moderiert wurde der Zirkus von einem lustigen Inder, Sanjay, zu dessen Markenzeichen es gehörte, während der gesamten Show auf der

Bühne an einem Schreibtisch sitzen zu bleiben. Ich war also wenigstens nicht ganz allein, als ich langsam unterging und mich aufzulösen begann wie ein Zuckerwürfel in schwarzem Tee.

»Hier ist Tan Caglar!«, rief Sanjay, und nach etwa sechseinhalb Minuten, die sich anfühlten wie ein ganzes Viertel beim Basketball, wiederholte er: »Das war Tan Caglar!«

Dazwischen leierte ich meinen Text herunter: Größtenteils Versatzstücke, die ich in den Seminaren eingestreut hatte. Hintereinandergereiht und aus dem Kontext gerissen, entwickelten die Scherze allerdings nicht den erhofften Punch. Ich wurde mit jeder Minute nervöser. Ich sah die Blicke der Leute und konnte sie förmlich denken hören: »Was soll das? Der funktioniert nicht.« Ich glaube, nur der Rollstuhl schützte mich an diesem Abend davor, dass jemand etwas Scheußliches reinrief, um mich endgültig zu vernichten.

So erzeugte man also Mitleid auf der Bühne. Check. Genau *so* ging es also schon mal nicht! Na ja, gut zu wissen. Aus Fehlern kann man lernen.

Im Auto, und später im Hotel, stand mir der Sinn allerdings nicht danach, noch irgendetwas zu lernen, das mit Comedy zu tun hatte. Du spürst, wenn du versagt hast. Und danach ist es nicht leicht, sich neu zu motivieren. Ich grübelte: Finger verbrannt, Junge, komm, lass doch gut sein!

Aber wie es das Schicksal wollte, hatte ich mir ja bereits einen Manager organisiert, und der machte seiner Berufsbezeichnung alle Ehre. Oli hatte direkt zwei weitere Auftritte für mich klargemacht. Diesmal ging es nach Hannover und Braunschweig zu *Desimos Spezial Club* – die Show hieß wirklich so, sie hatten sie nicht extra wegen mir umbenannt.

Hier warteten 250 zahlende Gäste. Im Backstagebereich lernte ich die Comedians kennen, mit denen ich in der Show auftreten würde, außerdem den Gastgeber Desimo. Das alles fühlte sich nach zweiter Chance an – und als ich hinter der Bühne wartete, spürte ich sie wieder: die Vorfreude.

Ich musste nicht da raus, ich wollte da raus!

In der Zwischenzeit hatte ich intensiv am Text gearbeitet. Es gab jetzt eine richtige Eröffnung, dann ein strukturiertes Set im Mittelteil, und einen sauberen Abschluss. Trotzdem war ich nervös wie mein Hildesheimer Lieblingsdönermann, wenn das Gesundheitsamt kommt. Ich quietschte mit den Reifen auf dem Boden und verpasste mir mit voller Absicht Elektroschocks an der Türklinke der Künstlergarderobe. Die anderen ließen sich ein Bier schmecken, und auch ich langte zu und stürzte das Gebräu hinunter, obwohl es sonst gar nicht das Getränk meiner Wahl ist.

Dann ging plötzlich alles ganz schnell. Desimo fand passende Worte, um die Leute auf mich einzustimmen: »Jetzt kommt einer, der mal nebenbei auf die Bühne will – er sitzt im Rollstuhl, und wo könnte er sich da besser ausprobieren als hier im Spezial Club? Einen großen Applaus für Tan Caglar!«

Ich schob mich auf die Bühne, hatte aber noch das fast leere Bier dabei, also klemmte ich es mir schnell zwischen die Beine. Da blieb es die nächsten acht Minuten über! Wie dumm sah das aus? Ein Rollifahrer mit einer praktisch leeren Flasche zwischen den Beinen – als hätte ich meine eigene »Notfalltoilette« mitgebracht? Aber es tat der Stimmung keinen Abbruch. Mein Set erreichte die Leute. Ich spürte kein Mitleid, ich erblickte nur lachende Gesichter. Am Ende gab es einen fetten Applaus!

Ich habe keine Ahnung, wie ich eigentlich von der Bühne gekommen bin. Ich fand mich irgendwann in der Garderobe wieder und hatte das nächste Bier angesetzt. Egal! Ich war vollkommen gelöst. Das hatte hingehauen! Hatte ich jemals überlegt, es nach *einem* Auftritt sein zu lassen? Pah, das konnte nicht ich gewesen sein. Diese Energie auf der Bühne! Du setzt einen Gag – es dauert einen Augenblick, und dann reagieren die Leute. Lachen, Klatschen. Diese Wirkung, die du da oben vor den Menschen erzeugst. Wenn du das einmal erlebt hast, bist du süchtig. Du willst immer mehr davon! So ging es mir jedenfalls.

»Hey, das mit der Flasche«, empfing mich Oli, der für meinen Auftritt extra aus Köln angereist war, »also – das würde ich weglassen!«

Der Boden hatte mich wieder. Guter Mann, kam direkt auf den Punkt.

»Ja, klar, das war ein Versehen!«, räumte ich ein.

»Und der Rest des Auftritts?«

»Das? Das war Absicht.«

»Okay, das war nämlich nicht schlecht für den Anfang! Darauf können wir aufbauen.« Wir nickten uns zu. Der Abend war für beide Seiten vielversprechend verlaufen.

Und darauf bauten wir wirklich auf.

Es ging alles unglaublich schnell.

Meinen ersten TV-Auftritt als Comedian absolvierte ich in der ARD bei *Nuhr ab 18!* mit Host Dieter Nuhr. Nicht Horst-Dieter Nuhr! Host – Gastgeber – Dieter Nuhr. Ich war also wieder in Berlin – und hatte hier noch etwas gutzumachen. Nur fünf Minuten blieben mir, wie jedem der auftretenden Gäste, um mich dem Publikum zu präsentieren. Ich hatte mein Set nochmals getrimmt. Offene Bühnen, bei denen jeder ans Mikro durfte, der sich rechtzeitig anmeldete, waren mein zweites Wohnzimmer geworden. Wo immer zehn Leute zusammensaßen, um sich comedymäßig entertainen zu lassen, wo immer im Anschluss an das Programm ein Hut für die Künstler rumging, reiste ich an. Im Hut lagen hinterher viele Münzen, nur wenig Papier, höchstens Sanifair-Bons – oder der Hut war ganz verschwunden. Aber auf diesen kleinen

Bühnen schulte ich mein Gespür für jeden einzelnen Gag, und was noch wichtiger war: fürs Timing. So gerüstet, enterte ich die TV-Bühne und briet der Kamera, die mich die ganze Zeit über close einfing, mein Set über! Bums, und schon war die Uhr runtergelaufen.

Ich war die gesamte Zeit in Bewegung gewesen, hatte mit der einen Hand das Mikro gehalten und mich mit der anderen geschmeidig wie eine Katze hin- und hergeschoben. Ob ich wollte oder nicht, der Drill auf der *Fashion Week* zeigte Wirkung. Ich hatte lupenrein performt.

»Mir gefällt deine Agilität!« Der berühmte Moderator der Sendung kam im Anschluss auf mich zu. »Das Hin-und-her-Fahren hat so gar nichts von Behäbigkeit, die man mit einem Rolli verbindet.«

»Ja, danke, ich hab Roma als Vorfahren – ich bleibe nie lang an einem Ort!«, witzelte ich mir zusammen. Einem bekannten TV-Gesicht persönlich gegenüberzutreten war jedes Mal etwas Besonderes. Da wollte ich natürlich möglichst eloquent rüberkommen, auch wenn das vielleicht bedeutete, meine Familiengeschichte umzuschreiben.

»Schöner Auftritt! Ich würde mich freuen, irgendwann mal einen Stand-up von dir zu sehen, der gar nichts mit deiner Behinderung zu tun hat«, gratulierte Dieter Nuhr mir noch, bevor er von anderer Stelle abkommandiert wurde.

Das war beachtlich. Ich war nicht nur als Comedian im Rollstuhl beim Publikum angekommen, man traute mir von höchster Stelle sogar einen Auftritt als Comedian ohne Rollstuhl zu, gewissermaßen. Oder anders: Dieter Nuhr schlug mich mit diesem Satz zum vollständigen Comedian-Ritter. So fühlte es sich jedenfalls an. Und das war allerhand. Wann immer jemand käme – und die

Zweifler, die Hater würden kommen –, um mich von der Seite an-zuquatschen:

»Was, du willst Comedian sein? Wer sagt das denn?«, dann würde ich mich an diesen Augenblick und dieses Gespräch mit Dieter Nuhr erinnern. Tan Caglar, Comedian. Ich konnte die Visi-tenkarten in Auftrag geben.

Der Auftritt bei *Nuhr ab 18!* hinterließ seine Spuren im Internet – bei YouTube hatte er rasch knapp eine Million Klicks, und Oli schleuste mich weiter zielstrebig durch die Comedy-Live- und ein paar TV-Shows der Republik. Es blieb ein wilder Ritt, eine Berg-und-Tal-Fahrt. Auf sensationelle Gigs folgten Auftritte, bei denen ich mir nicht sicher war, ob das Mikrofon überhaupt eingeschaltet war, so wenig Reaktion zeigte das Live-Publikum.

Ein Veranstalter hatte mich vorgewarnt: »Die Leut' finden's scho' luschtig, aber die können's halt net so zeige!«

Aha? Ich fand die Aussage albern. Bis ich mich auf der Bühne wiederfand. Von den Leuten kam: nichts. Bei den auftretenden Kollegen zuvor meinte ich, in der Garderobe Publikumsreaktio-nen vernommen zu haben. Aber jetzt? War ich unbewusst vom Deutschen ins Türkische gewechselt, wie es passierte, wenn ich mit Verwandten telefonierte? Hatte ich vielleicht den hiesigen Dorfhäuptling beleidigt, mit irgendeinem beiläufigen Spruch? Was war denn los? Eine Stimmung wie bei der Prostatakrebsvor-sorge! Mittendrin überlegte ich wirklich abzubrechen. Noch einen schönen Abend wünschen, und dann runter von der Bühne. Aber ich sah Olis Gesicht vor mir – würde er es gutheißen, wenn ich ei-nen der mühsam an Land gezogenen Gigs, die er mir blutjungem Newcomer beschafft hatte, einfach so abbrach, weil mir das Publi-kum nicht passte? Wohl kaum. Auch das gehört zum Arbeiten auf der Bühne – weitermachen und sich nichts anmerken lassen.

Nach dem Auftritt wollte ich mich verdrücken, doch der Veranstalter stand in meiner Garderobe.

»Herr Caglar, Sie könne net hinte 'naus, es wird noch nach Fottos verlangt!«, protestierte er, als er mich mit dem Autoschlüssel in der Hand antraf. Ich sah ein tapferes einsames Pärchen vor mir stehen, das sich auf ein Selfie hoffend noch eine halbe Stunde nach Veranstaltungsende die Beine in den Bauch stand.

»Okay, wer will denn noch ein Foto?«

»Alle!«

Ich fuhr ins Foyer – mit dem Rollstuhl, nicht mit dem Auto –, und es war brechend voll. Der Veranstalter hatte nicht übertrieben. Alle wollten ein Foto.

Und man ist ja auch deshalb Künstler, damit man seine Meinung um 180 Grad korrigieren kann, sobald einem auch nur der kleinste Funke Publikumssympathie entgegenschlägt. Hier wartete ein regelrechtes Feuer von Zuspruch auf mich. So kühl sich die Leute während der Vorstellung gezeigt hatten, so warmherzig waren sie jetzt. Das ganze Dorf schien entschlossen, nicht ohne Foto des fremdländischen Comedians nach Hause zu gehen. Herr Caglar hier, Herr Caglar da. Selfie um Selfie, Autogramm um Autogramm, bis mir die Hand wehtat.

Kurz – es war ein grandioser Abend! Von Anfang bis Ende! Wenn es doch immer so glattlaufen würde.

Und manchmal lief es tatsächlich so glatt, von der ersten Minute an. Die Chemie stimmte einfach an so magischen Abenden – als hätten alle die gleiche Pille eingeworfen. Da war dann eine Welle der Begeisterung – und ich konnte sie reiten, bis in die erste und zweite Zugabe hinein. Ich vergleiche diesen Zustand gern mit *Super Mario* und seinem Unsterblichkeitsstern. Du kannst den Gag falsch erzählen oder in der Mitte der Story ein komplettes Element vergessen, sodass die gesamte Nummer eigentlich keinen

Sinn mehr ergibt – die Leute brüllen sich trotzdem weg. Du bist unbesiegbar, das Publikum liebt dich. Und du denkst: Ich hab's verdammt noch mal drauf!

Da ist es fast gut, wenn danach ein Auftritt folgt, bei dem dich die Leute in der ersten Reihe anglotzen wie alte Autos, die auf die Schrottpresse warten. Das erdet dich. Und geerdet bin ich ja sonst eigentlich nie!

2017 hatten wir uns zum Ziel gesetzt, mich auf meine erste eigene Mini-Solotournee zu schicken. Sechs Termine fand ich in meinem Kalender, an denen ich ganz allein auf der Bühne sitzen und die Leute unterhalten sollte – ohne anheizenden Moderator, ohne lustigen Inder, ohne Netz und doppelten Boden.

In Celle spielte ich in einem aufgebauten kleinen Zirkuszelt mein allererstes Solo. Was nicht bedeuten soll, dass ich vollkommen allein da war. Etwa 60 Gäste hatten sich, auf Klappstühlen sitzend, im kuscheligen Zelt eingefunden, um mich zu sehen. Ich glaube, diesen 60 verdanke ich alle meine weiteren Soloauftritte – plus die, die in den nächsten Jahren noch kommen werden.

Es fühlte sich an, als hätte ich Geburtstag. Und sie waren die Gäste, die meiner Einladung gefolgt waren. Sehr deutlich erinnere ich mich daran, wie kümmerlich meine Geburtstage in den Jahren abgelaufen waren, als ich mich zu Hause mit meiner Depression verbarrikadiert hatte. Fünf Leutchen waren an meinem 28. Geburtstag erschienen. Bei ungefähr 25 verschickten Einladungen war das schon eine übersichtliche Quote.

Mich interessierte brennend, wer die Menschen waren, die nur meinetwegen eine Karte gekauft hatten. Hatte ich so viele entfernte Verwandte in Celle, von denen ich noch nie gehört hatte? Oder handelte es sich um eine Verwechslung? Vielleicht wollten sie einen der unzähligen anderen Türken im Rollstuhl sehen, die Comedy machten?

Nope. Sie waren wegen mir gekommen. Vor lauter Dankbarkeit vergaß ich ganz, nervös zu sein. Die vierte Wand, von der Theaterleute gern reden, wenn sie die imaginäre Abgrenzung zwischen Künstler und Publikum beschreiben – ich durchbrach sie von der ersten Minute an, weil ich mit den Leuten in den Dialog ging. Ich erntete so viele Lacher wie selten zuvor. Ich hörte mir an, was sie mir erzählten, und konnte fast bei jedem etwas Schlagfertiges erwidern. Es war praktisch eine Privatvorstellung, die sich so nicht wiederholen lässt – und ich war blendend aufgelegt.

So etwa nach einer halben Stunde fragte ich in die Runde: »Okay, gibt's denn sonst noch Fragen?«

»Ja«, meldete sich einer, »wann beginnt denn das Programm?«

»Haha! Ganz genau dasselbe habe ich mich auch gerade gefragt!«, sagte ich, während ich auf die Uhr blickte. Wir alle lachten. Wir waren wirklich wie eine verschworene Gemeinschaft.

Diese 60 vermittelten mir ein Gefühl davon, wie es ist, ganz auf der Bühne zu Hause zu sein, bei sich zu sein – und sich zusammen mit den Leuten tierisch einen abzufreuen. Nicht nur *für* die Leute Programm zu machen, sondern *mit* ihnen. Diese Symbiose versuche ich seitdem, jedes Mal zu erzeugen, wenn ich vor neuem Publikum aufspiele. Mal gelingt es, mal etwas weniger. Aber dank Celle weiß ich immer, wo ich mit den Leuten hinwill.

An diesem fantastischen Abend sollte ich später sogar noch in einem Klub landen, und das ist beachtlich, denn: Ich gehe nicht sonderlich oft in Klubs. Oder anders: Ich werde nicht sonderlich oft reingelassen. Warum sollte es mir da anders gehen als jedem anderen männlichen Partygänger mit Migrationshintergrund? Oft versuche ich es gar nicht erst. Die Enge auf den Floors, das Gedrängel an der Bar – alles nicht unbedingt das, was man sich unter einer idealen Umgebung für einen Rollifahrer vorstellt. Oder positiv formuliert: Mir kann es wenigstens nicht passieren, dass mich jemand von hinten überrumpelt und zum Tanzen aufs Podest hochzieht! Dafür sitze ich eine Etage zu tief, starre möglichst lässig vor mich hin und glotze den zappelnden Leuten in meiner direkten Umgebung notgedrungen wahlweise auf den Schritt oder auf den Allerwertesten. Um in Kontakt mit dem anderen Geschlecht zu kommen, gäbe es weniger hektische, privatere Möglichkeiten.

Einmal hatte ich Tinder ausprobiert. Bereits die Fotos stellten mich vor Probleme. Sollte ich welche mit oder ohne Rollstuhl auswählen? Mit Rollstuhl würde ich doch sofort nach links gewischt in der Tonne landen. Ohne Rollstuhl würde mir die Sache beim ersten echten Treffen um die Ohren fliegen. Ich entschied mich für Fotos ohne Rollstuhl, schrieb aber darunter: Ich bin nicht so der Typ, der dir hinterherrennt.

Wenn ich mich allerdings auf das Abenteuer Real-Life-Tinder einließ, also überfüllter Klub oder randvolle Bar, dann war es jedes Mal aufs Neue verwunderlich, wie offen Frauen auf mich zukamen. Doch, richtig, sie laberten mich unverblümt von der Seite an, als wären sie vom WWF und wollten eine Spende.

Und nicht nur das. In den Augen vieler Mädels bin ich offensichtlich kein Rollifahrer, ich bin eine mobile Sitzgelegenheit. Ich hatte schon mehr wildfremde Menschen auf dem Schoß als der Weihnachtsmann in der Hildesheimer Shopping Mall. Das muss man sich in der Praxis folgendermaßen vorstellen: Ein tanzendes Mädchen im Kleidchen oder Röckchen, oder was auch immer ich auf Augenhöhe habe, entdeckt mich, freut sich, kommt auf mich zu, und schwups sitzt es auch schon bei mir auf dem Schoß.

Also wirklich ganz schlimm.

Sexuelle Belästigung in ihrer abstoßendsten Form.

Zwinkersmiley.

Ich kann's an dieser Stelle nicht verleugnen: Wovon andere träumen, mir widerfährt es gelegentlich einfach so. Dass Frauen mich ansprechen, ist praktisch gar nicht zu verhindern, wenn ich mich unter feierwütige Leute begebe. Und dass eine darunter ist, die keine Skrupel hat, Körperkontakt aufzunehmen, gehört halt auch dazu.

So, und jetzt kommt's: Ich verstehe, dass da die wenigsten auf Anhieb ein echtes Problem ausmachen können. Aber wenn du es regelmäßig erlebst, dass jemand Wildfremdes es vollkommen normal findet, sich mitten auf dich draufzupflanzen, noch vor dem allerersten: »Hallo!«, obwohl die Person dir vielleicht gar nicht sonderlich sympathisch ist, dann stellt dich das vor ein zugegebenermaßen ungewöhnliches Problem, für das du kaum eine Selbsthilfegruppe wirst auftreiben können.

»Hilfe, zu viele Frauen sprechen mich an!« Google-Suche: keine Treffer. Stattdessen ein kursiv gesetzter, wohlwollender Verbesserungsvorschlag. »Meinten Sie vielleicht: *Hilfe, zu wenige Frauen sprechen mich an?*«

Nun bin ich, hochverehrte Leserinnen, der Letzte, der sich gegenüber weiblicher Zuneigung nicht erkenntlich und dankbar zeigen möchte! Ich verstehe bloß von Grund auf nicht, was da eigentlich ein ums andere Mal vor sich geht. Ich blick's einfach nicht.

Warum sind Frauen automatisch mindestens neutral, wenn nicht sogar eher aufgeschlossen und ausgesprochen kontaktfreudig gegenüber Rollifahrern im Nachtleben? Es dürfte doch hinlänglich bekannt sein, dass wir Männer nicht in den Klub gehen, um eine Dissertation über Barhocker zu schreiben! Manchmal muss ich regelrecht sehen, dass ich Platz schaffe, weil ich sonst gar nicht vom Fleck käme.

Einmal landete eine alkoholisierte Dame, die ich nur vom einmaligen Sehen kannte, mit viel Schwung plumpsackartig auf meinem Schoß, als ließe mir jemand einen mittelgroßen Sandsack genau auf die Kronjuwelen fallen. Ich wusste, ich musste sofort reagieren, noch bevor sie's sich richtig bequem gemacht hatte – oder ich würde den Rest des Abends als Sitzkissen herhalten müssen.

»Tan, du gehst mir jetzt schon die ganze Zeit ununterbrochen durch den Kopf!«, eröffnete sie mir.

Ich erwiderte – unmittelbar in ihr Ohr: »Na klar, in deinem Kopf ist ja auch sehr viel Platz!«

Und schon hatte ich meinen rollenden Platz wieder für mich allein.

Ich hoffe, das lässt mich jetzt nicht als schlimmsten Grobian dasitzen! Aber in diesem besonderen Härtefall wusste ich mir nicht anders zu helfen. Dass ich bis heute das Konzept Frau plus Rollifahrer im Klub schlichtweg nicht bis ins letzte Detail kapiert habe, das treibt mich um. Womit wir zwangsläufig bei Sigmund Freud landen, der einst in der ihm gegebenen Ausdrucksweise formulierte: »Die Frage bleibt, was will das Weib?«

Erliegen Frauen in Scharen dem Irrglauben, Rollifahrer seien abends *nicht* unterwegs, um Frauen abzuschleppen? Nur so viel: Ich kann nicht mehr laufen, aber wer hätte sich je beim Joggen fortgepflanzt? Liegen kann ich noch. Und die Teile an mir, die des Weiteren benötigt werden, um eine schöne Zeit zu haben, die können noch aufstehen.

So oder so – als Rollifahrer genießt du im Klub, auf dem Festival, bei dm, oder wo immer Leute zum Flirten zusammenkommen, einen Vorteil. Du erhältst eine Art Vertrauensvorschuss, dem du vielleicht gar nicht gerecht wirst. Und die allgemeine Mitteilungsfreude ist übrigens geschlechterübergreifend. Andere Männer im Klub kommen oft nicht weniger gut aufgelegt anspaziert:

»Finde ich super, dass du hier bist!«

Und das soll nicht heißen: Finde ich super, dass der Türsteher dich reingelassen hat! Auch über die tiefere Motivation solcher Bekanntmachungen habe ich mir schon ausführlicher den Kopf zerbrochen. Die grundsätzliche Absicht scheint hier in einer losen Verbrüderung zu liegen. Das männliche Schulterklopfen, ebenfalls unter zwei völlig Fremden, soll aussagen: Finde ich super, dass du trotz Rollstuhl nicht allein zu Hause hockst, sondern dich mit deinem Defizit in der Öffentlichkeit zeigst.

Manchmal, wenn ich zuvor beobachten durfte, wie derselbe Typ auf der Tanzfläche abzappelt, als hätte man ihn an eine Autobatterie angeschlossen, lasse ich mich dazu verleiten zu antworten:

»Danke! Und ich find's super, dass du dich ohne deinen Rollstuhl hierher traust!«

Mich ins Nachtleben zu stürzen ist also weniger unangenehm, als man vielleicht annehmen könnte. Da ist immer eine Menge los. Und natürlich wäre es gelogen, wenn ich behauptete, der ganze Zuspruch würde mir nicht schmeicheln. Allein, manchmal kann ich mich des Eindrucks nicht erwehren, die Leute sprechen eher mit meinem Rollstuhl als mit mir persönlich. Sagen wir es so: Der Rolli ist vielleicht der effektivste Wingman, den man sich vorstellen kann. An manchen Abenden, an denen ich es drauf anlegte, bin ich auch schon mal mit vier Telefonnummern nach Hause gegangen. Okay, die Visitenkarte des Taxifahrers miteingerechnet.

Um dem Mysterium des weiblichen Ansprechverhaltens auf die Schliche zu kommen, konsultierte ich bei einer Familienfeier meinen geschätzten Onkel. Er ist das, was man sich landläufig unter dem Paradebeispiel eines Lebemannes vorstellt. Kein Kind von Traurigkeit. Kein Kostverächter. Von Frauen umschwärmt.

Nah am Wodka gebaut. Die ganze Leier! Er ist einer dieser Menschen, die in ihrem Leben, würde ich schätzen, noch nie den obersten Knopf am Hemd zugemacht haben. Auch nicht bei der Hochzeit. Und mit der Rolle als Hauptdarsteller bei Hochzeiten kennt er sich aus.

»Onkelchen, was sehen die Frauen in mir? Ich versteh's nicht«, gestand ich ihm bei einem Drink, denn mir war bewusst, wie sehr er es mochte, wenn man direkt auf den Punkt kam.

Er ließ meine Frage wirken, als würde er sie erst einmal vorkosten wie den Probeschluck aus einem Glas Wein. Dann sendete er mir ein angetanes Lächeln: »Tan, mein Lieber, Rollstuhl hin oder her, du siehst nicht aus wie ein Putzlappen, im Gegenteil, und der ganze Rest ist dann erst mal egal.«

»Aha?«

»Was ich sagen will: Mach dir keine Sorgen, wenn sie dich ansprechen, dann kommen sie schon auch wegen dir.« Dabei zwinkerte er mir zu.

Das war Balsam für meine Seele. Auch wenn mir bewusst war, dass ein Kompliment aus der eigenen Familie, noch dazu von meinem leichtlebigen Onkel, mit Bedacht zu genießen war.

Die nächsten Male im Klub ließ ich den Gedanken zu, dass die Mädels vielleicht auch ein bisschen Interesse an mir als Person hatten, wenn sie das Gespräch mit mir suchten. Oder wenigstens an meinem nicht putzlappenartigen Körper!

Und so lauschte ich aufmerksam, was sie mir zwischen den Zeilen – und den Kurzen – offenbarten. Wenn einer im Rollstuhl saß, musste er schon viel durchgemacht haben. Er war als Charakter möglicherweise gefestigter als andere Leute. Das war ein Aspekt, der sich herauskristallisierte. Gleichzeitig wirkte ich durch meine nun mal für alle auf den ersten Blick offensichtliche Schwäche – meine etwas zu großen Schneidezähne – ungefährlich. Und dann war da ja auch noch der Rollstuhl. Ich war der einvernehmlichen Meinung nach ganz gut aussehend und interessant, aber niemand, dem man in der Offensive eine gefährliche Aktion zutraut. Ich war der Mats Hummels unter den Nachtschwärmern. Wobei, selbst der kriegt ja mal einen Ball an den Kopp, und dann ist er drin. Also Vorsicht, liebe Mädels!

Alles in allem kann ich mich also wohl kaum beklagen, was die Flirterei angeht.

Das sähe aber vielleicht etwas anders aus, wenn ich kein Mann wäre.

In Berlin unterhielt ich mich einmal im Rahmen einer größeren Feierlichkeit mit einer über-über-überdurchschnittlich gut aussehenden Sängerin. Ihre Aura war bemerkenswert, gleich einem undurchdringbaren Schutzschild, der sie umschloss – an dem kägliche Flirtversuche reihenweise verglühen mussten. Doch berichtete sie mir zu meiner großen Verwunderung, die Kerle unterschiedlichster Couleur redeten zuhauf auf sie ein, ohne Sinn und Verstand. Kerle, die nicht ansatzweise in ihrer Liga spielten, ja nicht mal in derselben Sportart. Die Männer kannten bei ihr gar keine Hemmungen. Sie schien eine offene Einladung für das andere Geschlecht zu verkörpern, und das kam mir irgendwie ein wenig bekannt vor.

Sie war blind.

Ihre besondere Kombination aus nicht zu übersehender Attraktivität und Schwäche lockte die Männer erstens an und ließ sie zweitens ihre Hemmungen über Bord werfen. Ich erlebte es selbst, wie es ein ungestümer Kandidat bei ihr versuchte, obwohl wir beide uns gerade unterhielten. Aber bei der Blinden und dem Krüppel konnte er es sich schon erlauben, ungehobelt dazwischenzupreschen und sie mit seiner Pranke am Arm zu berühren

mit der Absicht, sofort draufloszubaggern wie RWE im Hamba-
cher Forst.

»Es ist so schade, dass du dich in keinem Spiegel ansehen
kannst, so schön, wie du bist!«, wanzte er sich mit platt an die
Schläfen gegelten Haaren an sie heran.

»Danke! Und es ist so schade, dass kein Model ein Foto von dir
in der Tasche hat, dann bräuchte sie sich nicht den Finger in den
Hals zu stecken«, teilte sie ihm höflich mit, als hätte er sie nach
der Uhrzeit gefragt.

Der Typ verpuffte. Er zerfiel wahrhaftig vor meinen eigenen
Augen zu Staub. Sie besaß tatsächlich einen Schutzschild. Und
der war intakt.

»Entschuldige bitte«, wandte sie sich an mich, »ich bin ja nicht
prüde, aber es gibt einen Unterschied zwischen Flirten und Auf-
dringlichkeit, den viele einfach nicht zu kennen scheinen.«

Ich war beeindruckt von ihrer Resolutheit, und gleichzeitig ertappte ich mich bei dem Gedanken, dass ich es mit dem Hintern
auf Rädern ja eigentlich noch ganz gut getroffen hatte.

Immer tiefer steigerte ich mich in die Thematik hinein. Ich stand
kurz davor, die Klubs tatsächlich mit dem Ziel zu besuchen, eine
wissenschaftliche Arbeit anzufertigen. Und was es auf dem The-
mengebiet nicht alles bereits gab! Ich las vom sogenannten
»Wounded Soldier Syndrome«, das Frauen bezeichnet, die ihre
versehrt aus dem Zweiten Weltkrieg zurückgekehrten Männer bis
an ihr Lebensende pflegten, oder Krankenschwestern, die sich in
verwundete Soldaten verliebten. Es geht also um die häufig zu
beobachtende Zuneigung von Frauen gegenüber beeinträchtigten
Männern. Eine Art Helfersyndrom »with benefits«, wenn man so
will.

Die wichtigste Erkenntnis, die sich mir nach der ganzen Recherche zu dem Thema offenbarte, lautet: Ich hätte weniger Frauen kennengelernt und wäre weniger angesprochen worden, wenn ich nicht im Rollstuhl gesessen hätte. Das musste ich erst mal sacken lassen. Kurzfristig spürte ich eine Art Eifersucht auf den Rollstuhl – sofern man auf Gegenstände überhaupt eifersüchtig sein kann.

Ohne Rolli wäre ich nur der 2.478. Türke gewesen, der aus den Augenwinkeln die Mädels abcheckt, während er mit dem Mund vergeblich versucht, den Strohhalm im Glas zu erwischen. Aber wäre ich ohne Rollstuhl tatsächlich eine andere Person? Dieser Frage hing ich einige Tage lang nach, bis ich realisierte, dass das eine Sackgasse war. Ich beschloss, das Leben zu genießen, so wie ich war – und als der, der ich war –, und mir nicht über Hypothesen den Kopf zu zerbrechen, die sowieso nie wieder Realität werden würden.

Anders als im Klub legte ich es auf der Comedy-Bühne darauf an, im Mittelpunkt zu stehen und die Leute »anzusprechen« – im doppelten Wortsinn.

»Geil, dass du dich das traust!«, hörte ich auch hier oft. Aber das lasse ich nicht gelten. Jeder, der sich auf die Bühne wagt, hat Respekt verdient – egal, ob er Fußgänger ist, im Rollstuhl sitzt oder im Glitzerkleidchen von oben hereingeschwebt kommt.

60 bis 70 Prozent der Zuschauer in meinen Vorstellungen sind Frauen. Also in den realen Vorstellungen, im Saal – nicht in denen in meinem Kopf. Das mag daran liegen, dass die Mädels die Karten kaufen und entweder ihren Kerl oder ihre Freundinnen mitschleppen. Greift auch hier dieses ominöse Verletzter-nicht-waschlappenartiger-Soldat-Syndrom? Ich gebe zu, ich habe keine Ahnung. Ich weiß nur, dass ich mich wirklich über jeden und jede Einzelne freue, der und die sich zu mir ins Programm verirrt! Wer

da kommt und warum – auch darüber könnte man sicherlich eine soziologische Doktorarbeit verfassen.

»Du hast dieses gewisse Äußere, das ist gut auf der Bühne!«, raunte mir ein Kollege vertraulich zu. Auf der Comedy-Bühne gehe es darum, lustig zu sein. Wer von vornherein eine unorthodoxe Optik mitbringe, als könne er sich mit der Stirn vor einen Laternenpfahl stellen und trotzdem links und rechts vorbeigucken, der habe es leichter als einer, der aussehe, als wolle er jeden Augenblick Rosen an die wartenden Damen verteilen. Ja, Moment, was denn nun? Ich war verwirrt.

»Du hast dieses gewisse Äußere, das ist schlecht auf der Bühne!«, legte mir ein anderer Kollege dar. »Der Rollstuhl stiehlt dir die Show, lass den weg!«

»Äh, und das Türkischsein soll ich auch weglassen?«, hakte ich nach.

»Ja, sag, du wärst Portugiese, oder aus Aserbaidschan, oder aus dem Taka-Tuka-Land, das gibt's noch nicht in der deutschen Comedy!«, bekräftigte er meinen Vorschlag.

Ich packte meinen Rollstuhl und mein Türkischsein zusammen und ließ den Spinner stehen. Draußen auf der Straße schritt ich zur Tat. Ich rollte probehalber mit dem Kopf direkt vor eine Laterne und sah: null.

»Alles in Ordnung?«, fragte ein Passant.

»Ja, danke, hab nur die Kurve zu eng genommen.«

Ich kam zu dem Schluss, dass man, wie so oft im Leben, nicht zu viel darauf geben sollte, was andere einem alles erzählen, sondern den Dingen selbst auf den Grund gehen sollte. Vom allerersten Auftritt an – na okay, ab dem zweiten Auftritt, der nicht vollkommen in die Hose ging – wollte ich anschließend in Kontakt mit dem Publikum kommen. Mir wäre es seltsam erschienen, zwei Stunden lang auf die Leute einzureden, sie teilhaben zu lassen an meinem Leben und meinen Gedanken, und danach auf Nimmerwiedersehen zu verschwinden wie der It's-cool-man-Mann aus der Schokoladenwerbung. Geht's dem eigentlich gut? Hat den je einer wiedergesehen?

Die Stimmung bei den Autogrammstunden ist immer sehr herzlich. Es ist die dritte Halbzeit. Manche wollen nur ein Foto mit mir machen, andere wollen Autogramme für die ganze Großfamilie, und wieder andere Mädels haben großes Interesse daran, sich in ein längeres Gespräch mit mir zu vertiefen.

Meistens ist es so, dass ich nach dem Auftritt in derselben Stadt bleibe und erst am nächsten Tag weiterfahre. Für einen Plausch ist also häufig noch Zeit. Auffällig dabei fand ich von Anfang an, wie zugeneigt die Frauen mir auch hier wieder gegenüberstehen. Im Leben habe ich die Erfahrung gemacht, dass es Zeit braucht, bis sich zwei Menschen einander anvertrauen. Und bis der Rollstuhl für mein Gegenüber regelrecht unsichtbar wird und ich als Person in den Vordergrund rücke, bedarf es normalerweise einiger Treffen. Bei der ersten Begegnung mit Fremden bin ich immer der Rollifahrer. Also der Typ, der den Rollstuhl von A nach B fährt. Es fällt zuerst das Vehikel ins Auge, erst dann komme ich. (Auch das war bei mir übrigens genauso, als ich noch nicht im Rollstuhl saß.)

Bei den Autogrammstunden ist das ganz anders. Die zwei Stunden Programm haben eine Wirkung auf die Leute wie, sagen wir, fünf persönliche Treffen im Alltag. Außerdem haben sie vielleicht das ein oder andere Video gesehen. Sie haben das Gefühl, mich zu kennen. Und in Teilen trifft das ja auch zu. Ich packe mein Leben in das Comedy-Programm, ich erzähle von mir, und an den Auftrittsorten begegnen mir Menschen, die sich das anhören und sich dafür interessieren.

Ich habe also jedes Mal das bereichernde Gefühl, auf eine Art erweiterten Freundeskreis zu treffen. Umso schöner ist es dann, die Leute, die eine Karte gekauft haben, bei der Autogrammstunde wahrhaftig und persönlich kennenzulernen, und sei es nur für fünf Minuten. Und dann kann es auch passieren, dass es hier und da mal knistert. Und damit meine ich nicht, dass ich wie immer elektrostatisch aufgeladen bin.

Nach dem Auftritt ist es so: Ich begegne jeder Menge wildfremder Menschen, die mich aber alle schon kennen. Ich brauche mich gar nicht mehr extra vorzustellen. Das ist natürlich eine recht komfortable und schöne Situation. Die ganze »Arbeit«, die sonst im normalen Leben – ausgenommen die Klubs, wie besprochen – anfällt, das Überwinden der Behinderten-Nichtbehinderten-Unsicherheit, das Abtasten; manchmal auch das Abgestempeltwerden; das Von-oben-herab-Behandeltwerden; all das wird übersprungen. Da sind nur Menschen, die auf meiner Seite sind. Und wie blöde wäre ich, wenn ich mir diese kostbaren Augenblicke entgehen ließe?

In Celle brachte ich die Frage, die mich umtrieb, auf den Punkt. Ich hatte mich am Ende des Abends schon länger mit zwei Frauen unterhalten, die noch keine Lust hatten, nach Hause zu gehen. Die Stimmung war gelöst. Es lag keine aggressive Flirterei in der Luft, aber wir waren uns sympathisch. Die Lage war mit »ungezwungen« wohl ganz treffend beschrieben. Außerdem hatten mir die Mädels, zwei Psychologiestudentinnen, berichtet, dass ihnen mein Programm sehr gefallen habe, es sei humorvoll gewesen, mit Niveau, nicht zu platt oder abgedroschen, sondern stellenweise auch mit Tiefgang. Und sie hatten sich mehrfach dafür bedankt.

Also packte ich aus: »Okay, gern, das freut mich wirklich sehr!«

»Aber?«, fasste die eine nach, weil sie gut hingehört hatte.

»Aber würdet ihr sagen, dass jemand im Rolli, also dass er auch, dass er nicht automatisch, sagen wir, angenommen, also, dass er nicht unbedingt waschlappenmäßig rüberkommen muss, sondern unter Umständen, einfach mal angenommen, dass er auf euch auch ganz, also, ...« Ich fing an, sinnlose Satzverschachtelungen zu bauen, wie ein Student, der seine Hausarbeit von zwei auf zehn Seiten strecken will.

»Dass er attraktiv wirken kann? Ja, klar – das passt schon!«, knuffte mich die andere in die Seite. Ich freute mich wie ein Grundschüler.

Wir zogen dann noch los in die Nacht. Und mit zwei Mädels an meiner Seite öffnete sich mir jede Klubtür auf wundersame Weise. Okay, in Celle gibt es wohl auch nur zwei davon. Aber die wissen die Celler und Cellerinnen zu nutzen!

Und an diesem einen Abend machte ich mir gar keine Gedanken mehr darüber, warum mich wer wie anguckte oder ansprach.

Ich sah mich zufrieden grinsend um.

Ich nippte an meinem Drink, ohne den Strohhalm zu erwischen.

Ich war Tan im Wunderland.

Epilog

Meine Damen und Herren: Tan Caglar – Zugabe

Ende 2017 gelangte ich schließlich zu meinem bis dato größten Auftritt. Im Tempodrom in Berlin. Gleichzeitig mit Bülent Ceylan. Und mit dem großen Bühnentausch. Es kommt mir vor, als sei es gestern gewesen.

Ich stehe also bei Bülent hinter dem Vorhang und bin aufgeregt wie zehn Türken vor ihrer ersten Blutwurst. Noch weiß ich nicht, dass alles gut gehen wird. Dass mich die 2.500 Leute durch mein Set tragen werden. Knapp zwei Stunden später werde ich auch mein eigentliches Programm vor meinem Publikum im kleinen Saal gespielt haben. Auch sie werden mich abfeiern, dass ich kurz davorstehe, das erste Stagediving eines Rollstuhlfahrers in der Geschichte zu absolvieren.

Ich denke ausgesprochen gern an diesen einen Moment des ultimativen Lampenfiebers zurück. Dort hinter der Bühne. Weil ich heute, aus sicherer Entfernung, weiß, dass alles gut ging. Was ich dabei oft vergesse, ist, wie der Abend auf meiner eigenen Bühne zu Ende gegangen ist. Dabei ist das mindestens genauso erzählenswert.

Ich bin mit meinem knapp zweistündigen Programm durch, aber die Zuschauer fordern vehement eine Zugabe. Als der Applaus abklingt, steht einer auf und ruft in die Stille hinein: »Wir sind wegen dir hier, nicht wegen Bülent. Du schuldest uns noch die ersten zehn Minuten Programm!«

Sein Einwurf wird mit lautem Lachen quittiert. Schau sich einer diese Leute an! Einer der größten Comedians Deutschlands, der ein bisschen Warm-up gemacht hat – was ist das schon? Einer, der sonst vor Zehntausenden spielt, bei einem, der 250 Leute zieht, im Vorprogramm – wer will das sehen?

Natürlich habe ich noch eine Zugabe draufgelegt. Und das Gefühl von Celle stellte sich wieder ein. Es war familiär, es war herrlich.

Moral: Unterschätze nie dein Publikum. Mit einem Comedy-Giganten lassen sie sich nicht abspeisen, wenn dein Name auf der Eintrittskarte steht.

Wow!

Ich fühlte mich wie beflügelt an diesem Abend. Auf so viele unterschiedliche Weisen war ich dankbar. Der gebehinderte Junge aus Hildesheim. Der Türke im Rollstuhl. Er durfte bei den Großen mitspielen – und wurde voll und ganz akzeptiert.

Fantastisches Publikum sowie große Vorbilder sollten mir danach noch reichlich begegnen. 2018 und 2019 nahm die wilde Comedy-Expedition, auf die ich mich begeben hatte, weiter an Fahrt auf. Mir begegneten berühmte Leute, die ich aus dem Fernsehen kannte, und ich war überrascht, wie nett und geerdet sie sich benahmen. Und ich traf auf kleine Social-Media-Sternchen, die sich für die größten Showstars seit Jesus hielten und ausflippten, weil nur vier anstelle der fünf verlangten Flaschen Evian bereitstanden.

»Es tut uns schrecklich leid, wir konnten nicht mehr auftreiben«, gab eine hilflose Assistentin Auskunft, »werden Sie denn vielleicht mit den vier Flaschen auskommen? Oder darf ich Ihnen gern etwas anderes zu trinken bringen?«

»Das Evian ist nicht für mich. Als wenn ich den Mist runterbe-
käme!«, lautete die schroffe Entgegnung. »Das Wasser ist für meinen Hund!«

Ich scannte das Sternchen und die hechelnde Fußhupe in ihrem Täschchen. Was hatte sie vor – wollte sie die Töle in Evian er-
tränken? Das arme Tierchen schaffte doch pro Tag höchstens ein
paar Fingerhut voll. Und ihr Frauchen war nur für einen Kurzauf-
tritt gebucht. Heimlich ließ ich zwei der vier Flaschen mitgehen.

King Kong der Zweite liebte Evian.

Den großen TV- und Medien-Zirkus, in den ich nur dank der Zustimmung des Publikums – und der dadurch erfolgreichen Auftritte – geworfen worden war, kostete ich voll aus. Es war wie jeden Tag Zuckerwatte zum Frühstück. Ein Rausch, künstlich, fas-
zinierend, komplett drüber.

Ich traf beinahe jeden Tag auf neue Leute – und mitunter auf
bewegende Schicksale. Zum Ausklang des Jahres 2018 – das wie
im Flug vergangen war – spielte ich wieder im Berliner Tempodrom. Fast genau ein Jahr nach der großen Show mit Bülent war
ich wieder in derselben Location.

Nach der Show kamen zwei Frauen zu mir, eine Mutter mit ihrer Tochter. Sie fragten nach Autogrammen und einem gemeinsamen Foto. Während sie neben mir Aufstellung bezogen, erkundigte ich mich, wie es zu ihrem Besuch bei mir in der Show gekommen war. Noch immer fand ich den Gedanken überwältigend, dass ich Menschen in ganz Deutschland mit meinen TV-
Auftritten erreichte und dazu bewegen konnte, Karten für mein
Soloprogramm zu erwerben. Ich nahm das wirklich persönlich.
Am liebsten hätte ich mich nach jeder Show bei jedem einzelnen
Zuschauer bedankt.

»Wir haben dich letztes Jahr hier im Vorprogramm bei Bülent gesehen«, verriet mir die Mutter.

»Und wir haben noch am selben Abend Karten für dein Programm gekauft, um es ganz zu sehen«, führte die Tochter aus.

Ich war erstaunt und höchst erfreut. Natürlich waren die zehn Minuten eine tolle Sache gewesen, aber ich hatte nicht damit gerechnet, beim großen Bülent-Publikum danach noch großartig weiter in der Erinnerung haften zu bleiben.

»Ihr habt damals direkt Karten für mein Programm gekauft?« Ich klang etwas zu überrascht. Fast hätte ich angefügt: warum?

»Ich wollte so gern die vollen zwei Stunden von dir sehen, bevor ich verreise«, fuhr die Tochter fort.

»Ach so, du verreist, und da habt ihr gleich ein Jahr im Voraus geplant?« Ich nickte, als würde ich verstehen. Dabei fand ich die Vorstellung fantastisch, dass jemand bereit war, sich ein ganzes Jahr vorher auf mich und meine Show festzulegen. Ich beschloss, die Dankbarkeit mit den beiden zu teilen.

»Schön, dass ihr mir das erzählt, das bedeutet mir was. Ich hoffe, das Warten hat sich auch gelohnt?«

»Ja, so sehr habe ich lange nicht gelacht! Es war toll, und ich bin sehr froh, dass es alles noch genau gepasst hat.« Die Tochter strahlte mich an. Und ich sah, wie die Mutter, die dahinter stand, glücklich war, weil die Tochter es war.

Wir verabschiedeten uns, und ein paar Tage später schrieb mir die Tochter eine kurze Nachricht auf Facebook, in der sie sich noch einmal bedankte. Als sie schrieb, wusste ich gleich, wer sie war. Und da ich versuche, alle Nachrichten, die ich bekomme, so schnell es geht zu beantworten – auch wenn das aus zeitlichen Gründen leider nicht immer gelingt –, schrieb ich ihr ein paar Zeilen zurück und erkundigte mich, wann sie zu ihrer Reise aufbreche.

Meine Nachricht blieb unbeantwortet.

Sie war vielleicht schon unterwegs, hatte den Kopf woanders. Machte Pause vom Internet. Ich widmete mich anderen Dingen.

Bis ich wieder einige Tage später den Nachruf auf ihrem Profil entdeckte.

Mir stockte der Atem. Ihre Mutter war der Absender. Die Tochter war unheilbar krank gewesen und hatte sich mehr als ein Jahr lang auf ihren Abschied vorbereitet. Die Mutter schrieb voller Dankbarkeit. Sie schrieb von ihrer Tochter, die das Leben bis zum Schluss in vollen Zügen genossen hatte. Aber hatte sie mir nicht noch erzählt, sie wolle verreisen? Mein Gehirn weigerte sich für einen Augenblick, die Wahrheit anzunehmen.

Sie hatte es gewusst. Und sie hatte vorher noch meine Show sehen wollen. Mein Gott! Ich hatte nichts geahnt. Ich fühlte mich plötzlich so klein und nichtig.

Mit einem Mal sah ich all die Menschen vor mir, die in meinen Shows gewesen waren, all die Lebensgeschichten, von denen ich nichts wissen konnte. Ich dachte an die Millionen, die meine Videos geklickt hatten, ich dachte sogar an die Trolle, die mir übellaunige Kommentare darunter hinterließen – und fühlte mich mit ihnen allen verbunden. Okay, mit den Trollen weniger als mit all den anderen. Ich hatte Gänsehaut, als mich der Gedanke so eindrücklich überkam. Das waren keine Follower oder Likes oder Herzchen, das waren Menschen. Es war ein Geschenk, wenn sie alle zusammenkamen, um mir zuzuhören. Und für zwei Stunden die Smartphones wegpackten. Kein Abend würde sich genau so wiederholen, jede Show war einmalig. Die Leute freuten sich darauf, ins Programm zu kommen – auch wenn es vielleicht das Letzte war, was sie taten.

Ich spürte überwältigende Trauer, als ich vom bewegenden Schicksal der Tochter erfuhr, aber gleichzeitig spürte ich auch noch etwas anderes: große, überbordende Dankbarkeit und den unbedingten Willen zum Leben. Das so schnell vorbei sein kann. Wie unbedeutend waren im Vergleich dazu die Sorgen des Alltags? Wie nebensächlich erschien da etwa mein ehemaliges Hadern mit der Rollstuhlsituation?

Ich beschloss, mir das tapfere Mädchen als Vorbild zu nehmen. Sich bis zum Schluss auf die Dinge zu konzentrieren, auf die man Lust hat, die einem Freude bereiten. Anstatt sich mit anderem aufzuhalten. Wenn man in den Supermarkt geht, schreibt man ja vorher auch keine Liste mit Dingen, die man nicht haben will.

Mehr denn je wusste ich jetzt, was ich vom Leben wollte: auf die Bühne gehen, den Mund aufmachen und die Leute erreichen, auf humorvolle Weise.

Und das tue ich nun.

Mehrmals pro Woche.

52 Wochen im Jahr.

Meine Kindergärtnerin würde wohl sagen: »War ja klar, dass der kein Leisetreter wird!«

Mein erster Rollstuhlbasketballtrainer würde vielleicht ergänzen: »Den kriegst du so schnell nicht klein – ich hab's versucht!«

Und meine Mutter würde wohl mahnen: »Nicht klingeln – Tan schläft gerade! Aber sobald er aufwacht, startet er mit euch zusammen garantiert voll durch.«

In diesem Sinne also: Danke, Celle, danke, Berlin, danke, werte Erzeuger, und danke, Welt!

Fazit ist kein türkischer Vorname

Und damit sind wir (vorläufig?) am Ende meiner kleinen Geschichte angekommen. Vielen Dank, dass Sie mir bis hierher gefolgt sind! Vielleicht sind Sie auch Araber oder Araberin und lesen von hinten nach vorn? In diesem Fall: Viel Spaß mit dem Buch!

Ich kann mich noch gut erinnern, wie die Idee zu diesem Buch plötzlich im Raum stand. Wie das erste Treffen im Verlagshaus in Berlin ablief. Ich hätte doch sicherlich eine Menge zu erzählen?

Tatsächlich? Ich war mir da anfangs gar nicht so sicher.

»Aber der Rollstuhlbasketball!«, hieß es dann.

Ach so, ja.

»Und Ihre Kindheit!«

Hmm.

»Und waren Sie nicht auch mal Model?«

Aber nur, weil ich die Jacke wollte.

»Bitte?«

Egal!

Schnell hatten sie eine ganze Liste an Dingen zusammen, die nicht »normal« seien – und damit erzählenswert. Vielleicht zeugt es davon, wie gut du integriert bist, wie gut die Inklusion funktioniert, wenn dir gar nicht mehr auffällt, welch ungewöhnlichen Schabernack du schon so alles verzapft hast.

Jedes Mal, wenn mich die Leute fragen: »Nehmen wir mal an, wir befänden uns am Ende eines Buchs, und Sie sollten den Lesern ein messerscharfes Fazit mit auf den Weg geben – was wäre das dann?« (denn genau das fragen mich die Leute natürlich sehr, sehr oft) – hmm, dann würde ich wohl antworten: »Sei nett zu den Menschen, die dir begegnen, und nimm dich selbst nicht zu wichtig.«

Okay, das habe ich jetzt aus einem automatischen Sprüchegenerator im Internet übernommen! Aber es passt.

Oder anders: »Wer will schon normal sein?« Hmm. Ich will das – manchmal.

Und gelegentlich geschieht es sogar, dass mich die anderen tatsächlich als ganz »normal« betrachten.

Mir ist es mal passiert, dass ich im Auto saß und vor mir an einem Zebrastreifen eine ältere Dame stürzte. Man musste ihr helfen. Ich stand mit meinem Wagen in der vordersten Reihe und wäre nun prädestiniert dafür gewesen, auszusteigen und ihr wieder aufzuhelfen. Allerdings hatte ich da ja dieses Problem mit zwei großen und zwei kleinen Rädern hinten im Auto und hätte eine Weile gebraucht, um zu der Dame zu gelangen. Während ich also noch überlegte, was ich tun könnte, kam schon ein anderer Autofahrer von hinten an meinem Fenster vorbeigelaufen und warf mir einen Blick zu, der mit »vorwurfsvoll« noch milde beschrieben ist. Der Blick sandte all das Vokabular, das man ungern in seiner Personenbeschreibung lesen möchte: Idiot, dumme Sau, Asozialer. Aber ich dachte nur: Ah, er sieht mich als ebenbürtigen Verkehrsteilnehmer! Er sieht keinen Behinderten. Er sieht nur einen Türken, der keinen Bock hat, der Oma aufzuhelfen! Ein Anfang ist gemacht.

Der Mann kümmerte sich gewissenhaft um die Dame. Sie war zum Glück nicht verletzt und konnte ihren Spaziergang ohne fremde Hilfe fortsetzen. Ich denke jedenfalls, sie war auf einem Spaziergang. Vielleicht täusche ich mich auch? Aber ältere Leute *gehen* ja in dem Sinne nicht mehr – zur Arbeit, in die Disco oder so, sie machen einen Spaziergang zu den Enten im Park. Okay, es war ungefähr 22 Uhr. Aber Enten haben ja auch nachts Hunger! Wie auch immer: Oma ging's jedenfalls prächtig. Die Frage war nur:

wie lange mir noch? Denn der Helfer kam zurück, und er hatte mich nicht vergessen.

Ich hatte zwei Szenarien zur Auswahl. Den Behinderten aus dem Ärmel schütteln oder den Behinderten nicht aus dem Ärmel schütteln. Ich wählte Variante B, und ließ das Fenster hinunter:

»Vielen Dank, dass Sie der Dame geholfen haben! Ich habe gesehen, ihr geht es so weit gut? Sie kann weiterspazieren, laufen. Nichts passiert, zum Glück. Danke Ihnen auf jeden Fall noch mal fürs schnelle Einschreiten. Sie haben vorbildlich reagiert, klasse – und einen schönen Tag noch für Sie!«

Ich konnte sehen, wie die Wut in seinen Augen von meinem zuckersüßen Schwall aus Zuspruch, Dank und Lob erstickt wurde. Eigentlich hatte er mich anbrüllen wollen oder aus dem Wagen zerren, um mich an genau der Stelle auf den Boden zu donnern, welche die Oma gerade freigegeben hatte. Aber ich nahm ihm den Wind aus den Segeln. Er kehrte stumm zu seinem Wagen zurück.

Und damit – Trommelwirbel – zum Fazit. Manchmal ist es das, was für mich das Leben ausmacht: zurückhaltend bleiben, freundlich sein – und bloß für irgendeinen ganz gewöhnlichen Arsch gehalten werden wie jeder andere auch!

Womit wir zu meiner persönlichen Eine-Million-Euro-Frage kommen, die mir – tatsächlich – schon mehrfach gestellt wurde. Und zwar, ob ich schon mal beim McDrive mit dem Rollstuhl außen rum gefahren bin? Ja, bin ich.

Okay, aber das war erst die 100-Euro-Einstiegsfrage.

Die Jackpot-Frage lautet: Wenn es eine Operation gäbe, dank der ich wieder laufen könnte – würde ich das wollen?

Ich habe das für mich einwandfrei beantwortet.

Die Antwort auf die Frage ist am Ende ganz simpel.

Nach allem, was ich im Rollstuhl erfahren habe – die Anerkennung, auch die Bewunderung natürlich, die Erfüllung meines

Traums, Profisportler zu werden, das unbeschreibliche Erlebnis, auf der Bühne zu stehen, ständig aufregende neue Leute zu treffen –, ist der Rolli zu einem Teil von mir geworden.

Die Frage nach dem Laufenkönnen beinhaltet also immer auch die Frage danach, ob ich ein anderer sein wollte. Mit einem anderen Lebensweg. Ein ganz anderer Mensch.

Und da fällt mir die Antwort leicht.

Und für alle anderen Fragen; für die schwierigen, absurden, tragischen, komischen Fragen, die das Leben bereithält – dafür mache ich Comedy!

In diesem Sinne, zum Zweiten: Danke! Und ich hoffe, wir sehen uns mal irgendwo!

Herzlichst,
Euer
Tan Caglar

Abspann – Rollstuhlfragen

Da ist ein anderer im Rollstuhl. Kennst du den?

Dasselbe hat mich gestern auch jemand gefragt. War das dein Bruder?

Sex mit Rollstuhl, wie geht das denn?

Keine Ahnung, ich habe meinen Rolli noch nie gebumst.

Soll ich schieben? Ich habe mal Zivi gemacht!

Danke, aber vom Schieben springt er auch nicht an. (Und was soll das überhaupt: erst den Wehrdienst verweigern, und dann Minderheiten belästigen?)

Ich kann gut verstehen, wie es dir geht. Ich habe nämlich auch mal zwei Wochen im Rollstuhl gesessen, weißt du?

Und ich kann gut verstehen, was in deinem Gehirn los ist. Ich war nämlich auch mal ohnmächtig.

Wie kommst du über die Straße?

Bei Grün!

Wie ziehst du dich morgens an?

Casual, meistens ganz casual.

Warum haben Rollifahrer keine Klingel, um andere von hinten aus dem Weg zu klingeln?

Weil wir behindert sind und nicht asozial.

Wie kommst du im Supermarkt an die Sachen im obersten Regal?

Mit seeehr viel Anlauf!

Wird dein Hintern vom vielen Sitzen nicht ganz taub?

Ich ... habe einen Hintern?! Gegenfrage: Und wie ist das mit deiner Zunge vom vielen Labern?

Seit wann sitzt du schon im Rollstuhl?

Eigentlich schon, seitdem ich laufen kann.

Wieso benutzt du keinen Elektrorolli, statt alles mühsam von Hand zu machen?

Und wieso benutzt du keinen Vibrator?

Wie kommst du abends ins Bett?

Besser als morgens wieder raus.

Hast du ein gutes Schloss für deinen Rolli, der ist doch bestimmt teuer?

Ja, denn es ist immer so ärgerlich, wenn ich aus dem Kino komme und der Rolli ist weg!

Musst du mit dem Rolli zum TÜV?

Nur, wenn nach einem Gyros-Pita meine Abgaswerte zu hoch sind.

Hat dein Rollstuhl einen Namen?

Natürlich. Rollf!

Wie bist du denn in den Rollstuhl gekommen?
Rückwärts!

Danke

Wie das Buch gezeigt hat, waren meine Eltern wesentlich für meine Entwicklung. Danke, Mama und Papa, dass ihr mich zu dem Menschen erzogen habt, der ich heute sein darf. Mit allen positiven und negativen Eigenschaften. Ich möchte auch meiner Agentur 190a danken, die mir meinen beruflichen Weg geebnet hat. Sie hat an mich geglaubt, und wir haben gemeinsam den ersten Rollstuhl-Stand-up auf die Bühnen Deutschlands und die TV-Bildschirme gebracht. Ein großer Dank gilt natürlich auch dem Ullstein Verlag, der mir ermöglicht hat, meine Geschichte als Buch zu veröffentlichen. Eine tolle und konstruktive Zusammenarbeit.